VOORBEREIDING VOOR DE DIALOOG OVER HET EVANGELIE EN DE IDEOLOGIE VAN HET MARXISTISCH LENINISME

Dr. J. VERKUYL

VOORBEREIDING VOOR DE DIALOOG OVER HET EVANGELIE EN DE IDEOLOGIE VAN HET MARXISTISCH LENINISME

UITGEVERSMAATSCHAPPIJ J. H. KOK – KAMPEN

© Uitgeversmaatschappij J. H. Kok – Kampen
Omslagontwerp Han Prins
ISBN 90 242 1779 2

Inhoud

1. *Ter inleiding*

Het Evangelie van Jezus Christus en het in Hem en door Hem komende Messiaanse Rijk wordt nooit en nergens gecommuniceerd in een lege ruimte. Het wordt gecommuniceerd in een ruimte waarin mensen en gemeenschappen leven en functioneren die in meerdere of mindere mate beïnvloed zijn door bepaalde religies en ideologieën. Vanaf het begin van de nieuwtestamentische kerkgeschiedenis vindt men daarom de sporen van een theologische bezinning op de relatie tussen het Evangelie en de religies en zijn bepaalde gestalten van de dialoog tussen volgelingen van Jezus Christus en aanhangers van bepaalde religies beoefend.

Wij leven echter in een eeuw, waarin het leven van miljoenen mensen dieper beïnvloed wordt door bepaalde ideologieën dan door religies. M. M. Thomas, de bekende oud-voorzitter van de Wereldraad van Kerken, heeft in zijn nieuwste boek *Man and the Universe of faiths* aandacht gevraagd voor het onloochenbare feit, dat de mens niet alleen „homo religiosus" is en dat vanuit deze onverwoestbare religiositeit telkens weer nieuwe religieuze verschijnselen opkomen, maar dat de mens *ook* onverwoestbaar „homo ideologicus" is en dat hij telkens weer ideologieën produceert, en dat kerk en theologie met dat feit veel meer rekening moeten houden en daarop moeten ingaan.

Ieder die ogen heeft om te zien, kan immers zelf waarnemen hoe overal ter wereld bepaalde ideologieën het leven van mensen en samenlevingen stempelen. In mijn boek *Inleiding in de nieuwere zendingswetenschap* heb ik in het 14e hoofdstuk gepoogd die ideologieën te inventariseren: nationalistische, fascistische en semifascistische, racistische (zoals de apartheidsideologie), ideologieën waarin een bepaalde religie is of wordt omgebouwd tot een ideologie, allerlei varianten van de marxistisch-leninistische en maoistische ideologie, liberaal-kapitalistische enz.

Onder ideologie verstaan wij een *blauwdruk* die een bepaalde groep of elite maakt van de maatschappij der toekomst en het ontwerpen van bepaalde strategieën en methoden om deze blauwdruk te verwerkelijken of althans een poging daartoe te ondernemen.

Het is een hachelijke en beschamende zaak om na te denken over de spanning tussen het Evangelie en de ideologieën en de taak van de communicatie van het Evangelie. Hachelijk en beschamend, omdat wie zich in dit onderwerp verdiept bereid moet zijn om in berouw en bekering te erkennen dat *elke* theologie en *elke* kerk eveneens bewust of onbewust het slachtoffer of soms zelfs het instrument kan zijn van een bepaalde ideologie.

In het zogenaamde Constantijnse tijdperk werd in vele opzichten het Evangelie ingeruild tegen de ideologie van het Imperium Romanum en later van het „Corpus Christianum" der Middeleeuwen. In Portugal en Spanje en in vele delen van Latijns Amerika zijn de restanten daarvan nog duidelijk te zien.

In de eeuwen van het westerse kolonialisme en imperialisme is de geschiedenis van het christendom veel dieper beïnvloed geweest door imperialistische ideologieën dan men zich toen bewust was.

De invloed en geest van het liberalistisch kapitalisme werken ook in de kerken en onder christenen nog veel dieper door in mentaliteit en gedragspatronen dan wij ons bewust waren en zijn, enz.

Wie zich vanuit de kriteria van Gods beloften en eisen waagt aan de bezinning op de spanning tussen Evangelie en ideologie, moet dan ook bereid zijn in kritische zelfreflectie óók de praktijk van christenen en christelijke gemeenschappen te onderwerpen aan de test van evangelische kriteria en dat is een beschamende zaak. Maar deze erkentenis houdt niet in dat wij onszelf ontslagen kunnen achten van het toetsen van ideologieën aan de beloften en eisen van het Evangelie.

In dit boek willen wij ons in het bijzonder bezighouden met de marxistisch-leninistische ideologie.

Ik ben vanaf mijn jeugdjaren altijd bezig geweest met de bezinning op de invloed van ideologieën op samenlevingen. Toen het nationaal-socialisme opkwam vóór en na 1933 heb ik evenals anderen getracht in woord en daad en op studentenconferenties te waarschuwen tegen deze nihilistische revolutie. Het aantal waarschuwende stemmen was toen in ons land nog erg gering. Met de analyse en het verzet tegen de racistische apartheids-ideologie heb ik mij vele jaren beziggehouden in woord en geschrift, o.a. in *Breek de muren af*.[1] Dat de „geest van het libera-

1 Baarn 1971[2].

8

listische kapitalisme" *evenzeer* toetsing aan het Evangelie nodig heeft als „de geest van het communisme" heb ik in 1950 betoogd in een boek onder de titel *De geest van communisme en kapitalisme en het Evangelie van Jezus Christus*.[2]

De bedoeling van dit boek is om in de huidige situatie de aandacht te concentreren op het marxistisch Leninisme en de varianten daarvan. Onder de huidige ideologieën heeft namelijk zonder enige twijfel de marxistisch-leninistische (en maoistische) de meest intense radiatie. Deze ideologie vertegenwoordigt de meest radicale exponent van het secularisatieproces in onze eeuw. Aanhangers van deze ideologie hebben zich op welke manier dan ook het machtsmonopolie toegeëigend in Rusland, in Oost-Europa, in China, in Noord-Korea, in Cambodja, in Guinee (Afrika), in Cuba.

In deze landen is de een of andere variant van het marxistisch Leninisme tot staatsideologie gemaakt. De leiders van de communistische partijen die zich het machtsmonopolie hebben toegeëigend, pretenderen in die landen in ieder geval te regeren in marxistisch-leninistische geest.

In die landen is de dialoog tussen volgelingen van Jezus Christus en marxistische Leninisten nauwelijks mogelijk. 1,3 Miljard van de 4 miljard mensen die op deze globe wonen, bevinden zich nu in gebieden waar de ideologie, waarover dit boek handelt, tot staatsideologie is geworden en waar de dialoog stagneert, omdat hij niet in vrijheid kan worden gevoerd.

In Latijns Amerika, Noord-Amerika en West-Europa en in sommige landen van Azië en Afrika zijn dialogen wel mogelijk.

Wij beleven ook in West-Europa een wederopbloei van het Marxisme, een soort marxistische, neo-marxistische en hier en daar pseudo-marxistische renaissance, die vlak na de Tweede Wereldoorlog ondenkbaar was, maar nu weer aan alle kanten te constateren valt.

In die situatie is de dialoog tussen christenen en leninistische Marxisten niet alleen wenselijk, maar ook noodzakelijk.

Charles West, Arend van Leeuwen, M. M. Thomas, Markus Barth, Machovec, Roger Garaudy e.a. hebben de wenselijkheid, mogelijkheid en noodzaak van de dialoog op velerlei wijze onderstreept. Zij wijzen er ieder voor zich op, dat het hierbij gaat, zoals Van Leeuwen het uitdrukt, om een ontmoeting van een *„christelijke theologie na Auschwitz en een marxistische ideologie na Stalin"*.

2 Delft 1950.

9

In de periode voor en tijdens de zgn. Praagse lente (1967/68) kwamen de eerste dialogen op gang. Markus Barth heeft in een geestrijk stuk verschillende vormen van dialogen zoals die toen plaatsvonden geanalyseerd in een nummer van *Evangelische Theologie* (28, 1968). In datzelfde jaar vond een door hem nog niet besproken „wederzijdse interpellatie" plaats in Marienbad (Tsjecho-Slowakije), georganiseerd midden in „de Praagse lente" door het Rooms-Katholiek Paulus-Gesellschaft en de Tsjechoslowaakse academie van wetenschappen.

Dat was noch een meeting van doven, die alleen naar zichzelf luisterden, noch een bijeenkomst van „schöne Seelen", die bezig waren met wederzijdse idealisering en goedkope accommodatie. Maar daar kwamen werkelijk de diepste vragen aan de orde. „Het is stil geworden in Marienbad", schreef J. A. Hebly.[3] Inderdaad, Marxisten die van heler harte meededen aan deze dialogen, werden hardhandig „op hun plaats gezet" en gedesavoueerd.

De Russische tanks verstoorden op gruwelijke wijze de verwachtingen die groeiden in de Dubcek-periode. Van „rechtse" kant voltrok zich een analoge verstoring van het klimaat voor dialogen in Chili, toen het regiem van Allende op een zwarte septemberdag werd vernietigd en toen de dialoog tussen christenen en Marxisten in een zeer ambivalent Latijns Amerika met harde hand werd weggeslagen uit Chili (1973/74).

Het wordt echter tijd om de stilte te verbreken en het gesprek opnieuw te beginnen. Er zijn namelijk vele aanleidingen tot een nieuw begin.

Ik som hier enkele van die aanleidingen op, zoals die zowel door Marxisten als door christenen in die stilte na de Praagse lente en na de moord op Allende naar voren gebracht zijn.

1. Het op gang komen van een toenadering tussen de landen van het Warschau-pact en de Nato-landen, zoals die in 1975 in Helsinki plaatsvond, roept om een nieuwe dialoog. Tot nu toe is daarvan nog weinig terechtgekomen en is de stugheid en aarzeling na Helsinki opvallender dan de bereidheid tot contact en uitwisseling.

Op de algemene vergadering van de Wereldraad van Kerken in Nairobi is terecht op de kerken en politici een beroep gedaan om mee te helpen aan het geven van inhoud aan de resoluties van Helsinki en aan het scheppen van voorwaarden daartoe.

2. De nieuwe contacten tussen Washington en Peking vragen

3 In: *Theologie en praktijk* (33, (2) 1976).

om de preparatie tot de dialoog met de Chinese maoïstische versie van het marxistisch Leninisme.

In de interne verhoudingen in Azië begint zeer aarzelend een toenadering tot stand te komen tussen China en de andere Aziatische landen, die in de „Asean" [4] georganiseerd zijn (Thailand, de Philippijnen, Maleisië, Singapore, Indonesië). Binnen dat kader is ook in de Aziatische kerken nieuwe bezinning nodig, zoals blijkt uit de bulletins van hun regionale organisatie.

3. In Afrika zal de relatie tussen christenen en Marxisten vooral in verband met de ontwikkelingen in Guinee-Bissao, Angola en Mozambique hoog op de agenda komen, terwijl de preparatie daarvoor nog geheel aan het begin staat of nog niet begonnen is.

4. In Latijns Amerika is de dialoog na de gebeurtenissen in Chili toch weer op gang gekomen in een zeer ambivalente situatie.

Men vindt daar onder christenen drieërlei houding ten opzichte van het Marxisme: totale afwijzing, overname van enkele elementen uit het Marxisme in een afgeknot Marxisme en kritiekloze aanvaarding van een marxistisch model.

Het boek van José Miguez Bonino, *Christians and Marxists*, geeft in de dialoog op diepe wijze assistentie.

5. De methoden en resultaten van de tweede technologische revolutie brengen allerlei nieuwe feiten aan het licht, waarvan Marx en Lenin geen idee konden hebben. Men denke aan de opkomst van het nucleaire tijdperk, aan de invloed van de technologie op het milieu, aan de opkomst van de computer, aan de automatisering en de gevolgen daarvan voor de menselijke arbeid en de mogelijkheden tot recreatie, enz.

6. Voorts wijzen wij op een element, dat Machovec ter sprake bracht in een opstel in *Evangelische Kommentare* (sept. 1972).

De stabilisatie van de situatie in landen met een gemengde economie en landen met een marxistisch systeem heeft aangetoond, dat het onmogelijk is om Marxisme als puur utopisch af te doen, maar dat er toch ook onder een marxistisch systeem of maoïstisch systeem vreselijke tragedies voorkomen, zoals in 1968 in Praag en in de cumulatie van zgn. „culturele revoluties" in China, zodat de paradijselijke voorstellingen, die typerend waren voor de marxistische en maoïstische intelligentsia in de eerste fase gecorrigeerd moeten worden. De stemmen van de dissidente artiesten, wetenschapsmensen en religieuze leiders in Rusland en Oost-Europa kunnen niet langer worden genegeerd. En uit het zwijgen

4 Association of South-East Asian Nations.

der dissidenten in China, Noord-Korea en Vietnam kan niet de conclusie getrokken worden, dat wie zwijgt, toestemt. Integendeel.

7. Overal in de marxistische stromingen na Stalin wordt de vraag naar *werkelijke* humanisering of hominisering opnieuw aan de orde gesteld. Er is een zoeken naar de diepere dimensies van onze vervreemding. Er is een tasten naar transcendente werkelijkheden.[5]

Al deze en andere factoren maken nieuwe dialogen wenselijk en noodzakelijk.

Waarom „voorbereiding" voor de dialoog?

In de titel van dit boek vindt u het woord *voorbereiding* voor de dialoog.

Ik heb dat woord bewust gekozen.

In het contact met aanhangers van andere religies zijn wij er langzamerhand wel van overtuigd, dat wij weten moeten wat deze religies inhouden en welke veranderingen zich voltrekken in de aanhangers ervan en in hun godsdienstige gemeenschappen.

Voor de dialoog, zo wordt terecht gezegd, is het nodig dat men de eigen overtuiging kent en die van de partner. Dat geldt natuurlijk ook in sterke mate voor het contact tussen volgelingen van Jezus Christus en de aanhangers van ideologieën. Daarvoor is voorbereiding nodig, een bereidheid zich te verdiepen in de historie en de inhoud en de veranderingen daarin.

Toen Paul Devanandan in het onafhankelijk geworden India de christenen wilde helpen om met de Hindoes in het nieuwe huis van deze staat samen te wonen, kwam hij tot de nuchtere ontdekking, dat de meeste christenen veel te weinig wisten van het Hindoeïsme om de dialoog te voeren. Daarom noemde hij zijn boek *Preparation for dialogue*. Naar analogie daarvan noem ik dit boek *Voorbereiding voor de dialoog over het Evangelie en de ideologie van het marxistisch Leninisme*.

Over elk van die termen nu ter inleiding een enkel woord.

Een notitie over de term: christenen

Wij verstaan onder christenen volgelingen van de Heer Jezus Christus, mensen die behoren tot het Messiaanse volk, die leven in de presentie van de Messias Jezus en onderweg zijn naar de

---

5 Zie Garaudy, *Marxism in the twentieth century*, Londen 1970; en Charles West, *The power to be human*, Londen 1971, die daarvan een overzicht geeft.

manifestatie van het Messiaanse Rijk. Dit volgen van Jezus, deze broederschap met de Heer betekent, zoals Jürgen Moltmann treffend opmerkt, lijdende en aktieve deelname aan het historisch handelen van de trinitarische God. Het kriterium daarvan is de geschiedenis van de gekruisigde en opgestane Heer. De kracht ervan is de zuchtende en bevrijdende Geest Gods en de voleinding ervan ligt in het alles bevrijdende en met zin vervullende Rijk van de Drieënige God.[6]

Ik weet ook wel, dat niet allen die christen heten, christen zijn. Zoals er schijn-Marxisten zijn, zijn er ook schijn-christenen. Maar het gaat erom zowel christenen als leninistische Marxisten aan te spreken op hun diepste bedoelingen.

Een notitie over de term: leninistische Marxisten

Kan men met een goed geweten de term leninistische Marxisten gebruiken?

Gunnar Myrdal heeft in zijn driedelige boek *Asian Drama* en in zijn recente boek *The challenge of world poverty, a world anti-poverty program in outline,* aangeraden de term „Marxist" niet meer te gebruiken. Hij maakt daarover de volgende opmerkingen.

Marxisme zou men kunnen gebruiken voor allerlei typen theorie en ideologie, die onderling zeer verschillen en vaag en onbepaald zijn. Hij typeert de meeste marxistische stromingen als vulgarisaties van het Marxisme en zegt dat Marx, als hij nu leefde, geen „Marxist" zou willen zijn.

De waarheidselementen in deze kritiek van Gunnar Myrdal vallen niet te ontkennen. Maar er is toch ook volgens hem in allerlei marxistische stromingen een „doctrinal heritage", een *erfgoed aan doctrines* en een complex van impliciete vooronderstellingen dat bewust of onbewust een rol speelt.

Het gaat ons in dit boek om dat „erfgoed aan doctrines", om dat „complex van impliciete vooronderstellingen". Dat erfgoed en de invloed daarvan te voorschijn brengen en dat te confronteren met het Evangelie van Jezus Christus is onze bedoeling met deze opzet. Wij zullen daarbij ook ernstig aandacht moeten geven aan pogingen om dit erfgoed te re-definiëren en ook aan eerlijke pogingen om zich daarvan ten dele los te maken, zoals dat bij vele neo-Marxisten het geval is. Terecht merkt Joan Andry op in *Evangelische Kommentare* van september 1975, dat Marxisme zich soms vertoont als een staatsreligie (zoals in Rusland, China,

6 Vergelijk de slotzinnen van Moltmanns boek *Der gekreuzigte Gott.*

Cuba), maar dat er ook „marxogene" stromingen en denkers zijn die „vrij-marxistisch" denken en het Marxisme als inspiratiebron gebruiken om op hun eigen wijze verder te denken en te handelen. Velen van deze denkers zijn door de staten die het Marxisme als staatsreligie hanteren verbannen of opzijgezet, maar juist hun gedachten zijn voor de dialoog het meest belangrijk en wij zullen aan hen in deze preparatie voor dialogen ook aandacht schenken, omdat de gedachten die zij vertolken uiteraard leven in de harten van duizenden Marxisten. Het kan zijn dat wat zij fluisteren in de huizen later van de daken verkondigd zal worden in marxistische staten.

In dit boek zoeken wij naar het „erfgoed der doctrines". Ik ben mij er zeer van bewust, dat velen in deze samenleving het overbodig vinden om over dat erfgoed aan doctrines ter voorbereiding op de dialoog te schrijven. Ze willen liever de fundamentele vragen ontwijken of camoufleren. Ze willen liever uitsluitend over de praxis spreken. Zij zijn van mening, dat de diepere themata kunnen ontweken worden en dat het Marxisme „slechts een vorm van sociale en economische analyse" is of een „bruikbaar politiek program" bevat en dat de fundamentele vragen niet aan de orde behoeven te komen.

Toch is deze benadering onhoudbaar. Laat mij daarvan één illustratie geven.

Er is geen gebied, waarin deze puur pragmatische benadering sterker invloed heeft dan in Latijns Amerika. Daar wordt het Marxisme door velen a.h.w. „afgeknot", losgemaakt van zijn fundamentele uitgangspunten. Men spreekt daar van een „niet-dogmatisch Marxisme", van een „gereduceerd Marxisme" enz. Het is echter opvallend, dat zelfs daar blijkt dat de diepere vragen *niet* ontweken kunnen worden op de duur en dat zelfs leidende communisten dat openlijk erkennen. Che Guevara schreef niet lang voor zijn dood, dat hij hoopte dat christenen zich zouden inzetten voor de strukturele vernieuwing van de samenleving, maar dat zij *„nooit de lafhartigheid zouden begaan om hun diepste overtuigingen te verbergen met het doel zich te assimileren aan de Marxisten"*.

Toen Fidel Castro op bezoek was in Chili bij president Allende, riep hij christenen wel op tot wat hij noemt een *„strategische alliantie"*, maar niet tot *camouflage* van de diepste verschillen tussen volgelingen van Jezus Christus en aanhangers van de marxistische Leninisten.

José Miguez Bonino, de bekende sociaal-ethicus van de Theologische Hogeschool in Buenos Aires (Argentinië), heeft in zijn

14

boek *Christians and Marxists* gewaarschuwd tegen vlucht uit de diepere vragen en tegen pragmatisch opportunisme en accomodatie in de relatie tussen christenen en Marxisten. Hij schreef: „Er is een marxistische methode om het christendom te interpreteren, maar er is ook een christelijke methode om het Marxisme te interpreteren. *Er is geen echte relatie mogelijk tenzij ieder de gelegenheid krijgt zichzelf te zijn.* Wil de wederzijdse uitdaging vruchtbaar zijn, dan moeten Marxisten en christenen niet pogen de diepe verschillen te reduceren tot simpele misverstanden." [7]

Ik ben het daarmee geheel eens. Dit boek wordt geschreven als een pleidooi en voorbereiding voor een eerlijke open dialoog, waarin de verschillen niet worden gecamoufleerd, maar juist aan het licht gebracht. Slechts een open, eerlijke dialoog leert ons antwoorden op een *diepgaande wederzijdse uitdaging* en zal aan beide kanten leiden tot kritische zelfreflectie.

Opzet van dit boek

Daarmee is de *opzet van dit boek* gegeven. Wij beginnen met de geschiedenis van de Eerste, Tweede en Derde Internationale. In een reeks van hoofdstukken worden daarna die themata aan de orde gesteld, die in een eerlijke dialoog tussen volgelingen van Jezus Christus en aanhangers van de marxistisch-leninistische ideologie aan de orde behoren te komen en onontwijkbaar zijn. In een slotbeschouwing willen wij vanuit het hart van Gods beloften en eisen luisteren naar de roep van Jezus om een *betere gerechtigheid.*

Met een variatie uit de Bergrede zou men kunnen zeggen: „Indien uw gerechtigheid niet *overvloedig* is, meer dan die van Marxisten, Leninisten en Maoisten, zult gij in het Messiaanse Rijk niet binnengaan" (vgl. Mattheüs 5 : 20).

Of om het te zeggen in de woorden van Bonino in zijn hierboven geciteerde boek: „Christendom en Marxisme kunnen niet tegenover elkaar worden gesteld als pure alternatieven. Beide zeggen te zoeken naar de transformatie van de samenleving. Maar christenen moeten opnieuw bezit nemen van hun transformerende erfenis en Marxisten moeten leren zien, dat hun begrip van revolutie niet 'revolutionair' genoeg is. Uiteindelijk wordt het gezag van elke formule en elk systeem christelijk of marxistisch geoordeeld in het licht van *Gods* beloften en eisen."

In die overtuiging is dit boek geschreven. In de hoop, dat het een nuttige dienst bewijst bij de voorbereiding van dialogen,

7 Londen 1976, pag. 104.

waarin de diepste vragen werkelijk aan de orde komen en niet
worden gecamoufleerd.

LITERATUUR BIJ HOOFDSTUK 1

J. de Graaf, *Europese dialoog in Moskou*, Assen 1956².

Christendom en Marxisme. Publicatie van het Paulus-Gesellschaft,
Utrecht 1966.

Markus Barth, „Marxisten und Christen in Gespräch", in: *Ev. Theol.*,
1968, pag. 83-107.

A. J. van der Bent, *The Christian Marxist dialogue (Der Dialog zwischen
Christen und Marxisten. Le dialogue entre Chrétiens et Marxistes)*,
(een geannoteerde bibliografie over de jaren 1959-1969), Genève
1969.

Jan Milič Lochman, *Church in a Marxist society*, New York 1970.

G. Wetter, „The Christian – Marxist Dialogue: Possibilities and Diffi-
culties", in: *Bolletino del segretariato per i non credenti*, okt. 1970,
pag. 12-19.

Cardinal Francis König, „Some theses on Christian – Marxist Dialogue",
in: *Bolletino del segretariato per i non credenti*, Rome, pag. 8-15.

Charles West, „Mission in Eastern Europe: toward a new agenda", in:
The Chr. Century, 5-1-1972.

M. M. Thomas, *Man and the universe of faiths*, Madras 1975.

J. Verkuyl, *Inleiding in de nieuwere zendingswetenschap*, Kampen 1975,
hfdst. 14 (betr. ideologieën), pag. 505-543.

José Miguez Bonino, *Christians and Marxists* (the mutual challenge to
revolution), Londen 1976.

J. A. Hebly, „Het is stil geworden in Marienbad", in: *Theologie en
Praktijk*, 33, 1976, pag. 118-133.

2. Over de persoon, het levenswerk en de levensloop van Karl Marx

Hoewel het in dit boek vooral zal gaan over de kerndoctrines van het Marxisme en van de daarvan afgeleide bewegingen is het toch nodig om eerst een zeer korte schets van het levenswerk en de levensloop te geven van de man op wie deze bewegingen zich beroepen: Karl Marx. Wie zich daartoe zet moet zich goed realiseren, dat er een stroom van oudere en nieuwere literatuur over Karl Marx verschenen is en verschijnt, waarin zijn persoon op zeer verschillende manieren belicht wordt en die het geven van een objectieve schets uitermate moeilijk maakt.

Zonder op volledigheid aanspraak te maken tracht ik daarom eerst heel kort een overzicht te geven van de oudere en nieuwere literatuur over Marx en die enigszins te rangschikken.

A. Enkele notities over oude en nieuwe literatuur over Karl Marx

1. Apologetische geschriften

Van de vele geschriften die Karl Marx verdedigen en verheerlijken noem ik in de eerste plaats de oudste grote biografie van Franz Mehring, zijn vriend en medestander. Deze biografie, *Karl Marx – Geschichte seines Lebens*, Leipzig 1918, is onmisbaar vanwege de uitgebreide documentatie en vanwege de intense aandacht voor de details. Het is de biografie van een partijganger en medewerker. In dezelfde categorie van apologetische biografieën noem ik in de tweede plaats David Rjazanovs recente boek *Karl Marx als Denker, Mensch und Revolutionär* (nieuwe druk Frankfort 1971). Marx wordt hier getekend als de incarnatie van alles wat goed is: vlijtig, gewetensvol, trouw in huwelijk, gezin en vriendschappen. Een beetje te mooi om geloofwaardig te zijn.

2. Negatief geschrift

Een *negatief geschrift* met het doel Karl Marx en zijn nagedachtenis te bezoedelen is het boek van Leopold Schwarzschild *Der Rote Preusze*. Marx is volgens hem een van haat vervuld wezen geweest, een zeer heerszuchtige intrigant, zoals zijn collega Arnold Ruge, die jarenlang zijn uitgever was, hem noemde, een mixtum van hatelijkheid, grootheidswaan en wraakzucht.

3. Documenterende literatuur

Van de vele documenterende literatuur die in de laatste jaren verscheen is vooral van belang het boek van H. M. Enzensberger, *Gespräche mit Marx und Engels* (Frankfurt 1973, 768 pagina's!). Dit is een omvangrijke materiaal-verzameling over contacten van Marx en Engels met „vrienden en vijanden". Het boeiende van dit nieuwe boek is, dat men hier in aanraking komt met tevoren nog onontsloten bronnen en voorts dat de themata die nu aan de orde zijn in de discussies over en met het neo-Marxisme, in die gesprekken reeds opkomen.

Bakounin, de anarchist, verwijt hem bijvoorbeeld dat hij bepaalde vrienden aan de macht wil helpen. Liberalen verwijten hem totalitarisme. Anderen verwijten hem ambivalentie in de relatie tussen reformisme, gewelddadige revolutie en geweldloze revolutie enz.

4. Interpreterende literatuur

Een van de belangrijkste geschriften van de laatste jaren is het boek van A. Th. van Leeuwen, dat in twee delen verscheen onder de titel *Kritiek van hemel en aarde*. Het zijn de Gifford-lectures, die Van Leeuwen hield in 1970 en 1972 (deel I en II, Deventer 1972). Van Leeuwen beperkt zich in hoofdzaak tot een analyse van de geschriften van de jonge Marx. Hij brengt uit de jeugd van Marx een aantal literaire uitingen te voorschijn, die bij mijn weten nog nooit zo diepgaand aan een onderzoek onderworpen zijn. Vanuit deze geschriften komt hij tot een zeer bepaalde interpretatie van het werk van Marx.

Een van de meest-omstreden punten in de interpretatie van Marx is de vraag naar zijn inspiratie. Was die in de eerste plaats anti-religieus, anti-theologisch of sociaal-economisch? Heel de in de laatste jaren ontwaakte belangstelling voor de jonge Marx hangt daarmee samen.

Van Leeuwen kiest voor de eerste interpretatie, maar laat tegelijk zien hoe dat gezichtspunt onherroepelijk leidt tot stellingname op sociaal-economisch en politiek terrein.

Fundamenteel is voor hem een tekst uit Marx' *Inleiding tot de kritiek op Hegels rechtsfilosofie* (1844), die zowel aan het begin van het eerste deel als aan het begin van het tweede deel geciteerd wordt. Dit citaat luidt als volgt: „Zo verandert de kritiek van de hemel in kritiek op de aarde, godsdienst-kritiek in kritiek van het recht, kritiek van de theologie in kritiek van de politiek."

Uitgaande van het feit, dat Marx bij de ontleding van de functie van het geld theologische termen gebruikt, komt Van Leeuwen tot de conclusie, dat het hier om een zaak gaat, die slechts in theologische termen adequaat kan beschreven worden. De vraag is of dat waar is. In het milieu van zijn tijd in de polemische relatie met Hegel en in de dialoog met Feuerbach gebruikt Marx vaak theologisch jargon. Meestal ironisch en zelfs sarcastisch. Maar kan men daaruit de conclusies trekken, die Van Leeuwen trekt? Wil hij niet teveel bewijzen als hij stelt, dat Marx' leer niet alleen in zijn oorsprong maar ook in zijn struktuur een „diep-theologisch" karakter vertoont? Ik kan mij niet onttrekken aan de indruk, dat in het begrippen- en woordenarsenaal van Marx wel vele theologische begrippen een rol speelden, zoals bij Hegel ook het geval was, maar dat het hem in wezen uitsluitend te doen was om de analyse van de sociaal-economische verhoudingen en dat hij die methodologie, zoals hij in het begin van *Das Kapital* zegt, alleen als „*materialistisch* en *dus* als *wetenschappelijk* beschouwde".

Maar niemand die zich in Marx' leven en oeuvre verdiepen wil, mag dit boek ongelezen laten. Het is een meesterlijke analyse, al canoniseert Van Leeuwen Marx' ideeën hier en daar. Het is net of „bij alle kritiek van hemel en aarde" de kritiek op Marx ontbreekt in deze lezingen.

Dit laatste kan niet gezegd worden van een ander interpreterend werk, namelijk dat van Walther Bienert, *Der überholte Marx*, waarvan in 1974 een tweede druk verscheen in Stuttgart. Dit boek is het resultaat van jarenlange studie. Het is vooral geconcentreerd rondom de godsdienst-kritiek van Karl Marx, maar het geeft over zijn persoon en leven tal van gegevens, die ik nog nergens tevoren gevonden had. Het boek is uiterst kritisch geschreven en benadert Karl Marx vanuit een visie, die typerend is voor de oude Lutherse twee-rijkenleer.

Tenslotte noem ik onder de interpreterende geschriften nog twee boeken, die ingaan op een aspect, dat in de huidige beoordeling van het Marxisme volop in discussie is. Dat aspect betreft de vraag of Karl Marx een volledige *ideologie* heeft willen geven.

Iring Fetscher, een Rooms-Katholiek sociaal-filosoof, die o.a. de stoot heeft gegeven tot de studie van de „jonge Marx", stelt in zijn *Von Marx zur Sovjet-Ideologie*, dat de theorieën van Marx tegen zijn wil verworden zijn tot een leninistische ideologie. Hij speelt daartoe de „jonge Marx" uit tegen de „rijpe Marx".

Karl Popper daarentegen stelt in zijn veel besproken boek *The open society and its enemies*, dat Karl Marx wel degelijk een totalitaire ideologie ontworpen heeft, die door de aanhangers van een open pluralistische samenleving behoort te worden gebrandmerkt als valse profetie.

Dit korte, summiere overzicht van de literatuur over Marx bewijst wel hoe moeilijk het is een „objectief" beeld over hem te krijgen.

Over de beoordeling van de persoon van Marx is en wordt een verbitterde strijd gestreden. Voor sommigen was hij een ziener, voor anderen een duivel. In de gebieden die staan onder het gezag van communistische regimes is zijn portret bijna een cultus-object geworden. In semi-fascistische gebieden zijn of worden zijn geschriften opnieuw verbrand en worden zijn portretten verbrijzeld, zoals dat in de tijd van het nationaal-socialisme het geval was. Wij willen pogen om temidden van de stofwolken van de strijd zo simpel mogelijk enkele data uit zijn leven weer te geven.

B. *Enkele data uit Marx' leven en arbeid*

Karl Marx werd geboren op 5 mei 1818 in Trier, de oudste stad onder de Duitse steden. Zijn vader was een Duitse Jood. Onder zijn voorouders waren verscheidene rabbijnen. Zijn moeder kwam uit Holland uit een Joodse familie, die Karl Marx en zijn gezin in talloze moeilijkheden heeft geholpen. Zijn ouders waren overgegaan tot het Protestantisme; vooral in verband met de anti-Joodse maatregelen van de Pruisische vorst Friedrich Wilhelm III waren vele Joden hiertoe overgegaan. De doop betekende uittocht uit het ghetto. Het was meer een teken van secularisatie dan van christianisatie. De doop was als het ware het entree-biljet voor de assimilatie aan de westerse civilisatie. Toen de familie gedoopt werd was Karl vijf jaar. Het Protestantisme in de sfeer van het ouderlijk huis droeg het stempel van het cultuur-protestantisme. Die sfeer was meer beïnvloed door Lessing dan door de reformatoren. In die sfeer kwamen ook de ideeën binnen van het Franse Saint-Simonisme, dat later door Karl Marx zou genoemd worden het utopische socialisme.

In Trier verscheen een geschrift van Von Gall, die de eerste Duitse socialist is genoemd en waarin de leer van de klassenstrijd is ontwikkeld. De vader van Karl Marx was met die ideeën vertrouwd. Verder is het duidelijk uit de gegevens, dat de vader van Marx in het lokale milieu een strijder was voor meer democratische rechten.

Karl volgde een gymnasiale opleiding. De rector van het gymnasium in Trier was in die jaren een zeer liberaal denkend man (Wijttenbach). Hij voedde zijn leerlingen op in kosmopolitische geest, anders dan men aan de koninklijke, Pruisische gymnasia gewend was. Deze school was daarom nogal gewantrouwd. De jonge Marx koos partij voor zijn rector en schreef toen zijn eerste strijdschriften. Van Leeuwen heeft in zijn bovengenoemde boek drie eindexamenopstellen van Marx geanalyseerd. Het is zeer de moeite waard om die analyse te volgen in zijn boek. Ik heb toch het gevoel, dat Van Leeuwen te veel conclusies trekt uit de analyse van die drie opstellen. Zij maken toch meer de indruk van „gelegenheids-geschriften" gericht op het behalen van goede cijfers, zoals dat op alle middelbare scholen met zulke opstellen het geval is, dan op dat ze de mogelijkheid bieden om de diepere vragen eruit af te lezen die Marx later bezighielden.

Van Leeuwen merkt geestig op, dat de drie onderwerpen waarover die opstellen handelen: het beroep, de (Romeinse) staat en de religie, gedurende het hele verdere leven van Marx zijn tijd en aandacht – zij het op een totaal andere manier – zouden vragen.

Opvallend is, dat de jonge Karl zich, zoals in protestantse gezinnen het geval was op die leeftijd niet laat „konfirmieren" tot lid van de Lutherse kerk. Misschien zegt dat feit meer dan de opstellen die hij schreef.

Karl Marx gaat na het eindexamen rechten studeren in Bonn. In die jaren ontwikkelde zich een relatie met een buurmeisje, Jenny von Westphalen, die van grote betekenis is geweest voor Karl Marx. Zij kwam uit een aristocratische familie. Mehring vertelt, dat zij als het „mooiste meisje van Trier" werd beschouwd en als de koningin van het bal.

Hoewel er in haar familie weerstanden waren tegen een verloving, werd toch later in 1837 de toestemming tot een verloving gegeven tussen de 19-jarige student en deze jonge vrouw, die toen 23 jaar was. Deze vrouw is van grote betekenis voor hem geweest. Zij heeft zich geheel met hem verbonden en ook in perioden van smaad en bittere armoede zich met hem geïdentificeerd. Toen Engels haar portret op de kist van Karl Marx legde bij zijn begrafenis, was dat gebaar een treffende symbolisering van de betekenis van deze verbintenis.

Marx studeerde eerst enkele jaren in Bonn rechten (omdat zijn vader dat eiste) en wijsbegeerte (omdat dat het vak was, dat hem interesseerde). Aangezien het studentenleven in Bonn in die tijd meer op een kroegleven dan op een leven van studie leek, ging hij na een paar jaar naar Berlijn, waar – zoals hij schreef – de universiteit meer het karakter van een werkhuis had.

In de juridische faculteit doceerde Gans (Hegeliaan) en De Savigny (positivistisch rechtsfilosoof). In die tijd kwamen de „jong-Hegelianen" op, o.a. Bruno Bauer en Strausz. Marx had intens contact met de club der jong-Hegelianen. Aangezien het voor het verstaan van de latere uiteenzetting van de leer van Marx nodig is om een indruk te krijgen van de as, waarom de discussies der jong-Hegelianen wentelden, ga ik op hun positie hier even in.

Hegel was een „pan-logist". Hij zag de ontwikkeling van de geschiedenis als een proces der „zelfverwerkelijking van de absolute geest". Dit proces voltrekt zich in een *dialectische drie-slag*. Iedere *deel*-verwerkelijking is een *thesis*, die zijn tegendeel – antithesis – creëert en in de uiteenzetting van deze beide tegenstellingen worden ze beide opgeheven in dubbele zin, in de zin van „überholt werden" (zichzelf overleven) als in de zin van omhooggeheven worden, in een hogere synthese. Deze synthese is dan weer op haar beurt de thesis voor de volgende schrede van de vooruitgang.

Er is – volgens Hegel – niets zinloos. „Wat rationeel is, is werkelijk en wat werkelijk is, dat is rationeel." [1] De absolute Geest, of de „wordende God" heeft zichzelf als alle werkelijkheid en heeft alle werkelijkheid als zijn manifestatie doorgrond.

Dat deze visie leidde tot of kon misbruikt worden voor een oer-conservatieve houding tegenover de status quo bleek duidelijk bij de „oud-Hegelianen", die de wetten van de Pruisische staat bekleedden met de autoriteit van deze visie. Hiertegen kwamen de jong-Hegelianen in verzet. Zij vonden de oud-Hegelianen aarts-conservatief en legden meer de nadruk op de revolutionaire elementen in de dialectiek van Hegel. Karl Marx leefde intens mee in de strijd van de jong-Hegelianen tegen de oud-Hegelianen.

Onder de invloed van Bruno en Edgar Bauer en van David Friedrich Strausz' boek *Das Wesen des Christentums* en diens *Leben Jesu* wordt Karl Marx in de jaren 1837-1840 overtuigd atheïst op de manier van de jong-Hegelianen. Samen met Bruno Bauer schreef hij anoniem een geschrift, *Die Posaune des jüngsten Gerichts über Hegel, den Atheisten und Anti-Christen.* De auteurs *doen* alsof ze piëtisten zijn en leggen de atheïstische trekken bloot van het oude en jonge Hegelianisme. „God is dood voor de filosofie en slechts het ik leeft. Het zelfbewustzijn, *dat leeft*, schept, werkt. Dat is alles. Gij zelf zijt het wat gij in de religie

1   Een bekende zin uit het voorwoord van zijn *Philosophie des Rechts.*

aanbidt, gij zijt de God, die gij buiten uzelf meent te zien."

Karl Marx, Bruno en Edgar Bauer dachten atheïstisch en wilden in die tijd samen een „Archief van het atheïsme" uitgeven. „God, religie, onsterfelijkheid worden afgezet en de wijsgerige republiek, de mensen worden als goden geproclameerd", zo schreef Arnold Ruge op 8 september 1841 de uitgever, die later ook de *Deutsche* en *Deutsch-Französische Jahrbücher* uitgaf.

Het zelfbewustzijn wordt tot godheid geproclameerd en van die godheid geldt in deze visie: „Gij zult geen andere goden hebben voor mijn aangezicht."

Marx nam de dialectische drieslag van het Hegelianisme over: Position (these), Negation (antithese) und Negation der Negation (synthese).

Kon het denken van Hegel panlogistisch of pantheïstisch worden genoemd, Karl Marx werd in die jaren bewust atheïst in de geest der jong-Hegelianen. Later heeft hij de affiliatie met de jong-Hegelianen losgelaten, omdat ze nog te veel elementen van het hegeliaanse idealisme overnamen. Hij ging – zoals wij zullen zien – meer in de richting van een bepaalde vorm van materialisme. *Maar het atheïsme bleef – volgens hem – de voorwaarde tot dieper inzicht.*

In begin 1841 deed Karl Marx eindexamen in Berlijn. Hij promoveert echter niet in Berlijn omdat hij zich distantiëren wil van het Hegelianisme, maar in Jena (15 april 1841), op een proefschrift *Differenz der democritischen und epicureischen Naturphilosophie*. Hij had die dissertatie reeds in 1840 geschreven. De promotie in Jena geschiedde in absentia. Van Leeuwen heeft de dissertatie volledig geanalyseerd. Wij komen op de visie van dit geschrift terug als het atheïsme van Marx ter sprake komt.

Karl Marx hoopte, o.a. terwille van zijn verloofde – op een benoeming tot hoogleraar. Maar de kans daarop was nihil in de Pruisisch monarchistische staat van die jaren. In Berlijn werd de conservatieve Schelling hoogleraar. Aan zijn vriend Bruno Bauer werd de „licentia docendi" ontnomen. Dat betekende, dat voor de veel scherpere Karl Marx de kans op een academische loopbaan uitgesloten was. Marx wordt onder de indruk van deze facta een principieel tegenstander van staat en kerk, vakfilosofie en theologie.

Vanaf die tijd wil hij worden wijsgeer van de daad en praktisch politicus. Om in die richting een weg te banen wordt hij *journalist*. Hij was in die tijd eigenlijk nog, wat men zou kunnen noemen: burgerlijk republikein. Zijn werk als journalist brengt hem echter in aanraking met de sociaal-economische nood, een aanraking die een beslissende wending aan zijn leven heeft gegeven.

Nadat hij eerst in de liberale *Rheinische Zeitung* gerucht-makende artikelen had geschreven over de censuur-maatregelen van de Pruisische regering, moest hij artikelen schrijven naar aan-leiding van „houtdiefstallen" in de bossen. Daardoor kwam hij in feitelijke aanraking met de sociaal-economische problematiek van de armen.

De *Rheinische Zeitung* werd vanwege de eerstgenoemde artike-lenserie van Marx verboden. Marx besloot naar Parijs te gaan om van daaruit verder te werken. Hij was intussen in 1843 in Kreuznach getrouwd met Jenny von Westphalen.

In Frankrijk gaf hij met Arnold Ruge, een uitgever, de *Deutsch-Französische Jahrbücher* uit onder de leus: „Met het hart Frans en met het hoofd Duits."

In die jaren ondergaat Karl Marx de invloed van Ludwig Feuerbach en van Moses Hess. Feuerbachs godsdienstkritiek, waarop wij later terugkomen als wij afzonderlijk aan de gods-dienstkritiek van Marx aandacht schenken, had als thema: „Gott ist des Menschen eigenes Wesen" (God is het eigen wezen van de mens). „Homo homini Deus est." „Theologie is anthropologie."

Hoewel Marx diep onder de indruk is geweest van de ge-schriften van Feuerbach en erkent, dat hij door deze „Feuerbach" is heengegaan, wil hij zichzelf toch niet identificeren met zijn ideeën. Hij had bezwaren tegen de ethiek der liefde bij Feuerbach en was van oordeel, dat Feuerbach de mens nog teveel idealiseerde en niet besefte, dat de mens het *product* is van de *samenleving,* waarin hij verkeert. Het was vooral Moses Hess, de bekende Joodse denker, die later door Marx de communisten-rabbi werd genoemd, die hem de mens meer als *sociaal* wezen liet zien, als product van bepaalde samenlevingen.

Die lijn trekt Marx door in zijn religiekritiek. „Als de samen-leving een product als religie produceert, dan moet de samen-leving zo veranderd worden, dat ze geen religie meer produceert."

De meest fundamentele verandering die volgens Marx moet plaatsvinden is de opheffing van het privaat-bezit via de proleta-rische revolutie. Daarover schreef hij in de *Deutsch-Französische Jahrbücher* en o.a. in de *Vorwärts* (samen met Heinrich Heine).

In deze periode zet Marx zich enerzijds af tegen Proudhon c.s., de utopische socialisten, die zich naar zijn mening bezighielden met dagdromerij, en anderzijds tegen *Bakounin,* die de anarchis-tische kant uitging en van mening was, dat eerst de oude samen-leving tot een puinhoop moest worden. Een opvatting, die tot de ondergang van de Eerste Nationale heeft geleid.

24

Marx ontwikkelt in die tijd die vorm van socialisme of communisme, die hij later aanduidt met de naam „wetenschappelijk socialisme".

Intussen werd Marx in Parijs de grond onder de voeten te heet. In de *Vorwärts* werd openlijk aangedrongen op een aanslag op de Pruisische koning Friedrich Wilhelm IV. Hij werd ervan verdacht medeplichtig te zijn aan deze artikelen en op grond daarvan uitgewezen uit Parijs.

In 1845 gaat hij naar Brussel, waar de samenwerking ontstaat met Friedrich Engels, een samenwerking die steeds hechter is geworden en die geduurd heeft tot de dood van Marx.

Wie was *Friedrich Engels?* Engels was geboren in 1820. Hij was de zoon van een fabrikant uit Barmen, zijn vader had een grote spinnerij. Het gezin waaruit Engels voortkwam, was een piëtistisch gezin.

Engels heeft veel meer dan Marx haat gekoesterd tegen die vorm van christendom waarin hij opgevoed was, omdat hij veel dieper dan Marx van huis uit met die vorm van christendom vertrouwd was. Hij schold als 18-jarige die vorm van christendom uit als een bron van obscurantisme. De oorzaak van die haat lag vooral in het feit, dat deze piëtistische vromen uit de rijke elite geen besef hadden van de sociaal-economische wanverhoudingen die ontstonden in de tijd van het opkomende industriële kapitalisme. Die wanverhoudingen hebben hem zijn levenlang beziggehouden. In Bremen laat hij onder invloed van Strausz' *Leben Jesu* het christelijk geloof los. Hij wordt evenals Marx tijdelijk jong-Hegeliaan en publiceert. Hij gaat voor de zaak van zijn vader naar Engeland en leert daar de gevolgen van het industriële kapitalisme voor de proletarische klasse kennen: in de fabrieken, de vrouwenarbeid, de kinderarbeid (van kinderen van 7 à 8 jaar), de lange arbeidstijden (16-18 uur!), de lage lonen, de krotwoningen. Weigering van deze situatie betekende werkeloosheid en werkeloosheid betekende de hongerdood.

In *1845* verschijnt zijn boek *De toestand van de arbeidende klasse in Engeland*. Het boek is een vlammend protest tegen de wanorde van de eerste industriële revolutie. Beiden, Marx en Engels, waren – onafhankelijk van Marx – communisten geworden. In de jaren 1844-1845 stellen ze hun theoretische overeenstemming vast en begint hun vriendschap en samenwerking tot de dood.

In die fase van zijn leven rekent Marx eerst af met de jong-Hegelianen in zijn boek *Die heilige Familie* (bedoeld worden:

25

Bruno, Edgar en Egbert Bauer). Achteraf bezien is deze „Kritik der kritischen Kritik", zoals hij het boek noemt, een voorstudie voor zijn latere systeem: het historisch materialisme en het economisch determinisme.

In Brussel legde hij ook de grondslag voor veel later verschenen boeken, zoals *Zur Kritik der politischen Ekonomie, Lohnarbeit und Kapital* en *Das Kapital,* dat pas in 1867 verscheen.

Marx en Engels kwamen zoals ze zeiden met zichzelf in het reine, zij rekenden af met allerlei vormen van wat zij aanduidden als idealistische geschiedbeschouwing, als van Proudhon. Voor hun gevoel was hun visie meer een vorm van wetenschappelijk socialisme geworden en daarom kon het nu een beweging worden. „De filosofen hebben de wereld slechts verschillend geïnterpreteerd. Het komt er nu op aan haar te veranderen." Deze leus, die voortaan in alles doorklinkt, wordt nu het uitgangspunt voor allerlei aktiviteiten. „Communisme" betekende nu voor hen niet meer het uitbroeden van idealen, maar het wekken van inzicht in de voorwaarden voor de proletarische strijd en voor de strategieën daarvan.

Intussen werd in verband daarmee in Londen (1 juni 1847) de communistenbond gesticht, die niet verward moet worden met de Eerste Internationale, waarvan deze bond wel de voorloper was. Marx was zelf niet aanwezig, maar wel waren er zijn schriftelijke adviezen. De voorgestelde leus: „Alle mensen zijn broeders", liet hij vervangen door: „Proletariërs aller landen verenigt u", die de leus van de Internationale bleef. Zijn argument was: er zijn mensen, waarvan hij geen broeder wilde zijn.

Er kwam een verzoek om voor het volgende congres een „credo" te ontwerpen. Engels wilde dat credo de vorm van een catechismus geven met vragen en antwoorden, zoals hij thuis opgevoed was bij de kleine en grote catechismus van Luther. Marx voelde meer voor een communistisch manifest. Zij stelden samen dat manifest op als acte de présence van het wereldcommunisme. Het communistisch manifest bevat: een *protest* tegen de vervreemdingsprocessen in de arbeidsverhoudingen, een diagnose van de situatie (de klassenstrijd), een *strijdprogram* en een belofte. Het was en is een van de meest indrukwekkende en invloedrijke pamfletten, die ooit verschenen zijn.

Franz Mehring schreef: „Het was geen nieuwe openbaring. Het vatte echter de nieuwe wereldbeschouwing van de beide schrijvers samen in een spiegel, waarvan het glas niet duidelijker en de omlijsting niet beknopter kan zijn." Het was een nieuw credo.

26

Het communistisch manifest verscheen twee weken voor de Europese revoluties van 1848. Toen het laatste vel verscheen was Marx weer in Parijs.

Hij deed na 1848 niet mee aan allerlei romantisch revolutie-gedoe. Hij stichtte arbeidersverenigingen en probeerde wel – zij het vergeefs – een revolutie in Duitsland op gang te krijgen.

In 1849 werd hij opnieuw uitgewezen uit Frankrijk en week hij uit naar Londen, waar hij verder bleef. Engeland werd zijn tweede vaderland. In het Brits Museum zette Karl Marx zijn studies voort.

De revolutionaire stormloop van 1848 was ten einde. Het was de tijd van de snel opkomende middenklassen (de bourgeoisie). Volgens Marx zou die periode weer eindigen in crises en dan zou de proletarische revolutie volgen. Marx en Engels waren van mening, dat in die fase de voorwaarden voor een proletarische revolutie nog ontbraken, omdat het proletariaat zich nog veel te weinig bewust was van zijn situatie.

Intussen werden tegen Marx allerlei klachten ingediend. In Keulen werd zelfs een vals proces tegen hem georganiseerd. Dat was de reden, dat Marx de stoot gaf tot opheffing van de communistenbond, die in november 1854 opgeheven werd. Marx zocht daarna zijn kracht in publicaties van boeken en artikelen.

Hij leefde in die jaren in Londen met zijn gezin in diepe armoede. Als een van zijn kinderen sterft heeft hij geen geld om een kist te kopen en wordt hij door een van zijn vrienden geholpen.

Bienert geeft in zijn boek allerlei exacte bijzonderheden, hoe Marx in perioden van armoede gesteund werd door Engels en hoe hij leeft van hulp van zijn Hollandse familieleden en van erfenissen van eigen familie en zijn schoonouders. Zijn vrouw en kinderen (een van de kinderen was uit zijn buitenechtelijke verbintenis met de huishoudster van de familie Marx geboren) hebben het soms erg moeilijk gehad. Het feit, dat twee van zijn dochters zelfmoord hebben gepleegd, schijnt samen te hangen met het stempel, dat de jaren van armoede en ellende op hun leven en dat van hun moeder heeft gedrukt. In die periode schrijft Marx vooral voor Amerikaanse bladen over politieke en econo-mische onderwerpen onder allerlei pseudoniemen omdat de redac-ties zijn naam niet durven noemen. Hij schreef vooral in de *New York Tribune.*

Intussen herleefde de Duitse arbeidersbeweging onder leiding van Lassalle, een Jood uit Breslau. Marx vertrouwde het pathos van Lassalle niet. Ook wilde Marx niets weten van de door

Lassalle bepleite staatssubsidies voor arbeiderscorporaties. Nog minder wilde Marx weten van Lassalles onderhandelingen met Bismarck, die hem nodig had in zijn strijd met de feodalen.

Het „Lassallisme" werd later een secte. Op 30 augustus 1864 werd Lassalle bij een duel gedood.

Vier weken later werd in Londen de *Eerste Internationale* arbeidersassociatie opgericht, waarover wij in het volgende hoofdstuk enkele aantekeningen willen maken.

Met de oprichting van de Eerste Internationale (28 september 1864) trad Marx opnieuw voor het voetlicht en begon een nieuwe fase van zijn leven, waarin talloze internationale contacten ontstonden.

Intussen ontstond de Frans-Duitse oorlog van 1870 (70-73) en temidden daarvan van *maart tot mei 1871* de „Franse Commune" die in de overwegingen over revolutionaire strategieën bij Marx zo'n belangrijke rol heeft gespeeld.

In die Frans-Duitse oorlog was in 1871 Parijs nog niet veroverd door de Duitse legers. De arbeidersbeweging in Parijs eist bewapening van hun nationale garde om zich te verdedigen tegen de Duitse troepen. De regering Thier weigert omdat ze bevreesd is, dat een gewapende Parijse arbeidersmacht zich richten zal tegen de bourgeoisie. Op 18 maart 1871 tracht de Franse regering de arbeiders te ontwapenen. Deze poging mislukt. De regering vlucht naar Versailles. Daarna wordt in maart 1871 de „commune" uitgeroepen, die de verdediging en het hele bestuur van de stad overneemt.

Ruim twee maanden houdt de commune stand tegen de regeringstroepen. Eindelijk lukt het Maarschalk de Mac Mahon om de commune neer te slaan. Onder het „welwillende" toezicht van Bismarcks troepen volgt in de week daarop een ontzettende slachting, waarin zowel van de zijde van de regeringstroepen als van de zijde der communards beestachtige dingen gebeuren met een dodental van 30.000. De communards stonden onder leiding van Varlin, die door hen „de Messias" van de arbeidende klasse werd genoemd.

Marx heeft in woord en geschrift deze „commune" verheerlijkt. Hij zag daarin de eerste poging tot de vorming van de dictatuur van het proletariaat.

Over deze afloop schrijft Marx in *De burgeroorlog in Frankrijk:* „Dat na de geweldigste oorlog van de moderne tijd het overwinnende en het overwonnen leger zich met elkaar verbinden om gemeenschappelijk het proletariaat af te slachten – een zo ongehoorde gebeurtenis bewijst, niet zoals Bismarck gelooft dat de zich naar boven worstelende nieuwe maatschappij definitief wordt onderdrukt, maar dat de oude bourgeois-maatschappij volslagen verbrokkelt. De grootste vlaag van heldhaftigheid, waartoe deze oude maatschappij nog in staat was, is de nationale oorlog, en deze blijkt thans louter regeringszwendel te zijn, die geen ander doel meer heeft dan de klassenstrijd uit te stellen en die verdwijnt, zodra de klassenstrijd in de burgeroorlog oplaait. De klassen-heerschappij is niet langer in staat zich in een nationaal uniform te hullen; de nationale regeringen trekken één lijn tegenover het proletariaat!"

Marx heeft de gruwelen van de communards evenzeer goed-gepraat als de bourgeois-pers dat deed met de gruwelen van de machthebbers. Het is aan beide zijden verschrikkelijk toegegaan. Marx schreef: „De commune is verloren. De strijd van de arbeidersbeweging gaat voort."

Toen de Eerste Internationale doodgebloed was aan innerlijke tegenstellingen zocht Marx zijn kracht in studie en publicatie ge-durende tien jaren. Hij leerde Russisch om het Russische agrarische probleem te bestuderen, omdat hij verwachtte dat daar de wereldrevolutie zou beginnen.

Mevrouw Marx-von Westphalen stierf op 2 december 1881 in Londen.

Op 4 maart 1883 stierf Marx op 65-jarige leeftijd. Hij ligt be-graven op het kerkhof in Highgate. Bij het graf sprak Liebknecht namens de Duitse arbeiders, Lafargue namens de Franse, Friedrich Engels namens de arbeiders in de gehele wereld. Friedrich Engels zei: „Marx was de meest-gehate en de meest-geliefde man van zijn tijd. Gehaat door vele regeringen, bemind door vele miljoenen arbeiders die van de Siberische Bergwerken, over geheel Europa en Amerika tot in Californië woonden. Zijn naam zal door de eeuwen voortleven en ook zijn werk."

Ongeveer 100 jaar na zijn dood wordt men gedwongen om de waarheid van deze woorden te erkennen. De radiatie ervan raakt nu ook grote delen van Azië, Afrika en Latijns Amerika. Niet de 19e, maar de 20e eeuw is de eeuw van Karl Marx geworden.

Na deze summiere schets van Karl Marx' leven willen wij de ontwikkelingen van de marxistische bewegingen zeer in het kort trachten te volgen.

LITERATUUR BIJ HOOFDSTUK 2

Over Karl Marx en de Eerste Internationale
Iring Fetscher, *Von Marx zur Sovjet-Ideologie*, Frankfort (1957) 1962[7].

Franz Mehring, *Karl Marx, Geschichte seines Lebens*, Leipzig 1918 (herdruk Frankfort a/d Main 1964).

Karl R. Popper, *The open society and its enemies* (2 delen), Londen 1969[5].

H. G. Leih, *Marx*, Kampen z.j.

Idem, „Karl Marx en de emancipatie der Joden", in: *Verkenning en Bezinning*, 9e jrg., no. 4.

B. Delfgauw, *De jonge Marx*, Baarn[3].

Karl Marx und Friedrich Engels, *Historisch-kritische Gesamtausgabe*, Frankfort (later Berlijn) 1927-1935.

Karl Marx und Friedrich Engels, *Werke* (39 Bde und 2 Ergänzungsbde), Berlijn (Oost) 1956-1968.

K. J. Kraan, *Een christelijke confrontatie met Marx, Lenin en Stalin*, Kampen 1953.

A. Cornu, *Marx und Engels. Leben und Werk,* Berlijn 1954-1968 (Frans: Parijs 1934).

J. Habermas, „Zur philosophischen Diskussion um Marx und den Marxismus", in: *Philosophische Rundschau* 5 (1957), pag. 165-235.

M. Rubel, *Karl Marx. Essai de biographie intellectuelle*, Parijs 1957.

W. Banning, *Karl Marx*. Aula pockets, Utrecht 1961[3].

Karl Marx, *Die Frühschriften*, Tübingen 1964.

David Rjazanov, *Karl Marx als Denker, Mensch und Revolutionär* (2 Bde), Frankfort 1971.

A. Th. van Leeuwen, *Kritiek van hemel en aarde* (Deel I en II), Deventer 1972.

H. M. Enzensberger, *Gespräche mit Marx und Engels*, Frankfort 1973.

Walther Bienert, *Der überholte Marx*, Stuttgart 1974.

David McLellan, *Marx' leven en werk*, Amsterdam 1975 (vert. uit het Engels).

Fritz Raddatz, *Karl Marx. Een politieke biografie*, Baarn 1975 (vert. uit het Duits).

3. De Eerste, de Tweede en de Derde Internationale

1. De Eerste Internationale

De oprichtingsvergadering van de Eerste Internationale vond plaats in St. Martin's Hall, Long Acre, Londen. Vele arbeidskringen uit Europa waren vertegenwoordigd. De grondgedachte werd het duidelijkst weergegeven in de leus: „De bevrijding van de arbeidersklasse moet het werk zijn van de arbeidersklasse zelf." De verovering van de politieke macht werd als de grote taak van de arbeidende klasse aangeduid. De Eerste Internationale kreeg overal nationale vertakkingen. Men beschouwde de Londense raad als „buitenlandse arbeidersregering". Marx was de leidende figuur. Er openbaarden zich spoedig grote interne spanningen, die door sommigen aan Marx werden geweten. De Italiaanse arbeidersleider Mazzini schreef over Marx het volgende: „Marx, een Duitser, een man met een scherp, ontledend verstand, heerszuchtig, jaloers op de invloed van anderen, zonder sterke wijsgerige of religieuze overtuiging en naar ik vrees met meer haat, zij het ook gerechtvaardigde, dan liefde in zijn hart."

Vele stakingsakties worden georganiseerd. Steunkassen worden gevormd. De vakbewegingen komen op. Deze sluiten zich in het algemeen niet aan bij de Eerste Internationale. Ze voelen er veel meer voor om via parlementaire vertegenwoordigers invloed uit te oefenen op de sociale wetgeving en via coöperaties naar lotsverbetering te streven.

In de Internationale ontstond de grote tegenstelling tussen degenen die in de sociale strijd samenwerking met andere conservatiever gerichte groepen willen en anderen die geen water in de wijn willen doen. Aan deze tegenstelling is de Eerste Internationale te gronde gegaan.

De leider van de oppositie was Michael Bakounin (1814-1876). Hij was geboren in 1814 in het gouvernement Twer als zoon van een adellijk grootgrondbezitter. Bakounin studeerde in Moskou en Berlijn. Hij was eerst Hegeliaan en werd later anarchist. Hij was daarin diep beïnvloed door Weitling, die in 1842 *Garantien der Harmonie und Freiheit* schreef.

Weitling bepleitte tegen de wil van Marx met wie hij contact had de permanente stadsguerrilla in bondgenootschap met het „stelende proletariaat", zoals hij boeven en misdadigers aanduidde. Hij had een tijdschrift *Die junge Generation*. Hij wilde communes stichten. Hij schreef o.a. *Das Evangelium eines armen Sünders*. Hij wilde terug naar wat hij zag als het oorspronkelijke christendom, dat hij beschouwde als een revolutionaire beweging tegen het Imperium Romanum. Bakounin was zijn leerling. Veel van de ideeën van Weitling vindt men nu bij de Tupamaros en de Montenero's in Latijns Amerika.

Marx moest niets van Weitling hebben. Marx vond hem een domme man, die alleen maar schade aan zijn beweging zou brengen. In 1847 schreef hij: „Noch nie hat die Unwissendheit jemandem genützt."

Zijn leerling Bakounin ging in Weitlings lijn verder. Eerst streefde hij naar verandering door mystieke vereniging met God. Later werd hij atheïst en anarchist. Hij werkte altijd via geheime organisaties en groepen. Een van die geheime organisaties was de „Internationale Socialistische Alliantie". In het geheim program van de Internationale Socialistische Alliantie bepleitte hij:

a. De vernietiging van „alle momenteel bestaande staten"(!) met al hun politieke, juridische, bureaucratische en financiële instellingen.

b. De opbouw van een nieuwe maatschappij met als enige basis de vrij geassocieerde arbeid en als uitgangspunt het collectief eigendom, de gelijkheid en de gerechtigheid.[1]

Bakounin werd de vader van het anarcho-syndicalisme. Hij voorspelde dat de toepassing van de ideeën van Marx zou leiden tot nieuwe vormen van staatsdictatuur. Dat bracht hem tot een oorlogsverklaring aan alle staatsvormen en tot een pleidooi voor een federatie van „raden-communes". De ideeën van Bakounin speelden weer een rol in de studentenrevolte van Parijs (1968).

Bakounin werd later hevig gecompromitteerd door zijn tijdelijke samenwerking met de fanatieke Sergej Netschajef (1847-1882). In de tijd van hun samenwerking schreef Netschajef de zgn. *Catechismus van een revolutionair*. Dit was een „handleiding" voor leden van geheime organisaties, waarin een pleidooi gevoerd werd voor het aanwenden „van *ieder* middel, hoe immoreel ook, in dienst van de revolutionaire zaak". Toen Netschajef deze ideeën ook omzette in praktijk en een student vermoord

1 *Michael Bakounin over Anarchisme, staat en dictatuur*, Den Haag 1970, pag. 107.

werd onder zijn medeverantwoordelijkheid brak Bakounin met hem om „morele en politieke redenen" (juni 1870).

Het anarcho-syndicalisme bleef als „concrete utopie" en in de vorm van allerlei akties en organisaties voortbestaan en in onze tijd krijgt het weer nieuw elan nu de communistische wereldbeweging zich zo gecompromitteerd heeft door totalitaristische vormen van „staats-socialisme".[2]

Het verschil tussen de anarcho-syndicalisten (waarvan Bakounin de leidende figuur was) en Marx lag hierin: voor Marx was de revolutie de verloskundige, die de nieuwe maatschappij die zich in de schoot van de oude maatschappij langzaam vormt, ter wereld helpt brengen. Bakounin zag in de revolutie de radicale vernietiging van het bestaande. Heel de civilisatie moest met wortel en tak worden uitgeroeid.

„Parijs, Londen en Berlijn op één reusachtige brandstapel."

„Alles, alles is geoorloofd."

„Niet terug naar de Middeleeuwen, maar naar de oer-toestand."

Deze ideeën en praktijken hebben doorgewerkt in de Eerste Internationale tegen de zin van Marx en Engels in. Marx voelde dat de Rus de leiding wilde overnemen. Marx wilde aan zijn geheim gestook geen concessies doen.

De Eerste Internationale is te gronde gegaan aan deze spanning. Reeds na de Parijse Commune was het wantrouwen groot. De bovengenoemde beruchte Netschajef-affaire versterkte dat wantrouwen. Hoewel Bakounin zich van die affaire gedistantieerd had, werd hij toch op het 5e congres van de Eerste Internationale (van 2 tot 9 september 1872 in Den Haag) onder grote weerstand van zijn medestanders in absentie geroyeerd als lid.

Tevens viel daar het besluit om de zetel van de Eerste Internationale over te plaatsen naar New York. In New York bloeide de Eerste Internationale dood.

2. De Tweede Internationale

Reeds tijdens het leven van Karl Marx kwamen stromingen op, die op vele punten kritiek uitoefenden op het Marxisme. Gewoonlijk worden die stromingen onderscheiden in revisionisme en reformisme.

Onder revisionisme verstaat men die stromingen, die een revisie, een herziening van het Marxisme voorstonden. Het reformisme liet in vele opzichten het Marxisme los en streefde op eigen

---

2 Dr. Arthur Lehning is bezig met de volledige uitgave van de geschriften en brieven van Bakounin.

gronden naar een hervorming van de maatschappij.

Revisionisme en reformisme waren hierin één, dat ze niet gericht waren op gewelddadige omverwerping van de bestaande maatschappelijke orde. Deze beide stromingen wilden dat de arbeidersbeweging de maatschappij omvormt met hantering van democratische middelen. De leidende figuur was Bernstein (geb. 1850). Zijn boek, waarvan de titel in Nederlandse vertaling luidt: *De vooronderstellingen van het socialisme en de taken der sociaaldemocratie* (Stuttgart 1899), werd de gids van het revisionisme. Ondanks de kritiek van pur-sang Marxisten als Franz Mehring en Rosa Luxemburg werd de weg die hij wees steeds meer gevolgd.

In Duitsland ging tevoren reeds Lassalle in die richting en later Karl Kautsky; in Frankrijk werd Jaurès de leidende figuur, in België Hendrik de Man, in Zwitserland Ragaz, in Nederland de leiders van de S.D.A.P., mr. P. J. Troelstra c.s.

Ook in Rusland speelde deze stroming vóór de opkomst van het Leninisme een grote rol. Een van de leiders van de sociaaldemocratische hervormingsbeweging was Struve. Hij was onder de indruk van de richting die Bernstein wees. Hij had bezwaren tegen het dialectisch materialisme en tegen de strategie van de „Verelendung". Hij wilde sociale en politieke hervormingen – stap voor stap – en was van mening, dat veel in de theorie van Marx hem hinderde bij het streven naar concrete verbeteringen.

B. Wielenga heeft in zijn dissertatie over Lenin gewezen op de figuur van Bulgakow, die in dezelfde richting dacht en zijn inspiratie ontleende aan evangelische motieven in de geest van Dostojewsky, maar die helaas weinig deed om tot een concreet program van verandering te komen.

Lenin heeft zich fel verzet tegen deze sociaal-democratische stroming. Hij verwijt figuren als Struve en Bulgakow afvalligheid van de „zuivere leer" van Karl Marx: het loslaten van het dialectisch materialisme en van de leer van de politieke economie.[3] In 1901 rekende Lenin af met deze twee „ketters" in twee polemische geschriften. Hij verwijt hen gewelddadige revolutie te vrezen en een vijgeblad te zoeken daartegen. Hij scheldt hen uit voor apologeten van de bourgeoisie, die terugmarcheren van Marx' uitgangspunten.

Lenin heeft in het revisionisme wetenschappelijke beginselloosheid gezien, opportunistische vrees voor een consequente wereldbeschouwing en een uitwijkmanoeuvre om de socialistische be-

3 B. Wielenga, *Lenins Weg zur Revolution*, München 1971, pag. 73.

weging tot dadenloosheid te dwingen. Hij vervloekt Struve als een Judas-figuur. „De vroegere mede-strijder is tot verrader geworden." Hij ziet Struve c.s. als burgerlijke ketters, die uit de orthodox marxistische kerk moeten worden gebannen.

Lenin en Stalin zagen dus in de sociaal-democratische partijen en in de mannen en vrouwen van de Tweede Internationale verraad tegen het oorspronkelijke Marxisme. Zij hebben nooit begrepen dat er in deze beweging een zorg om het *humanum* was en een diepe skepsis ten opzichte van de onkritische aanvaarding van macht en geweld in de zgn. dictatuur van het proletariaat. Ze beseften niet dat er in het democratisch socialisme een zoeken is naar morele middelen voor morele doeleinden.

Allerwegen tekent zich in de huidige wereld tussen het democratisch socialisme en het communisme een grote tegenstelling af. Heel sterk spreekt deze tegenstelling in Europa, waar men overal de spanning voelt tussen parlementair-democratisch socialisme en het communisme, zowel wat betreft de inhoud van de ideologie als wat betreft de methodiek en strategie.

Het is niet de bedoeling van dit geschrift om de geschiedenis van revisionisme en reformisme en de daaruit ontstane vormen van democratisch socialisme te beschrijven en te beoordelen. Communisme en het moderne democratische socialisme vallen niet onder een noemer te brengen. Wie dat wél doet, geeft geen voorlichting maar schept verwarring.

Bovendien zijn thans alom in de wereld in het democratisch socialisme weer zoveel onderling verschillende motieven, doelstellingen en groeperingen verenigd, dat de beschrijving daarvan een aparte studie zou vereisen.

De stromingen die onder de Tweede Internationale gerekend worden vergaderen nog ieder jaar en spelen een zeer belangrijke rol in West-Europa en zouden ongetwijfeld ook in Oost-Europa een gezegende taak kunnen vervullen als de mannen van de Derde Internationale iedere tendens in die richting niet met harde hand onderdrukten.

Voor ons doel is het van belang op het volgende te wijzen:

In de sociaal-democratische bewegingen worden bepaalde waarheidselementen in de visie van Karl Marx aanvaard, maar geen enkele van deze bewegingen aanvaardt de marxistische visie als onfeilbare basis en totalitaire ideologie.

Voorts is in deze bewegingen niet alleen openheid voor het christelijk geloof en ruimte voor de beleving ervan, maar zijn ook allerlei leidende figuren overtuigde christenen. Men denke aan figuren als Harold Wilson in de Labour-partij, Helmut Schmidt

35

in de S.P.D. en zovelen ook in de Nederlandse Partij van de Arbeid en verwante groepen.

In de derde plaats staan de leiders van deze bewegingen in de voorste rij om duidelijk te maken, dat ze niet capituleren voor de aanspraken en bedoelingen van de Derde Internationale en waarom ze niet capituleren. Men denke aan de intense worsteling tussen de democratische socialist dr. Mario Soares en de Stalinist Cunhal in Portugal. Men denke ook aan het feit, dat het Harold Wilson was, die in de Europese Veiligheids Conferentie van Helsinki (juli 1975) bij alle nadruk op de noodzaak van ontspanning duidelijk maakte, dat in de dialoog onverschrokken eerlijkheid een conditio sine qua non is.

Het bestaan van de sociaal-democratische partijen is een levend bewijs van de wenselijkheid, de noodzaak en de mogelijkheid van interne en externe dialogen met het Marxisme.

In dit geschrift is het echter niet de bedoeling op de ontwikkelingen binnen de Tweede Internationale in te gaan, maar we gaan nu verder met de Derde Internationale. Wij herinneren er slechts aan, dat de Tweede *socialistische* Internationale nog telkens bijeenkomt. Ieder die deze bijeenkomsten in de pers volgt, merkt dat deze socialistische Internationale geheel andere wegen gaat dan de Derde Internationale en dat deze twee bewegingen zowel in ideologie als in taktiek en strategie zeer ver van elkander verwijderd zijn. Wij gaan nu over tot de Derde Internationale.

3. *De Derde Internationale*

Lenin (1870-1924)

De man die overal in de communistische bewegingen wordt geëerd als de schepper van de *Derde Internationale* was Lenin.

Hij was het, die van het Marxisme een wereld-historische beweging maakte, die in deze eeuw in toenemende mate mensen en volken bezighoudt.

Marx wordt in de communistische bewegingen vaak de vader genoemd en het Russische communisme wordt dan als de moederschoot van het wereld-communisme aangeduid.

Binnen het bestek van dit boek is het niet mogelijk en nodig om een schets over het leven van Lenin te geven.

B. Wielenga is bij Gollwitzer in West-Berlijn gepromoveerd op een proefschrift over de levensgang van Lenin, die eigenlijk Wladimir Iljitz Uljanow heette (Lenin was een schuilnaam, die hij als schrijver gebruikte). Hoewel dat boek naar mijn mening hier en daar bepaalde aspecten van Lenins leer en leven verwaar-

36

loost of zeer naïef beoordeelt, is het toch een uiterst leerzaam boek, geschreven door een man die Russisch kent en Lenins werken jarenlang heeft bestudeerd. De generatie van Lenin leerde onder invloed van figuren als Plechanow, Akselrod, die eerst „Narodniki" (nationalisten) waren geweest, de vraag stellen of de leer van Marx toepasbaar was voor Rusland. Lenin was vooral tijdens zijn gevangenschap in Siberië, waarin hij zijn manuscript over de „ontwikkeling van het kapitalisme in Rusland" prepareerde, overtuigd geraakt van de toepasbaarheid van de marxistische doctrines in Rusland.

De Eerste Wereldoorlog had hem in die overtuiging versterkt toen hij naar Zwitserland was uitgeweken en het einde van die oorlog was voor hem het moment om deze overtuiging in praktijk om te zetten, een praktijk die begon met de 1 oktober revolutie van 1917 en die eindigde toen hij de laatste adem uitblies.

Iemand schreef van hem: „Er is geen andere man, die 24 uur van een etmaal zó door de revolutie in beslag genomen werd als hij, die geen andere gedachten heeft dan de gedachten aan de revolutie en die zelfs als hij slaapt van niets anders droomt dan van revolutie."

Wielenga heeft vooral de nadruk gelegd op Lenins geschrift *Wat te doen*, dat in de jaren 1901 en 1902 geschreven werd en dat als een blauwdruk fungeerde van zijn program van aktie in latere jaren. Hij is er van het begin af aan op gericht geweest het revisionisme en reformisme te liquideren en heeft de „mensjewiki" (minderheidspartij) die in die richting dacht met hoon overladen. Lenin en de bolsjewiki (meerderheidsgroep) kozen voor het geweld en noemen allen die daarin niet meegaan verraders.

Er moet volgens hem een dictatuur van het proletariaat komen. Die dictatuur moet „in het belang van de massa onbeperkte, buitenwettelijke, op geweld berustende macht zijn", die in wezen de volksmassa's dient.

Deze onkritische aanvaarding van in feite ongecontroleerde heerschappij werd in de periode voor de oktober-revolutie door velen die ook verandering wilden, met kritische vragen omringd. Lenin heeft de stellers van deze vragen uitgevloekt en toen het uur van de praktijk aangebroken was, heeft hij uitgeroepen, dat „het er nu om gaat schedels te kloven en niet om muziek te horen."

Lenin heeft de problematiek van de dictatuur van het proletariaat altijd overspoeld en genegeerd. Het is mij altijd een raadsel hoe het mogelijk is, dat deze problematiek door velen die over hem schrijven eveneens genegeerd wordt of doodgezwegen. Velen, die de terreur van de Stalinperiode terecht met schrille kleuren schilderen, zwijgen over de terreur van Lenins periode en verzwijgen dat ook hij over miljoenen lijken ging met de leus, dat het geweld dat hij uitoefende „bevrijdend geweld" was tegenover het onderdrukkende geweld. (Zie zijn *Staat en Revolutie,* waarin hij spreekt „over een macht, die aan geen enkele norm gebonden is als het gaat om de vestiging van de dictatuur van het proletariaat en waarop 'slechts utopisten en philisters' kritiek uitoefenen".)

Binnen het kader van dit boek wijzen wij nu op enkele characteristica van de wijze, waarop Lenin de leer van Marx uitbouwde en ten dele ombouwde.

Terwijl in de leer van Marx de nadruk meestal valt op het proces der economische wetmatigheden, die vanzelf de revolutie zullen determineren, legt Lenin de nadruk op het voluntaristische, de wil tot revolutionaire verandering.

Terwijl bij Marx de dictatuur van het proletariaat wordt voorspeld als een heerschappij van de overweldigende meerderheid (der arbeiders) over een kleine minderheid van tegenwerkers en saboteurs, ziet Lenin de dictatuur van het proletariaat als de heerschappij van een klein top-kader van bewuste leiders over de grote massa voor wie de elite het heil bewerkt.

Terwijl Marx er de nadruk op legt, dat zijn leer telkens opnieuw getoetst moest worden in de situatie, maakte Lenin van het Marxisme veel meer een totalitaire ideologie en de partij tot de kerk van deze totalitaire ideologie, die door ieder moet worden beleden.

Een onderdeel van Lenins leer en praktijk, dat in de visie van Marx nog geen rol speelt, betreft Lenins visie op de koloniale gebieden in Azië en Afrika en Latijns Amerika.

Het falen van de voorspellingen van Marx ten aanzien van de eind-revolutie in het sterkst geïndustrialiseerde gebied van de wereld, namelijk in West-Europa, werd door Lenin opgevangen door de these van de imperialistische uitbuiting van de koloniale en semi-koloniale landen waarvan ook de arbeiders in de koloniserende landen profiteerden.

De vergelijking van de ontwikkelingslanden met de uitgebuite industriearbeiders uit de vorige eeuw, die zo vaak getrokken wordt, werd door Lenin voor het eerst gebruikt.

De drang naar nationale zelf-expressie in de koloniale gebieden werd als klassenstrijd gezien en de rassenrelaties werden door hem als klassen-verhoudingen geïnterpreteerd.

Reeds in 1917 werd Lenins geschrift gepubliceerd: *Het imperialisme als hoogste stadium van het kapitalisme.*

Deze leer en praktijk domineerden in de stichting van de *Derde*

Internationale. In januari 1919 ging de officiële oproep uit tot het houden van een congres van communistische partijen in Moskou. In maart 1919 volgde *de stichting* van de *Derde Internationale* in Petrograd en Moskou, waar delegaties waren uit 37 landen, waar de 21 punten van Lenin o.a. de verplichting bevatten van alle C.P.'s om de Russische C.P. als bindend voorbeeld te beschouwen. De Komintern werd tot 1943 het organisatorisch centrum van het netwerk van de Derde Internationale, dat later vervangen werd door meer regionale strukturen van overleg.

Lenin stierf op 21 januari 1924. Wie nadenkt over het einde van zijn levensloop ontkomt niet aan de indruk, dat het resultaat van zijn bemoeienissen in vele opzichten het tegendeel was van wat hem voor ogen stond aan het begin. De man, die zich voornam om aan het kapitalistische stelsel de nekslag toe te brengen, was de facto de stichter van een vorm van staatskapitalisme geworden, dat tot op de huidige dag voortduurt en dat krachtiger dan ooit wordt uitgebouwd.

De productie wordt geleid door een regeringsbureaucratie onder leiding van de top van de communistische partij, die het machtsmonopolie uitoefent.

De regeringsambtenaren, die de heersende klasse vormen, krijgen de beschikking over het product en dus over de meerwaarde, terwijl de arbeiders alleen loon ontvangen en dus de uitgebuite klasse vormen. De strijder tegen het kapitalisme werd de stichter van de meest rücksichtslose vorm van staatskapitalisme.

De man die het onderscheid tussen „bevrijdend" en „onderdrukkend geweld" invoerde, had verzuimd in de communistische staatsstruktuur tegenwichten en controles tegen machtsmisbruik in te bouwen en gaf de leiding over aan de machts-wellusteling Stalin, die het zgn. „bevrijdend geweld" ombouwde tot de heftigste vorm van onderdrukkend geweld, zoals de Poolse neo-Marxist Kolakowski het schreef, in de moderne geschiedenis.

Stalin

Hij kwam aan de macht samen met Zinovjew en Kamenew. Een van zijn eerste daden was om Leo Trotzky te verjagen en later door een door hem georganiseerde moord in Mexico „onschadelijk" te maken. Daarna schakelde hij Zinovjew en Kamenew uit. Het collectieve dictatorschap van Lenin en de zijnen werd tot het persoonlijke dictatorschap van de rode Czaar: Stalin.

Vooral tijdens en na de gruwelijke zuiveringsprocessen van 1928 toen het door Lenin gevormde polit-bureau werd geliquideerd en 5000 officieren van het Rode Leger werden vermoord. Huib

Hendrikse schreef in de *Internationale Spectator,* dat Stalin meer echte communisten heeft laten vermoorden dan Adolf Hitler. Het is ontzettend, maar waar.

Het is natuurlijk niet de bedoeling om hier de gebeurtenissen van deze gruwelijke episode van de Derde Internationale weer te geven. Die geschiedenis is immers alom bekend. We weten allen, dat in de jaren van de Tweede Wereldoorlog deze persoonlijke dictatuur werd verminderd. De binnenlandse situatie en de samenwerking met de geallieerden eisten een mildere houding.

Na de oorlog keerde echter langzaam maar zeker de straffe persoonlijke dictatuur van Stalin terug om een hoogtepunt te bereiken tegen het einde van zijn leven. In maart 1953 maakte de dood van Stalin een einde aan deze vreselijke fase van de Derde Internationale.

In verband met het doel van dit boek is het echter wel nodig de vraag te stellen: Welke zijn de veranderingen, die Stalin aanbracht in het communisme?

In zijn uitnemend gedocumenteerde studie, *Een christelijke confrontatie met Marx, Lenin en Stalin,* somt dr. K. J. Kraan de volgende veranderingen op, die Stalin aanbracht in de leer en praktijk van het marxistisch Leninisme. Ik geef hier zijn conclusies met mijn eigen woorden weer:

1. Stalin was de man die pleitte voor „communisme in één land" als oefenplaats, operatiebasis en begin van de wereldrevolutie. In 1924 werkte hij dat gezichtspunt uit in zijn rede *Socialisme in één land.*

2. In de strijd om de wereldrevolutie moesten volgens zijn leer in de koloniale gebieden of in de bevrijde gebieden de nationale bewegingen gebruikt worden om de wereldrevolutie te bewerkstelligen. Onder zijn leiding ondernam het Russische communisme talloze pogingen om de nationale bewegingen in Azië en Afrika te manipuleren in de door hem gewenste richting en om deze te spannen voor de triumfwagen van de wereldrevolutie.

3. Stalin legde in leer en praktijk zeer sterk nadruk op Rusland als leider van de andere volken. In Lenins tijd werd het woord „rodini" (vaderland) uitgebannen uit de Russische taal. Stalin voerde dat woord weer in. Hij wilde een groot-Rusland. Hij wilde hegemonie in Europa en in de ontwikkelingslanden. Het misbruik van de Yalta-overeenkomst om de hegemonie over Oost-Europa

te verwerven en de taktieken om overal kleine communistische minderheden in de Oosteuropese landen stijgbeugels te verlenen om in het zadel te komen, waren de consequenties van zijn „visie" dat Rusland geroepen is de leider der andere volken te worden. Hij wilde Weleky Stalin zijn, Stalin de Grote.

4. Volgens Lenin moest de internationale partij-organisatie van het communisme internationaal zijn samengesteld. Volgens Stalin moest de internationale partij-organisatie worden gerussificeerd, d.w.z. onder duidelijke Russische leiding staan.

5. Lenin bevorderde de „kameraderie", de partij-kameraadschap. Stalin bevorderde de mythe van de Leider, de Ene, de „Vader der volken".

6. Lenin predikte, dat de staat eenmaal afsterven zal. Stalin bestreed die leer van Marx en Lenin niet met woorden, maar in de praktijk bevorderde hij steeds meer een zich al maar uitbreidende bureaucratie onder leiding van hem, de autocraat en despoot.

Op het 20e Congres van de communistische partij in Moskou hield de partijsecretaris Nikita Chroestjev op 25 februari 1956 een rede, waarin hij Stalin ontmaskerde als een despoot, die jarenlang uit machtswellust en in vervolgingswaanzin tienduizenden mensen heeft laten vermoorden, die honderdduizenden soldaten in de oorlog soms nodeloos liet sneuvelen voor zijn onzinnige plannen en dwaze grillen.

De post-stalinistische periode in Rusland
In de post-stalinistische periode van Chroestjev tot Brezjnev is er wel een eind gekomen aan de persoonlijke dictatuur maar de dictatuur van de centrale partijbureaucratie is niet verminderd, ze is integendeel veel sterker geworden.
Soeslov, de partij-ideoloog van het Russische communisme, spreekt en schrijft vaak over de nieuwe doctrines die Brezjnev aan het marxistisch Leninisme heeft toegevoegd. Welke zijn die nieuwe doctrines?
In de eerste plaats die Brezjnev-doctrine die de bewegingsvrijheid van de Oosteuropese staten onderwerpt aan de macht en de strategie van Moskou. Politiek betekent dat, dat Moskou zich het recht voorbehoudt in te grijpen in de satelliet-staten van Oost-Europa, als de belangen van het regiem in Moskou dat ver-

eisen. De invasie in Tsjecho-Slowakije ter verstoring van de Praagse lente was daarvan de consequentie. Economisch betekent dat, dat de productieschema's van de Oosteuropese landen afgestemd worden op de eisen van de Russische economie.

De tweede Brezjnev-doctrine wordt door H. Hendrikse omschreven als die van het „uitgestelde communisme", die hij op het 24e congres van de C.P.S.U. heeft ontwikkeld en die door de partij-ideologen verder ontwikkeld is, namelijk dat het echte communisme nog steeds *komen moet* en dat in de *overgangsfase* een zekere klassenstruktuur en aspecten van feitelijke ongelijkheid en economische hefbomen als winst, prijs, geld, rendement en persoonlijke materiële geïnteresseerdheid nodig zijn, niet als „overblijfselen" en „moedervlekken van het kapitalisme", maar als „steppingstones" op weg naar het echte communisme.[4]

In feite betekent deze doctrine zoals Hendrikse uiteenzet „nog meer macht voor de centrale partijbureaucratie, een nog sterker leger, een beter productieapparaat en een nog intensere disciplinering van de bevolking, die als instrument van de staat wordt beschouwd."

Vele deskundigen typeren deze fase van het Sovjet-communisme en van de Derde Internationale als een nieuwe vorm van autocratie die doet denken aan de bekende uitspraak van Lenin: „De Staat, dat zijn de arbeiders, dat is het progressieve deel van de arbeiders, dat is de avant-garde, dat zijn wij."

De persoonlijke dictatuur van de Stalinperiode is voorbij. Maar de collectieve dictatuur van een kleine elite duurt voort. Ze is mild voor de volgzamen. Ze is meedogenloos voor degenen, die om des gewetens wil een andere overtuiging hebben. Stalin verdween van het toneel. Maar de marxistisch-leninistische doctrines, aangevuld en ten dele omgebogen, blijven invloed uitoefenen en worden ten uitvoer gelegd door nieuwe volgelingen.

Daarom is het nodig om de kerndoctrines van het marxistisch Leninisme te kennen en te onderzoeken. Het blad, dat de marxistisch-leninistische doctrines uitlegt van dag tot dag heet *Pravda,* waarheid. Dat woord was het woord dat vroeger werd gebruikt voor het dogma van de Russische orthodoxie.

In de latere hoofdstukken is het ons er om te doen om de Pravda van het marxistisch Leninisme te toetsen aan de beloften en eisen van Gods Pravda. Voordat we daartoe overgaan willen wij erop wijzen, dat de tijd voorbij is waarin het communisme slechts één radiatie-centrum had, namelijk Moskou. Wij leven

4 *Internationale Spectator,* juli 1975.

nu in de periode van een communistisch polycentrisme, een communistische wereldbeweging, die zeer verschillende centra en vertakkingen heeft. Daaraan willen wij nu een kort hoofdstuk wijden.

LITERATUUR BIJ HOOFDSTUK 3 *

Over de Tweede Internationale
E. Bernstein, *Die Voraussetzungen des Sozialismus und die Aufgaben der Sozialdemokratie*, Stuttgart 1899.
Idem, *Der Revisionismus in der Sozialdemokratie*, Amsterdam 1909.
Histoire socialiste. Uitgegeven door J. L. Jaurès (13 delen), Parijs 1901-1909.
P. J. Troelstra, *De socialistische democratie na den oorlog*, Berlikum 1921.
Hendrik de Man, *Zur Psychologie des Sozialismus*, Jena 1927[2].
P. J. Troelstra, *Gedenkschriften* (4 delen), Amsterdam 1927-1931.
Karl Kautsky, *Die proletarische Revolution und ihr Programm*, Berlijn 1932.
Stafford Cripps, e.a., *Problems of a socialist government*, Londen 1933.
H. B. Wiardi Beckman, *Troelstra de ziener; keur uit het journalistieke werk*, Amsterdam 1937.
N. Stufkens, *Het Evangelie en de jongerenwereld* (2 delen), Nijkerk 1937[2] (o.a. opstellen over de A.J.C.).
G. Nollau, *Die Internationale; Würzeln und Erscheinungsformen des proletarischen Internationalismus*, Keulen 1959.
G. D. H. Cole, *A history of socialist thought* (5 delen), Londen 1953-1960.
H. P. G. Quack, *De socialisten: personen en stelsels* (9 delen), Amsterdam 1911-1960.
Th. Ruyssen, *Les sources doctrinales de l'internationalisme* (3 delen), 1954-1961.
J. Braunthal, *Geschichte der Internationale* (2 delen), Hannover 1962-1963.
W. Banning, *Marx . . . en verder*, Arnhem 1934[2].
Idem, *De dag van morgen*. Schets van een personalistisch socialisme, richtpunt voor de vernieuwing van ons volksleven, Amsterdam 1945.
Idem, *Socialistische documenten* (bloemlezing), Amsterdam 1952.
Idem, *Kerk en communisme*, 's-Gravenhage 1959.
Idem, *Hedendaagse sociale bewegingen, achtergronden en beginselen*, Arnhem 1964[8].
E. W. Mönnich, „Over Domela Nieuwenhuis in „Recht voor allen",", in: *In de Waagschaal*, 25e jrg. no. 6, 20 dec. 1969.
G. Haupt, *Socialism and the Great War; the collapse of the Second International*, Oxford 1972.

* Voor literatuur over de Eerste Internationale, zie de literatuur bij Hoofdstuk 2.

E. Zandstra, *Vrijheid, het leven van F. Domela Nieuwenhuis*, Amsterdam 1968.

Jan Romein, „Over Domela Nieuwenhuis", in: *Erflaters van onze beschaving*.

C. J. Dippel, *Kerk en wereld in de crisis*, Den Haag 1948.

J. J. Buskes, „Christen-zijn in de maatschappij van deze tijd", in: *Evangelie en maatschappij*, Emmeloord 1967.

Figuren uit de Derde Internationale

Lenin

Anton Pannekoek, *Lenin als filosoof*, Amsterdam z.j.

J. M. Bochenski, *Der sowjetrussische dialektische Materialismus*, Bern 1950.

K. J. Kraan, *Een christelijke confrontatie met Marx, Lenin en Stalin*, Kampen 1953.

M. G. Lange, *Marxismus, Leninismus, Stalinismus*, Bonn 1955.

S. W. Page, *Lenin and world revolution*, 1955.

G. A. Wetter en W. Leonhard, *Sowjet-Ideologie heute* (2 delen), 1965-1969.

G. A. Wetter, *Der dialektische Materialismus, seine Geschichte und seine System in der Sowjet Union*, Wenen 1960[5].

R. V. Daniels, *The nature of communism*, 1962.

L. Fischer, *The life of Lenin*, 1965.

H. J. Waldschmidt, *Lenin und Kautsky*, Würzburg 1966.

A. B. Ulam, *Lenin and the Bolsheviks*, Londen 1966.

J. Laloy, *Le socialisme de Lénine*, 1967.

R. Garaudy, *Lénine*, 1968.

Bastiaan Wielenga, *Lenins Weg zur Revolution*, München 1971.

Stalin

B. Souvarine, *Staline*, 1935.

L. Trotzky, *Stalinism and Bolshevism*, 1937.

L. Trotzky, *Stalin*, 1947.

I. Deutscher, *Stalin. Een politieke biografie* (2 delen), Hilversum 1963.

J. W. Stalins Werke door Marx-Engels-Lenin Instituut (3 delen), 1951-1955.

G. Hilger, *Stalin*, 1959.

M. Djilas, *Gesprekken met Stalin*, 1962.

R. Payne, *The rise and fall of Stalin*, 1965.

G. Hentsch, *Staline négociateur. Une diplomatie de guerre*, 1967.

R. H. Mcneal, *J. V. Stalins works* (3 delen), 1967.

M. H. Hyde, *Stalin: the history of a dictator*, 1971.

R. Medvedev, *Let history judge. The origins and consequences of Stalinism*, 1971.

4. De opkomst van polycentrisme in de marxistisch-leninistische bewegingen

Wie de geschiedenis van de communistische bewegingen volgt na de vorming van de door Rusland beheerste Derde Internationale ziet, dat deze communistische bewegingen geen monolitisch blok meer vormen maar dat er in die bewegingen polycentrisme is ontstaan.

Moskou heeft niet meer zulk een vaste greep op het geheel van die bewegingen als in de periode vlak na de Tweede Wereldoorlog het geval was. Er is polycentrisme in het wereld-communisme.

Terwijl de C.P. van de Sovjet-Unie dit polycentrisme betreurt en zich inspant om het weer aan de controle van Moskou te onderwerpen, zag de vroegere leider van de Italiaanse C.P., Togliatti, die in 1964 overleed, dit polycentrisme als een onvermijdelijk en verheugend verschijnsel. Hij vond dat het Sovjet-communisme een te zwaar blok was geworden aan het been van de Westeuropese C.P.'s en bovendien dat het Sovjet-communisme zich te zwaar gecompromitteerd had in de periode van het Stalinisme.

Hoe men ook denken moge over Togliatti's *theorie* van het polycentrisme, het feit van het polycentrisme en de communistische wereldbewegingen staat vast. Men denke slechts aan Peking als communistisch radiatie-centrum, aan Guinee in Afrika, aan Havana (Cuba) in Latijns Amerika, enz.

In dit hoofdstuk willen we dit polycentrisme kort aanduiden. Vanuit de opzet van dit boek vragen wij daarbij vooral naar de conformistische en non-conformistische elementen in de ideologische ontwikkelingen, die met dit polycentrisme gepaard gaan.

Het is onweersprekelijk, dat het marxistisch Leninisme binnen zekere grenzen poly-interpretabel is geworden. Wie die term gebruikt moet aangeven met welke variant van interpretatie hij te doen heeft.

I. Het spanningsveld tussen de C.P.S.U. en de Westeuropese C.P.'s

Een momentopname

Van 24 februari tot 5 maart 1976 werd in Moskou het 25e congres gehouden van de communistische partij van de Sovjet-Unie. In dit partijcongres werd evenals op de 1 mei-viering in 1976 in Moskou grote nadruk gelegd op het „proletarisch internationalisme" en gewaarschuwd tegen „afwijkingen in leer en strategie", d.w.z. tegen neigingen om het met de loyaliteit aan Moskou minder ernstig te nemen dan vroeger.

De Oosteuropese satellietlanden stelden zich – zoals steeds – het meest loyaal op, met uitzondering uiteraard van Joegoslavië en Roemenië, waarvan de vertegenwoordigers het recht om te zoeken naar een eigen expressie van het marxistisch Leninisme coram publico verdedigden, terwijl aan Albanië, dat zich op Peking oriënteert, geen woord gewijd werd.

De vertegenwoordigers van de Westeuropese communistische partijen claimden temidden van de leuzen en vlaggen van het proletarisch internationalisme op dat congres de legitimiteit van eigen karakteristieke wegen van het communisme „temidden van pluralistische en democratische samenlevingen".

De leider van de Italiaanse communistische partij, Enrico Berlinguer, zei, „dat het in de situatie van zijn land de taak van de C.P. was om een socialistische samenleving zó te construeren, dat verschillende politieke machten, organisaties en partijen hun bijdragen daaraan leveren, zodat de klasse der werkers op gepaste wijze haar historische rol kan aanvaarden en bevestigen binnen het raamwerk van een pluralistisch en democratisch systeem".

Een vertegenwoordiger van de Franse communistische partij, Gaston Plissonnier, die in plaats van George Marchais de Franse delegatie leidde, verklaarde dat de Franse communistische partij wel gebaseerd is op de algemene principes van het „wetenschappelijk socialisme", maar dat deze partij streeft naar een communisme in „Franse kleuren". Verschillende partijen die geïnteresseerd zijn in socialisme zouden – aldus Plissonnier – kunnen deelnemen in de constructie van een communistische staat „op basis van gelijkheid van rechten en van gelijke verantwoordelijkheden".

De Britse leider van de communistische partij, McLennan, verklaarde op het bovengenoemde congres: „Ons doel is de opbouw van communisme in Groot-Brittannië in vormen die garantie

46

bieden voor politieke vrijheden, een pluraliteit van politieke partijen, de onafhankelijkheid van vakbewegingen, godsdienstvrijheid en vrijheid van onderzoek, van artistieke en wetenschappelijke activiteiten."

Het is duidelijk, dat alle Westeuropese communistische partijen, vooral de Franse en Italiaanse hun uiterste best doen om aan hun nationale electoraat een „image" van matiging aan te bieden en om de ontwikkeling van een communistische samenleving te verbinden met respect voor persoonlijke en collectieve vrijheden binnen een pluralistisch en democratisch systeem.

Het is evenzeer onmiskenbaar, dat de leiding van de Sovjet-Russische partij deze tendenzen ziet als uitingen van opportunisme en als afwijkingen van „het proletarisch internationalisme" en alles op alles zal zetten om in komende en volgende top-meetings in Oost-Europa, Roemenië en Joegoslavië en vooral het op Peking georiënteerde Albanië weer in het gelid te krijgen en dat tevens gepoogd zal worden de Westeuropese communistische partijen zo onder druk te zetten, dat ze bewaard worden voor „nationale isolatie" en „exclusivisme", zoals Brezjnev het noemde.

In de hierboven gegeven momentopname betreffende de relaties tussen de Sovjet-Russische partij en de communistische partijen in West-Europa, zoals die bleek op het 25e partijcongres in Moskou, valt te registreren, dat er grote spanningen zijn tussen Moskou en de communistische partijen. Die spanning verschilt van land tot land.

Alvaro Cunhal, de leider van de communistische partij in Portugal, is conformistischer ten opzichte van Moskou dan Enrico Berlinguer in Italië.

George Marchais van de C.P. in Frankrijk heeft behoefte aan een vrij grote manoeuvreerruimte ten opzichte van Moskou.

Santiago Carrillo, de leider van de terugkerende Spaanse communistische partij, eist het recht op tot veel meer concessies in de samenwerking dan vroeger denkbaar was.

Het is niet mogelijk om binnen het korte bestek van dit hoofdstuk de geschiedenis van de verschillende communistische partijen in West-Europa te schetsen. Het gaat ons vooral om de vraag in hoeverre de ideologie overeenstemt met het klassieke marxistische Leninisme en op welke punten wijzigingen te constateren zijn. Het lijkt me voor geen tegenspraak vatbaar, dat al deze C.P.'s inclusief de C.P.N. in hun statuten hebben vastgelegd, dat ze het marxistisch Leninisme als *grondslag en doelstelling aanvaarden*. Dat sluit ook principiële aanvaarding in van de leer over de functie van de partij en van het zoeken naar middelen om een proletarische dictatuur te vestigen. Er zijn wel aanvullingen en wijzigingen. Marchais en de Franse C.P. (en in zekere zin ook de Italiaanse C.P.) leggen er de nadruk op, dat de term „proletariaat" niet meer aanvaardbaar is. Binnen de westerse democratieën rekenen zij tot de werkende klasse ook ambtenaren en duizenden die als bijvoorbeeld ingenieurs, economen, sociologen tot het management van bedrijven behoren. Een veel breder grondvlak wordt nu dus aanvaard als basis voor de vestiging van een linkse dictatuur.

Verder valt het op, dat veel meer nadruk wordt gelegd op het „humanum", het menselijke. Onder de ideologen die de westerse communistische partijen hebben gevormd, wordt door velen bezwaar gemaakt tegen het mechanistische en puur economistische mensbeeld in het oude Marxisme. Ze komen op voor wat genoemd wordt „marxistisch humanisme".

De Italiaanse communistische leider en martelaar van het fascisme Gramsci was een van de eersten, die in zijn beroemde gedachtenwisseling met de historicus Benedetto Croce dit marxistisch humanisme theoretisch uitwerkte. Togliatti en Berlinguer gingen in die lijn verder. Louis Althusser, een van de oud-secretarissen van de Franse C.P., ontwikkelde verwante denkbeelden. Lucien Sève, eveneens een Franse communist en Helmut Fleischer, een Duitse communist, sloegen ook deze accoorden aan in veel diepere uitwerking.

Verder is de *benadering van politieke samenwerking* bij de meeste leiders van deze C.P.'s veel *pragmatischer*. Ze zien om *strategische redenen* voorlopig af van het streven naar een machtsmonopolie en verklaren zich bereid om samen met andere partijen de macht te delen. Toch is het mijns inziens naïef om te denken dat deze partijen in hun basis en doelstellingen en in hun strategische opties het streven naar dictatuur prijsgeven. Het boek van de Franse democratische socialist Jean François Revel, dat als titel draagt: de totalitaristische verzoeking *(La tentation totalitaire),* toont met een overvloed van voorbeelden aan, dat het dwaas is te denken dat welke C.P. ook het streven naar totalitaristische dictatuur principieel heeft prijsgegeven. Op het punt van dictatuur blijft elke C.P. „contra-revolutionair en reactionair", zoals Revel betoogt. De leer van de dictatuur is en blijft rondom de C.P.'s als een slapende lawine liggen. Zodra de omstandigheden het toelaten, kan deze lawine gaan rollen om hen te bedelven, die in luchtige naïviteit het bestaan ervan over het hoofd zagen.

Als wij in het vervolg van dit boek de kerndoctrines van het

48

marxistisch Leninisme trachten weer te geven, dan zijn wij dus niet bezig met een analyse, die voor de Westeuropese C.P.'s niet (meer) relevant is, maar dan raken we tevens de nervus rerum, het hart van de zaak met betrekking tot de Westeuropese C.P.'s.

II. *China in het communistische polycentrisme*

In mijn boek *Evangelie en Communisme in Azië en Afrika* heb ik getracht om de positieve verworvenheden van het Chinese experiment samen te vatten en tevens om de symptomen van totalitarisme eerlijk op te sommen. Ik zal dat alles hier niet herhalen. Binnen het verband van dit boek willen wij slechts enkele *aanvullende* opmerkingen maken over de ideologie van nieuw China.

Ieder die de gebeurtenissen volgt kan constateren dat Brezjnev en de andere leiders van het Sovjet-communisme in hoge mate geïrriteerd zijn over het Maoisme. Hoewel telkens weer normalisering van de relaties wordt aangeboden vanuit Moskou met het oog op Mao Tse Tungs aanstaande opvolger(s), wordt door de Sovjet-leiders onverholen gewaarschuwd tegen de koers van Mao c.s., die met zovele woorden wordt aangeduid als „vijandig tegen de Sovjet-Unie", als strijdig met de Russische versie van het marxistisch Leninisme en als verbonden met de „meest reactionaire vormen van imperialisme en racisme".

Ik ga nu niet verder met de weergave van de Sovjet-propaganda tegen nieuw China. Ik wil pogen – aanvullend – enkele opmerkingen te maken over de *ideologie* van nieuw China.

Nieuw China pretendeert een marxistisch-leninistisch land te zijn, méér dan Sovjet Rusland. Nieuw China pretendeert een *model* te hebben ontworpen, dat temidden van de verdeeldheid en de tegenstellingen die nu de mensheid in verwarring brengen, een oplossing brengt. Het pretendeert namelijk de oplossing in handen te hebben voor de tegenstellingen tussen ontwikkeld en onderontwikkeld, rijk en arm, kapitalisme en socialisme, liberaal-democratisch en autoritair. Over de vraag of dit werkelijk een navolgenswaardig „model" is, zijn de meningen zeer verdeeld. Maar ik denk, dat ieder het wel eens is met de tweede man van de F.A.O. die in 1976 terugkeerde van een reis door China: „Een model nee, maar er gaat wel een *boodschap* van uit, een boodschap die oproept tot alternatieve oplossingen van de bovengenoemde kernproblemen."

De ideologie van nieuw China

In de Chinese taal wordt het complex van ideeën dat aange-

49

duid wordt als „kerngedachten van Mao Tse Tung" of „Mao-thought" niet omschreven met het woord ideologie (Szu-hsiang-tsing-t'i) maar met „ideeën van Mao Tse Tung" (Szu-hsiang). In Chinese uiteenzettingen over het gebruik en de keuze van deze termen wordt erop gewezen, dat „ideologie" een versteend en verstard geheel is, maar dat *„Szu-hsiang"* (gedachten, ideeën) *een dynamisch en creatief geheel* aangeven, dat telkens leidt tot *nieuwe* toepassingen en experimenten. Maar in feite is het on-loochenbaar, dat „Mao Tse Tung-thought" tot nu toe het hart van de ideologie van nieuw China is, namelijk de toepassing van de leninistisch-marxistische doctrines in de realiteit van China. Deze toegepaste en aangepaste ideologie wordt (tot nu toe) einde-loos becommentarieerd, bestudeerd, uit het hoofd geleerd en ge-praktizeerd op alle levensgebieden. Kan dit Maoisme werkelijk gezien worden als een toepassing van de marxistisch-leninistische ideologie of is het een „typisch Chinees product"?

Sinologen wijzen erop, dat in de theorie en praktijk van „Mao Tse Tung-thought" de typerende Chinese ingrediënten niet over het hoofd mogen worden gezien. Dat zal wel waar zijn.

Dat geldt eigenlijk voor elke vorm van communisme binnen bepaalde landen en volken. In het Sovjet-communisme keert bij-voorbeeld de oude Russische droom over Rusland als het derde Rome terug in geseculariseerde vorm: twee ideeën vloeien in het Sovjet-communisme samen, namelijk die van „de wereldroeping van het proletariaat" en die van „de wereldroeping van het Russische volk."

Op analoge wijze herleeft in het Maoisme de oude droom van het glorieuze herstel van het Rijk van het Midden. Het Maoisme heeft iets van een nieuw „Tao", een nieuwe levensweg voor China, die het totale leven wil vormen en omvormen.

Sinologen als E. Zürcher, R. P. Kramers, Ninian Smart helpen ons allen als ze het Maoisme zien in historisch perspectief en duiden tegen de achtergrond van de Chinese geschiedenis, de Chinese cultuur en het Chinese humanisme. Maar dat neemt toch niet weg dat het Maoisme primair een ideologie is en dat deze ideologie duidelijk in woord en daad een variant van de marxis-tisch-leninistische ideologie en praktijk is.

Dat er enorme spanningen zijn tussen China en Sovjet Rusland, spanningen die periodiek afnemen en dan weer opkomen, hangt niet primair samen met ideologische factoren (hoewel die er ook zijn), maar met geopolitieke.

Mao Tse Tung, Chou En Lai en hun medewerkers hebben vanaf dat „eerste uur" gestreefd naar het herstel van het Rijk van het Midden. Ze hebben niet alleen voor de opheffing van de „exterritoriale rechten" van de westerse mogendheden in de havens van de Chinese kust gestreden, maar ook de annexatie van Chinese gebieden door de Russische Czaren in de 19e-eeuwse verdragen bestreden. Nieuw China maakt opnieuw aanspraak op deze gebieden. Zolang die claims niet zijn gehonoreerd, zal de spanning tussen China en Rusland voortduren en exploderen in telkens nieuwe grensconflicten. De wanverhouding tussen China en Rusland, die doorwerkt in de tegengestelde buitenlandse politiek van beide landen mag er echter niet toe leiden de invloed van de marxistisch-leninistische ideologie te verbergen. Alle centrale themata van deze ideologie zijn ook in het Maoisme te vinden: het atheïsme, het economisch determinisme, het dialectisch materialisme, de leer over de klassenstrijd, de leer omtrent de staat en de functie van de partij, enz. enz. Er zijn echter ook verschillen met het klassieke marxistisch Leninisme. Aangezien ik in een ander geschrift daarop reeds wees, som ik die verschillen hier slechts kort op.

1. De nadruk op de agrarische bevolking als reservoir voor de communistische beweging.
2. De aanvaarding (althans ornamenteel) van enkele andere progressieve groeperingen.
3. De totale mobilisatie van de bevolking in steden en dorpen voor de sociaal-economische opbouw.
4. De guerrillastrijd als wapen voor de communistische bewegingen in Azië, Afrika en Latijns Amerika.
5. De leer van de *permanente revolutie,* die gepraktizeerd wordt in telkens nieuwe *„culturele revoluties".*

Mao Tse Tung legde er steeds de nadruk op, dat er voortdurend een herexaminering van de situatie nodig is, dat nieuwe reflectie nodig is als de bestaande machtsstrukturen dreigen star en onbewegelijk te worden. De culturele revoluties zijn als het ware pogingen om de „wedergeboorte", de „massa-bekering" van de Chinese massa's te organiseren. Juist in de praktijk van zulke culturele revoluties treedt echter de diepste nood van deze ideologie in het licht.

In dit zoeken naar vernieuwing, naar omwending wordt binnen het raamwerk van de maoistische ideologie geput uit de bronnen van de zondige menselijke natuur. De dragers van deze ideologie hebben veel gepresteerd om een samenleving te bevrijden van de ketenen van imperialisme en feodalisme, van onderdrukking

51

en exploitatie. Ze hebben een gevoel van waardigheid gegeven aan de grote massa. Ze hebben een nieuw besef van vrijheid gegeven.

Maar juist de enorme machtsstrukturen zoals die in culturele revoluties te voorschijn komen en als een wals over de massa's gaan, doen de vraag rijzen of een ideologie die gericht is op bevrijding, niet een nieuw instrument wordt van ontmenselijking, van verslaving, van machtsmisbruik.

Ook ten aanzien van de maoistische ideologie en praktijk is de noodzaak van dialoog tussen christelijk geloof en ideologie even noodzakelijk als in het geval van Rusland en Oost-Europa.

Er is wedergeboorte, heroriëntatie, vernieuwing, bekering nodig van ieder mens en van iedere samenleving. Maar voor de realisering daarvan is het niet genoeg te putten uit de troebele bronnen van de zondige menselijke natuur. Daarvoor is openheid nodig voor dat wat „extra nos", van buiten ons tot ons komt in Hem, die is en die was en die komen zal, van Jezus Christus en Zijn Geest.

Winfred Glüer, een uitstekend kenner van nieuw China, heeft in een opstel over *Geloof en ideologie in de context van nieuw China* daarover diepborende opmerkingen gemaakt. En Victor Hayward, die jarenlang in China werkte en nog contact met China heeft, heeft diezelfde accenten gelegd in zijn boek *Christians in China*. Hij raakt de diepste vragen, die aan de orde moeten komen in de dialoog met het Maoisme aan, als hij vraagt: „Bestaat de mens voor het collectivum of het collectivum voor de mens en de mensen?" Reikt het uiteindelijke doel van de maoistische revolutie ver genoeg? De mens heeft brood nodig, maar leeft niet bij brood alleen. Heeft hij niet ook nodig de volle bloei van de menselijke geest, de volle uitoefening van persoonlijke verantwoordelijkheid? Het Evangelie – aldus Victor Hayward – offert meer dan de maoistische doeleinden. De beloften en eisen daarvan sluiten in: „Vergeving der zonden, een diepe transformatie van de meest innerlijke motivatie en een uiteindelijke bestemming die boven de dood uitgaat."

Duizenden Chinezen in China snakken naar de tijd, dat het deksel op deze collectivistische dwangcultuur zal worden opgelicht en dat de diepere vragen over de waarachtige vernieuwing van mensen en samenlevingen aan de orde komen en ruimte krijgen. Er zijn niet alleen in Oost-Europa Machovecs en Gardavsky's en tot zwijgen gebrachte christenen. Ze zijn er ook in nieuw China bij duizenden. En ook ten aanzien van China is de preparatie voor dialoog nodig.

Wij hebben geen behoefte aan een visie op China, waarin de grote vooruitgang op sociaal-economisch en politiek terrein in nieuw China wordt ontkend en waarin China getekend wordt in de meest duistere kleuren. Maar wij hebben ook geen behoefte om het Maoisme te zien als een soort „anoniem christendom". Er is behoefte aan de voorbereiding voor dialogen met het nieuwe China, waarin de diepste vragen niet ontweken worden maar aan de orde komen tussen de volgelingen of ex-volgelingen van Mao en de volgelingen van Jezus Christus. In die dialogen zal het duidelijk worden, dat het er niet alleen om gaat de waarheid, die in Jezus Christus is, te *kennen,* maar om de waarheid te *doen.*

De vervlochtenheid van theorie en praktijk, van *idee* en *daad* is een van de meest centrale themata van „Mao-thought". Christenen zullen de uitdaging van *dat* thema niet mogen ontlopen.

Maoïstische groepen in West-Europa

In West-Europa bestaan enkele groepen, die zich op Mao beroepen en die met enkele van zijn ideeën aan het werk zijn gegaan. De aantrekkingskracht van het Maoisme ligt voor deze groepen vooral in het verzet tegen de hegemonie van Moskou, in de nadruk op de agrarische bevolkings-reservoirs, in de idee van de permanente revolutie en bij *sommige* van deze groepen in de verheerlijking van de guerrillastrijd. In België, Italië, Portugal, Frankrijk, West-Duitsland en Nederland bestaan kleine groepen, die meestal afscheidingsbewegingen van de C.P.'s zijn en waarvan sommige gesteund worden door Peking.

De eerste maoïstische groep werd in België gevormd onder leiding van een gewezen lid van de C.P. Jacques Grippa. Toen hij een aparte partij vormde, werd dat voorbeeld gevolgd in Italië, Portugal, Frankrijk en West-Duitsland. Er is een vrij grote rivaliteit tussen deze maoïstische groepen en de officiële C.P.'s in West-Europa. Sommige van deze groepen staan dicht bij het Trotzkyisme en ook bij het anarcho-syndicalisme, zoals uit hun publicaties blijkt.

III. *Enkele opmerkingen over de ideologie van Cuba onder Fidel Castro*

In een ander geschrift heb ik reeds over het Castroisme geschreven.[1] Hier wil ik slechts enkele opmerkingen maken over die ideologische elementen, die typerende variaties en/of aan-

1 *Inleiding in de nieuwere zendingswetenschap,* pag. 514.

vullingen zijn op de marxistisch-leninistische ideologie. Pas na 1 januari 1959 voltrok zich de wending van de Cubaanse revolutie in de richting van het marxistisch Leninisme. De pers, de universiteit, het toneel, de film, literatuur, pamfletten enz. werden alle instrumenten van de Cubaanse C.P. De programma's van Castro c.s. werden onderworpen aan „plebiscieten", die geen ruimte lieten aan oppositie. Een linkse dictatuur werd gevestigd. Wat zijn de typerende trekken ervan?

In de eerste plaats de caudillo-mystiek rondom de „maximum leider", Fidel Castro. De verering van volkshelden (caudillo's) speelt een geweldige rol in heel de Latijns-Amerikaanse cultuurgeschiedenis. Deze caudillo-mystiek speelt ook, zolang het duurt, een zeer belangrijke rol in de Cubaanse variant rondom de „maximum leider" Castro.

In de tweede plaats is typerend een stuk „anti-Yankee sentiment". Alle opgekropte ergernis over het culturele en economische imperialisme van de Verenigde Staten vindt een uitlaat in de opbouw van het Cubaanse communisme en werkt als een opgeladen dynamo.

In de derde plaats is typerend de nadruk op de vorming van een *nieuw mens-type* en *op een op de mens gerichte technologie*.

Che Guevara die als guerrilla-strijder in Bolivia omkwam en die de meeste bijdragen leverde aan de Cubaanse variant van het communisme, schreef dat naar zijn overtuiging het Cubaanse communisme moest bouwen op *twee* zuilen: *de vorming van een nieuwe mens en de ontwikkeling van een op die mens gerichte ideologie*.

„De meest belangrijke kwestie is niet hoeveel pond vlees iemand kan eten en hoe vaak per jaar hij naar het strand kan gaan, maar dat iemands individualiteit dieper tot expressie komt met een grotere innerlijke rijkdom en een sterker gevoel voor verantwoordelijkheid." [2]

Deze twee zuilen zijn in de toepassing van het communisme in Cuba duidelijk aanwijsbaar. Het mens-type dat in Cuba gevormd wordt heeft niet dat robot-achtige dat in zovele communistische staten te voorschijn treedt.

In verband daarmee is ook de houding tegenover religieuze gemeenschappen veel milder dan bijvoorbeeld in Oost-Europa en China het geval is. Castro, Guevara e.a. hebben nooit de grondslagen van het marxistisch Leninisme losgelaten. Maar ze hebben

2 Ernesto Guevara, *Obras Completas*, vol. II, pag. 19 (Buenos Aires 1967).

meer dan de meeste communistische leiders een zeker respect voor religieuze overtuigingen getoond. Ze hebben beiden gepleit voor wat ze noemen een „strategische alliantie" tussen progessieve christenen en Marxisten, maar ze hebben, zoals Guevara zei, de hoop uitgesproken dat christenen nooit de *lafhartigheid* zouden begaan om hun diepste overtuigingen prijs te geven om zich te assimileren aan de Marxisten.

Een andere typerende trek in de Cubaanse ideologie is de bekende leus die in 1960 in Havana werd uitgedrukt in de woorden: „Het is de plicht van elke revolutionair om revolutie te maken."

In april 1967 riep Che Guevara temidden van de Vietnam-oorlog op tot het organiseren van „één, twee of meerdere Vietnams". Om de daad bij de leus te voegen organiseerde hij een guerrilla-beweging in Bolivia die mislukte en waarin hij de dood vond.

De leus van 1960 bleef echter doorwerken. De deelname van Cubaanse troepen aan de strijd van de M.P.L.A. in Angola was en is een herleving van die leus in 1976 en daarna.

Na het mislukte avontuur in Bolivia waren velen van mening, dat Castro c.s. afzagen van de gewelddadige export van de revolutie naar andere landen en dat ze langs diplomatieke kanalen en via contact met de C.P.'s hun internationale invloed trachtten uit te oefenen.

Intussen is in Angola gebleken, dat bepaalde afdelingen van het Cubaanse leger zeer gespecialiseerd zijn in guerrillastrijd en dat ze dank zij Russische hulp zeer geëquipeerd zijn tot het gebruik van zware wapens. En tevens, dat dit kleine land semi-militaire vertegenwoordigers heeft in Guinee, Somaliland, Tanzania, Kongo-Brazzaville, Equatoriaal Guinee, Zuid-Jemen, enz.

De radiatie van het Cubaanse communisme is dus niet alleen waar te nemen binnen het panorama van het Latijns-Amerikaanse continent, maar ook in Afrika.

Ik besluit hiermee dit korte overzicht van het polycentrisme in de communistische wereldbewegingen. Het is uiteraard onvolledig. Zo is bijvoorbeeld niet afzonderlijk aandacht geschonken aan de ideologische ontwikkelingen in Roemenië, in Albanië, in Joegoslavië. Daarover bestaat reeds een stroom van literatuur.

Ik wil slechts constateren, dat temidden van de vele varianten en aanvullingen „het erfgoed aan doctrines" waarvan wij in de inleiding melding maakten in alle varianten *aanwezig* is in de communistische machtscentra en in de C.P.'s. Het is niet alleen zinvol, maar het is noodzakelijk om daarop in te gaan.

Voordat wij daartoe een poging aanwenden, willen wij echter in het volgende hoofdstuk nog enkele aantekeningen maken over *neo-marxistische stromingen*. Deze stromingen vertegenwoordigen geen staatsideologie, ook geen partij-ideologie. Ze zijn, zoals iemand het noemt: „marxogeen", het zijn stromingen, die de stoot tot nieuwe bezinning op de maatschappelijke strukturen vanuit het Marxisme hebben ontvangen en waarvan allerlei impulsen uitgaan tot maatschappij-vernieuwing in de Verenigde Staten en in West-Europa.

LITERATUUR BIJ HOOFDSTUK 4

Over de Westeuropese C.P.'s
Jean François Revel, *La tentation totalitaire*, Parijs 1976.
Bladen van deze partijen:
  Il Manifesto (C.P.I.)
  Marxism today (tijdschr. van de Engelse C.P.)
  De Waarheid (dagblad van de C.P.N. – Amsterdam)
  Pravda (dagblad van de Russische C.P.).
„Christians and Marxists: political allies?" (over de situatie in Italië), in: *The Chr. Century*, 21-1-1976.
Heinz Timmermann, „Het touwtrekken over een conferentie van de Europese communisten", in: *Internat. Spectator*, febr. 1976, pag. 68-74.
Hans Heinz Holz, *Tendenzen in het Europese Marxisme*, Nijmegen 1976.
„Abschied von Dogmen." Art. over de Franse en Italiaanse C.P.'s, in: *Evang. Kommentare*, febr. 1976.
Alexander Solschenizyn, *Der Eiche und das Kalb*.
Milovan Djilas, *De nieuwe klasse; Die unvollkommene Gesellschaft*.
Diverse artikelen van Victor Zorsa in *Trouw*.
World Marxist Review (het internationale communistische tijdschrift dat in Moskou geredigeerd wordt).
Morning Star (blad van de Engelse C.P.).

Albanië en Joegoslavië
In dit hoofdstuk is niet geschreven over Albanië en Joegoslavië om het hoofdstuk niet te uitvoerig te maken. Wij nemen daarom in de literatuurlijst enkele publicaties op.

Zoran Vidakovic, *Het tweede decennium van arbeiderszelfbestuur. Het verslag van een historische ervaring*. Ingeleid door M. Broekmeyer, Amsterdam 1972.
R. C. Kwant, *De visie van Marx*, pag. 142 vv. „Tito; Marxisme als autogestion."

Aufbau des Sozialismus in Albanien. Reden von Enver Hoxha, Amsterdam (uitg. Van Gennep).

Nieuw China
J. Verkuyl, *Evangelie en Communisme in Azië en Afrika,* Kampen 1966. (Zie ook de daar genoemde literatuur.)
China reading 3, Communist China, Londen 1968.
Theological implications of the new China. Uitg. van Lutheran World Federation en Pro Mundi Vita, Genève 1974. (Daarin vooral: „Faith and ideology in the context of the New China", door Winfred Glüer.)
Ching Feng (Quarterly notes on „Christianity and Chinese religion and culture"), vol. XVIII, no. 4, 1975, Hongkong. (Hierin in het bijzonder: Ninian Smart, „Maoism and religion"; Philip Shen, „Comments on Ninian Smarts paper".)
Victor Hayward, *Christians in China,* Belfast 1975.
Themanummer van *Wereld en Zending,* 3e jrg. 1975/5 over „Nieuw China als vraag aan de wereldzending".

Cuba
German Arcieniegas, *Latin America, a cultural history,* New York 1967.
Ernesto Guevara, *Obras Completas,* vol. I en II, Buenos Aires 1967.
Idem, *Toespraken, brieven, geschriften,* samengesteld door Th. Stibbe.
Redevoeringen van Fidel Castro: „History will absolve me"; „I am a Marxist Leninist"; „The communist party of Cuba", in: Paul Sigmund, *The ideologies of the developing nations,* New York 1969[3].
Fidel en Chile; textos completas de su dialogo con el pueblo, Santiago 1972.
Church and Society in Cuba. IDOC Bulletin no. 30-31, april/mei 1975.
José Miguez Bonino, *Christians and Marxists,* Londen 1976.
Aquilar, *Marxism in Latin America,* New York 1968.

57

5. Het neo-Marxisme

Dit boek handelt over het marxistisch Leninisme en het erfgoed aan doctrines in dat stelsel. Het wil daarover materiaal aandragen ten behoeve van de dialoog. Dit boek is niet primair een boek over allerlei neo-marxistische stromingen. We willen ook in het geheel niet de indruk wekken, dat die „marxogene" stromingen, die met de verzamelnaam neo-Marxisme worden aangeduid, samenvallen met het marxistisch Leninisme. Dat is in het geheel niet het geval. Deze stromingen zijn namelijk in vele opzichten juist reacties op het marxistisch Leninisme en pogingen tot vernieuwing en revisie van die vorm van Marxisme.

Hoewel het dus niet onze bedoeling is om uitvoerig informatie te geven over deze neo-marxistische stromingen willen wij toch heel in het kort de *verschuivingen* en *nieuwe themata* omschrijven, die zich in deze stromingen aftekenen en presenteren. Wanneer dialogen met aanhangers van het marxistisch Leninisme op gang komen is het namelijk zeer goed mogelijk, dat de kritische vragen, die in het *neo-Marxisme* opgekomen zijn, daarin gaan doorwerken. Voorts is het voor christenen erg nodig om de *uitdaging* van deze nieuwere „marxogene" stromingen zeer serieus te nemen, omdat juist van deze stromingen voor de zelfreflectie van christenen veel te leren valt.

Het neo-Marxisme is vooral ontstaan en opgekomen na de Tweede Wereldoorlog. Deze stromingen zijn zowel ontstaan in die gebieden, waar het marxistisch Leninisme de officiële staatsideologie is, zoals in Rusland en Oost-Europa, als in die gebieden waar het liberalistisch kapitalisme nog domineert, zoals in de Verenigde Staten en Latijns Amerika, als ook in die gebieden waar de sociale en economische ontwikkelingen veel meer onder de controle van sociaal-democratische en neo-liberale en christen-democratische partijen en regeringen staan, zoals in de Scandinavische landen, in de Duitse Bondsrepubliek en in de Benelux-landen. Wij willen eerst enkele namen noemen van neo-marxistische denkers die in Oost-Europa naar voren kwamen en daarna wijzen op de Frankforter school, die in West-Europa en de Verenigde Staten zulk een grote invloed heeft gehad met haar „kritische theorie".

Na dat korte overzicht willen wij pogen de probleemgebieden en verschillende themata aan te geven die zich in deze neo-marxistische stromingen presenteren.

I. *Enkele figuren uit het neo-Marxisme die in Oost-Europa werken of hebben gewerkt*

Ik noem hier nu slechts enkele namen. Een selectie van hun publicaties volgt in de literatuurlijst bij dit hoofdstuk.

Leszek Kolakowski (geb. 1928)

Een van de eerste neo-Marxisten die in Oost-Europa het waagde om op revisie van het Marxisme aan te dringen was en is Leszek Kolakowski, afkomstig uit Polen. Hij begon zich voor het eerst kritisch te uiten tegenover het Sovjet-communisme rondom de Poolse oktober-revolutie die met de „Praagse lente" kan worden vergeleken. Hij werd in 1960 uit de conformistische Poolse C.P. gestoten. Hij doceerde van 1960 tot 1970 in Montreal en Berkeley en sinds 1970 in Oxford.

Hij heeft met grote durf en volharding vragen aan de orde gesteld, die voor de dialoog van fundamentele betekenis zijn en waarop we aan het slot van dit hoofdstuk de aandacht willen vestigen.

Milan Machovec (geb. 1925)

Milan Machovec is een van de meest invloedrijke vertegenwoordigers van de marxistische vernieuwingsbeweging.

Hij doceerde van 1953-1970 aan de Karel-Universiteit in Praag. In die periode ontstond tussen hem en de theoloog aan de Comenius-Universiteit, Joseph Hromadka, een diepe vriendschap, die leidde tot een open en eerlijke dialoog tussen christenen en Marxisten in de „Praagse lente" en ook in West-Europa. Hij is na de Praagse lente ontslagen als hoogleraar juist vanwege deze open en wederzijdse interpellatie en leeft nu onder zeer moeilijke omstandigheden in Praag als een verschoven mens.

Machovec heeft door zijn ontwapenende oprechtheid, diepzinnige vragen en door zijn indringende publicaties diepe invloed tot nu toe.

Vitezlav Gardavsky (geb. 1923)

Gardavsky was tot 1968 hoogleraar in de wijsbegeerte aan de militaire academie in Brno. Hij nam zowel door publicaties als in conferenties op originele wijze deel aan de dialoog tussen christenen en Marxisten. In 1969 werd hij tijdens de zuiveringen onder Husak na de Praagse lente ontslagen. Hij heeft nu een technische werkkring, maar blijft op meer persoonlijk vlak betrokken bij de dialoog.

Ik noem slechts deze drie namen omdat ieder die wil hun publicaties zelf lezen en beoordelen kan.

Het zou echter verkeerd zijn te denken, dat het revisionisme geen andere woordvoerders heeft in Oost-Europa.

J. Claude Evans heeft in 1973 een reis door Oost-Europa gemaakt en in een artikel over de dialoog tussen christenen en Marxisten [1] melding gemaakt van dialogen, die *ook nu nog* plaats vinden in Oost-Europa in de persoonlijke sfeer. Wij kennen echter de schriftelijke uitingen daarvan niet en vermoedelijk zijn die ook zeer schaars.

Dank zij de Alexander Herzenstichting en het Oost-Europa instituut van de stedelijke universiteit van Amsterdam zijn wij wel in staat om de publicaties van vele Russische e.a. dissidenten te volgen, zoals die o.a. in de Samizdat literatuur circuleren.

J. W. Bezemer en M. P. van den Heuvel hebben vele van deze documenten verzameld in hun boek *De democratische beweging in de Sovjet Unie* (Amsterdam 1973).

L. Frazer heeft eveneens vele van deze documenten gepubliceerd onder de titel *Documenten van de Oost-Europese linkse oppositie* (Amsterdam).

In deze en dergelijke documenten klinken telkens themata door, die we ook in de geschriften van de hierboven genoemde schrijvers beluisteren. Ieder die in de voortzetting van de dialoog in Oost-Europa geïnteresseerd is moet zulke documenten volgen.[2]

Wij willen nu enkele namen noemen uit neo-marxistische stromingen in *West-Europa* en de *Verenigde Staten*.

Wij moeten daarbij beginnen met enkele notities over de „Frankfurter Schule".

II. *De Frankforter School: de „kritische theorie"*

In 1924 werd in een bepaalde verbinding met de Goethe Universiteit van Frankfort een „Institut für Sozialforschung" opgericht. De bedoeling van het instituut was om in aansluiting aan het historisch materialisme de wisselwerking tussen econo-

1 *Chr. Century* van 23 januari 1974.
2 *De Gids*, 4-5-1973, heeft een voortreffelijke introductie in de worsteling om een gereviseerd Marxisme in Oost-Europa gegeven.

mische strukturen en culturele ontwikkelingen op nieuwe wijze te doorzoeken.

In maart 1933 werd dit instituut op bevel van Hitler gesloten. Max Horkheimer was toen directeur. Van 1934-1944 werd de arbeid van dit instituut aan de Columbia Universiteit in New York voortgezet. In 1950 werd het weer in Frankfort heropend. Vooral sinds dat jaar werden allerlei vormen van de „kritische theorie" ontwikkeld, waarin met de nieuwere ontwikkelingen in de westerse samenlevingen rekening werd gehouden en waarin het Marxisme op „onorthodoxe, zelfstandige en flexibele wijze" aan de nieuwere ontwikkelingen werd aangepast.

Van het vroegere personeelsbestand van de „Frankfurter Schule" zijn nu in 1976 weinigen overgebleven; toch kan gezegd worden dat deze school de bakermat van het neo-Marxisme is geweest in West-Europa en de Verenigde Staten.

Het tijdschrift voor sociale wetenschap, dat van 1932-1941 verscheen en dat van de Frankforter school uitging, bevat vele opstellen, die voor de ontwikkeling van neo-marxistische denkbeelden of „de kritische theorie" van fundamentele betekenis waren en zijn.

Het woord *„kritisch"* geeft aan, dat het er deze neo-marxistische denkers niet om ging Marx eindeloos te herhalen, maar om bepaalde marxistische categorieën in de analyse van veranderde omstandigheden door nieuwe theorie-vorming te actualiseren en te concretiseren.

Er zijn onder de aanhangers en geleerden van de kritische theorie vele nuances en zelfs diepgaande verschillen. Wat hen verenigt is het verlangen om het verouderde orthodoxe Marxisme en het pseudo-Marxisme te vervangen door nieuwe concepten.

Enkele figuren uit de „Frankfurter Schule"

Ik noem hier ook slechts enkele namen. Een selectie uit hun publicaties volgt eveneens in de literatuurlijst bij dit hoofdstuk.

Max Horkheimer

Horkheimer was de eerste directeur van het bovengenoemde instituut uit Frankfort en tevens hoofdredacteur van het *Zeitschrift für Sozialforschung,* waarvan we hierboven melding maakten. Hij is vooral de pionier geweest van de „kritische theorie".

Een van zijn vrienden en medewerkers was Theodor W. Adorno (geb. 1903).

Later is de leiding van het instituut in handen gekomen van Jürgen Habermas (geb. 1929).

Theodor W. Adorno (1903-1969)

Adorno was tot zijn dood verbonden aan het instituut in Frankfort en was co-auteur van vele boeken met Horkheimer. Hij is gestorven tijdens de studenten-revoltes, waartegen hij grote bezwaren had.

Jürgen Habermas (geb. 1929)

Habermas was sedert 1964 hoogleraar in de sociologie aan de Goethe Universiteit in Frankfort en is tijdens de studenten-opstanden gevlucht naar een particuliere universiteit.

Habermas legt meer de nadruk op de toepassing van de kritische theorie in de politieke praxis. Hij constateert in de Oosteuropese landen doctrinaire verstarring in de autoritair geregeerde bureau-cratische communistische staten en in West-Europa is het Marxisme een vrijblijvende cultuurfilosofie geworden. Hij bepleit een zeer kritische revisie van het Marxisme en wil de „verloren gegane samenhang met de politieke praxis weer herstellen".

De drie bovengenoemde „Frankforters" hebben zich nooit verbonden aan een bepaalde partij noch aan de georganiseerde arbeidersbeweging. Ze raakten daarom nogal geïsoleerd. Ze werden tot onafhankelijke filosofen, die de kloof tussen theorie en praxis niet overbrugden.

Herbert Marcuse

Hoewel Herbert Marcuse slechts kort in Frankfort gedoceerd heeft, wordt hij toch gerekend tot de „Vaders" van de kritische theorie én beschouwd als de profeet en hogepriester van de radicale oppositie tegen de huidige samenleving, zoals hij genoemd werd tijdens de studentenopstanden in West-Berlijn, toen men hem als „ideoloog der revoltes" uit Californië liet overkomen.

Herbert Marcuse is geboren in Berlijn. Hij was toen Hitler aan de macht kwam hoogleraar in Frankfort, waar hij zich vooral had beziggehouden met commentaren op de *jonge Marx*. Vanwege deze studies en vanwege zijn Joodse afkomst werd hij door de nazi's ontslagen. Hij week uit naar de Verenigde Staten, waar hij hoogleraar werd in Californië.

Eerst poogde hij de oude marxistische revolutie-theorieën voort te zetten, maar in 1950 en later voltrekt zich een wending in zijn denken. Hij gelooft niet langer in revoluties in *klassiek* marxistische geest. Hij heeft en toont in toenemende mate afkeer van het Sovjet-communisme en zint op andere methoden en strategieën om tot radicale veranderingen te komen.

Binnen het westerse maatschappelijke systeem ziet hij bepaalde ontwikkelingen, namelijk „repressieve beheersing der natuur in en buiten de mens" en „verslaving van de mens door zijn eigen productiviteit". Het productieproces ontgroeide aan de beheersing door individuen en kwam onder de macht van particuliere en publieke bureaucratieën. Het industrieel apparaat wordt grotendeels gebruikt voor de productie van overbodige goederen van slechte kwaliteit en vooral voor militaire doeleinden. Dat apparaat legt een grote druk op de mensen uit angst voor het verlies van hun baan en van sociaal prestige. Hoewel door bevrediging van vitale behoeften het revolutionaire elan achteruitging, vond – deels onbewust – een nieuwe ontmenselijking plaats, omdat de persoonlijke beslissingsvrijheid steeds meer uitgeschakeld is.

Dat feit leidt tot opeenhoping van agressiviteit bij de individu. Er moet daarom een nieuwe sociale orde komen. Maar op een manier die kans heeft en niet teveel slachtoffers telt.

Het volk, niet de massa moet de basis zijn, waarop de vrije samenleving moet worden gebouwd. Want de massa bestaat uit „één-dimensionale mensen", d.w.z. mensen voor wie het ideaal met de werkelijkheid samenvalt. De massa werkt juist bureaucratie en autoritaire macht in de hand. De kans op vrijheid is afhankelijk van de mogelijkheid zich tegen de mening van de massa te verzetten.

Verzet tegen het bestaande systeem kan – hoewel de kans niet groot is – alleen komen van de uitgeworpenen, de uitgebuiten, de permanente werklozen, de arbeidsongeschikten en van studenten, die nog geen sociale verantwoordelijkheid dragen. Op die groepen moet „gespeeld" worden bij de pogingen om veranderingen tot stand te brengen.

In de theorie-vorming werkt Marcuse veel met begrippen ontleend aan Freud. Begrippen als „eros", „libido", repressie van de eros en ook een sublimatietheorie komen veelvuldig voor bij Marcuse. Maar – anders dan bij Freud – duidt Eros bij Marcuse de cultuurdrift in de *ruimste zin des woords* aan. De mens heeft ook aandrift tot niet-sexuele aktiviteiten. Verder werkt hij begrippen als repressie en agressie uit als *gangmakers van maatschappelijke processen.*

Het is alsof hij het psychisch mechanisme de rol van het economisch mechanisme in de oude marxistische theorie wil laten overnemen. Hij wil een *contemplatieve aktieve* mens in plaats van de één-dimensionale mens. Maatschappij-verandering wordt zo een psychologische opgave. Hij pleit voor erotisering van het totale leven. Dan zal vanzelf de code der zelfbeheersing worden ingebouwd in leven en samenleven, zo betoogt hij in *Geweld en vrijheid*. Het eschaton bij Marcuse is de niet-repressieve samenleving. Er is dan nog wel arbeid („de hel op aarde"), maar die is slechts voorwaarde voor de hemel op aarde. De homo laborans vormt de introïtus van de homo ludens.

Het diepst heeft Marcuse invloed gehad door zijn *A critique on pure tolerance*, waarin hij intolerantie tegen rechts bepleit en exclusieve tolerantie voor links en waarin hij korte, felle revoltes bepleit.

Cohn Bendit, Rudi Dutschke, Angela Davis, de Black Panthers enz. werden door zijn ideeën beïnvloed in hun strategieën van provocatie tot geweld en tegengeweld door felle polarisaties.

Deze preoccupatie met korte geweldsoefening kweekte in Europa en Amerika in bepaalde kringen een tijdlang een sfeer, waarin het gebruik van zulke korte geweldsakties als eerste en enige weg werd aangeprezen. In feite werden daarmee anti-democratische gezindheden gepropageerd en werden desperado's gespannen voor de wagen van bepaalde neo-marxistische agitatoren en demagogen. Vooral bij de studentenrevoltes in 1974 speelden de ideeën van Marcuse een belangrijke rol.

Habermas hield zich kritisch met Marcuse bezig, o.a. in zijn *Antworte auf Herbert Marcuse*.[3]

De Duitse theoloog-filosoof Picht keerde zich tegen het anarchisme van Marcuse en pleitte als alternatief voor het opstellen van concrete programma's, nationaal en internationaal, in zijn *Welt zur Utopie*.

In zijn lijn hield T. P. van der Kooy een indrukwekkende diesrede over *Hedendaagse maatschappij-kritiek* (1969).

S. U. Zuidema schreef een kritiek op Marcuse in zijn boek *De revolutionaire maatschappij-kritiek van Herbert Marcuse*[4]. Daarin schildert hij Marcuses leer als een post-christelijke heilsleer en pseudo-heilsweg. „Dit neo-paganisme beroept zich op het allerheiligste van de renaissance-mens: de autonomie van de mens, de wedergeboorte tot het ware mens-zijn door de herscheppende zelfopenbaring van de mens."

De moeilijkheid bij alle kritiek van S. U. Zuidema was dat hij niet inging op de vragen die een auteur als Marcuse opwerpt en dat hij nooit indicaties gaf in de richting van alternatieven en van het zoeken naar een „betere gerechtigheid" op aarde. Als wij daar niet mee bezig zijn, dan blijft elke principiële kritiek

3 Frankfort 1968.
4 Amsterdam 1970.

steriel. Ook Marcuse daagt uit tot antwoord. Dat antwoord zal zich in de eerste plaats moeten concentreren op zijn *mensbeschouwing*. Hij deelt de mensheid in in twee groepen, waarvan de ene groep de blanke onschuld en de andere de boosheid representeert. Hij vergeet, dat het saeculaire project zelf sinds Prometheus vervuld is van ondraaglijke fantasieën en verschrikkelijke agressie, waaraan *elk* mens deel heeft, zodat wij allen bekering en wedergeboorte nodig hebben.

In de tweede plaats zullen Marcuse en zijn volgelingen eraan herinnerd moeten worden dat de „heilsstrategieën" van Marcuse in feite voorbereidingen zijn voor linkse dictatuur.

In zijn opstel over *Gracchus Baboeuf* [5] verheerlijkt hij Baboeuf, die openlijk de dictatuur van een kleine minderheid over de meerderheid verdedigde in 1789. Blanqui en de „Blanquisten" namen die ideeën over. Marx en Engels waren er tegen omdat die theorie en praxis zou leiden tot een minderheidsdictatuur over een onbewuste meerderheid.

Lenin en Stalin gingen echter verder in de lijn van Baboeuf en ze creëerden toestanden die zo afschuwelijk waren, dat zelfs Marcuse ervan gruwt in zijn boek over de Sovjet-Unie. Maar als men de theorieën van Marcuse *werkelijk* in daden omzette, zouden de toestanden dan minder afschuwelijk zijn? En zou er niet gestreefd moeten worden met *andere* middelen de maatschappij te veranderen?

Ernst Bloch

In dit overzicht neem ik ook enkele gegevens op over een figuur die niet in strikte zin tot de Frankfurter Schule gerekend wordt, hoewel hij daarmee vele relaties onderhield, maar die een geheel eigen vorm van neo-Marxisme in het leven riep, namelijk Ernst Bloch.

Jürgen Moltmann noemt in een boeiend opstel over Bloch deze vorm van Marxisme *„esoterisch Marxisme"*. Onder esoterisch Marxisme wordt verstaan die vorm van Marxisme die boven Lenin en Stalin uitgrijpt en die tevens teruggrijpt naar bepaalde elementen uit *Jodendom* en *christendom*. Bloch noemt dat de *warmtestroom* in het Marxisme, die dieper gaat dan het *economisme*. Deze stroming richt zich tegen de starre en geïnstitutionaliseerde staatsideologie van regeringen, die aan hun onderdanen die ideologie dwingend opleggen. In dit boek zullen wij in allerlei hoofdstukken telkens met Bloch en zijn inbreng rekening houden.

5   Massachusetts 1967.

Dit esoterisch Marxisme is namelijk naast dat van Garaudy een van de meest treffende vormen van *open Marxisme,* dat niet alleen de dialoog met Jodendom en christendom zoekt, maar zelfs nadrukkelijk daartoe *uitdaagt.*

Hier volgen slechts enkele gegevens over de levensloop van Ernst Bloch. In de literatuurlijst bij dit hoofdstuk nemen wij een lijst van zijn belangrijkste publicaties op.

Ernst Bloch is in 1885 in Duitsland geboren uit een Joods gezin, waar hij de Joodse traditie door en door leerde kennen. In zijn jeugdjaren hield hij zich reeds intens met Marx bezig. Van 1914-1917 werkte hij, uitgeweken naar Zwitserland, aan zijn eerste publicatie: *Der Geist der Utopie.* Na de Eerste Wereldoorlog hield hij zich vooral bezig met die figuren in de geschiedenis van het christendom die daarin de *revolutionaire* tendens vertegenwoordigden. Een van de resultaten van die studie was zijn boek over *Thomas Münzer als Theologe der Revolution,* dat ook in het Nederlands verscheen bij de uitgeverij Ambo in Baarn.

Kerkhistorici als C. Augustijn en A. J. Visser hebben deze duiding van Münzer als wetenschappelijk onhoudbaar afgewezen. Voor de kennis van de ideeënwereld van *Bloch* is het echter een belangrijke bron.

In 1933 week Bloch weer uit. Nu naar de Verenigde Staten. Daar schreef hij het beroemde 3-delige werk *Das Prinzip Hoffnung,* dat zovelen stimuleerde en dat diepe invloed uitoefende o.a. op Jürgen Moltmann en op de theologie der bevrijding in Latijns Amerika (Gutiérrez, Rubem Alves, Bonino e.a.).

In 1949 keerde hij terug naar Europa om in de D.D.R. hoogleraar in de wijsbegeerte te worden (Leipzig). Daar verdroeg men zijn esoterisch en tegen de staatsideologie gerichte open Marxisme niet. In 1961 vestigde hij zich in de Bondsrepubliek in Tübingen, waar hij enkele jaren gastcolleges gaf.

Het laatste boek van Bloch, die reeds boven de negentig is, heeft als titel *Experimentum Mundi.* Op allerlei zeer merkwaardige aspecten en vragen van dat indrukwekkende werk komen wij in bepaalde hoofdstukken van dit boek terug.

Bloch: pacifist, humanist, open Marxist, kenner van de Thora en van de ethiek van Jezus, is een van de meest stimulerende denkers van deze eeuw.

Binnen de samenhang van dit boek moet tevens gezegd worden dat wie zich met hem bezighoudt als op een radarscherm de verschuivingen in het Marxisme ziet verschijnen, die voor de toekomst wellicht van groot belang zullen blijken te zijn.

Roger Garaudy

In dit overzicht, waarin allerlei figuren worden genoemd die vorm hebben gegeven aan het neo-Marxisme en die bovendien hebben aangedrongen op een open Marxisme, dat zich niet afsluit voor het christendom, moet tenslotte genoemd worden de Franse wijsgeer *Roger Garaudy*, wiens autobiografie onlangs in Nederlandse vertaling verscheen.[6]

In 1966 verscheen een boek, dat geschreven was onder de invloed van het Tweede Vaticanum: *From anathema to dialogue* (in Nederlandse vertaling *Van banvloek tot gesprek*), dat als typerende ondertitel heeft: *Een marxistische uitdaging aan de christelijke kerken.* Het werd gepubliceerd met een inleiding van de Cubaanse Rooms-Katholieke wijsgeer Leslie Dewart, die nu in Canada doceert. In 1963 was hij een van de belangrijkste sprekers op het onder de auspiciën van het Paulus-Gesellschaft gehouden gesprek tussen christenen en Marxisten. Een Nederlandse vertaling over dit gesprek is in 1967 in Baarn uitgegeven onder de titel *Christendom en Marxisme.*

De openheid die Garaudy toonde en zijn bereidheid om aan beide zijden tot reflectie en revisie te stimuleren wekte de ergernis van de Franse C.P., waarin hij een van de leidende figuren was. Hij was *de* partij-ideoloog.

In 1970 werd hij coram publico onder doodse stilte uit de Franse C.P. gestoten, terwijl hij wist, dat honderden in de C.P. het innerlijk met hem eens waren. Hij werd het zoveelste slachtoffer van de communistische partijdiscipline.

In *Van banvloek tot gesprek* schrijft hij nog, dat de barrière tussen christenen en Marxisme blijft: „de kwestie van het theïsme en de conceptie van het Rijk Gods." In zijn laatste boek, *Het hart op de tong*, belijdt hij, dat hij eigenlijk reeds jarenlang een „latent christen" is geweest en dat het geen zin heeft langer te verbergen, dat hij christen is.

In zijn visie op vernieuwing van de maatschappij-strukturen blijkt Garaudy in zijn boek *l'Alternative* geboeid door het model van de Joegoslavische arbeiders-zelfbesturen.

Het boeiende van Garaudy is echter niet zozeer het zoeken naar nieuwe strukturen, maar het zoeken naar een nieuwe wijze van zijn, zonder de ballast van het verleden en door het aanboren van de bronnen van het Evangelie. Het Marxisme – zo klinkt bij hem als thema door – moet leren „een theorie der subjectiviteit te vormen, die niet subjectivistisch is en een theorie der trans-

6 Roger Garaudy, *Het hart op de tong,* Baarn 1976.

cendentie, die niet tot vervreemding leidt". Daarmee heeft hij in enkele woorden de kern van zijn eigen levensstrijd weergegeven.

III. *Verschuivingen en nieuwe themata in de neo-marxistische stromingen*

Wij hebben in de vorige pagina's een kort overzicht gegeven van enkele woordvoerders van het neo-Marxisme. Het is niet mogelijk om uitvoerige analyses te geven van hun geschriften en denkbeelden. Binnen het bestek van dit boek kunnen wij volstaan met enkele verschuivingen en nieuwe themata aan te geven, die in hun werken te traceren zijn en die voor de dialoog tussen christenen en Marxisten van betekenis zijn.

a. *De innerlijke en uiterlijke distantie van de Sovjet-Russische staatsideologie en praxis*

In vrijwel alle neo-marxistische stromingen valt vooral tijdens en na de stalinistische periode de neiging te constateren zich te distantiëren van de Sovjet-Russische staatsideologie en praxis. Bij vele neo-Marxisten, zoals bij Garaudy, blijkt dat men zich schaamt de gruwelijke verschijnselen van het Stalinisme niet eerder te hebben afgewezen en blijkt tevens de angst voor telkens opkomende symptomen van neo-Stalinisme.

Toen de Russische tanks Budapest binnenreden en later in Praag huishielden, waren de stemmen van neo-Marxisten duidelijk te horen temidden van de andere stemmen. Neo-Marxisten willen meestal in het geheel niet geïdentificeerd worden met de Sovjet-Russische praktijk.

Ik geef ter illustratie enkele citaten. Van Leszek Kolakowski is deze uitspraak typerend over het Marxisme van de Sovjet-Unie: „Elke *linkse* beweging in een westelijk land zal zich in een verkeerde en misleidende positie bevinden, zolang ze niet duidelijk begrijpt en *openlijk durft uit te spreken*, dat het Sovjet-communisme een van de grootste centra van nationale en maatschappelijke onderdrukking is, die ooit ter wereld bestaan hebben." [7]

Herbert Marcuse heeft een boek over het „Sovjet-Marxisme" [8] geschreven, waarin hij de volgende bezwaren tegen het Sovjet-communisme uit:

7 Onder andere geciteerd als motto in het no. van *De Gids* (4-5-1972) dat aan de oppositie in Oost-Europa gewijd werd.

8 Die Gesellschaftslehre des sovjetischen Marxismus (Soziologische Texte No. 22) Berlijn.

1. Er bestaat in Rusland geen dictatuur van het proletariaat, maar *van de partij*.
2. De productie is een doel in zichzelf geworden in plaats van een middel.
3. De bureaucratie is almachtig en geeft aan de gemeenschap geen werkelijke inspraak.
4. Het hele systeem is een onderdrukkend systeem. Die onderdrukking wordt verhevigd doordat de instrumenten van technologie en wetenschap in dienst van deze onderdrukking worden gesteld.
5. Zowel het systeem van het Westen als het Sovjet-systeem is vol van onderdrukking. De onderdrukking treedt in de Sovjet-Unie op in het gewaad van pseudo-Marxisme, in het Westen in het gewaad van het neo-Liberalisme.

Deze beide kroongetuigen van het neo-Marxisme bewijzen duidelijk hoe groot de distantie is van het Sovjet-communisme. In het algemeen geldt niet van de Europese C.P.'s, dat ze zich van de staatsideologie distantiëren. Enkele jaren geleden (in 1973) dreigde in Frankrijk bijvoorbeeld een nieuwe Garaudy-affaire toen de uitgever van *Les lettres françaises*, Daix, de Russische partij beschuldigde van neo-Stalinisme vanwege het optreden tegen dissidenten en in Tsjecho-Slowakije. Hij werd afgestraft door Marchais in *France Nouvelle* van 31 juli 1973 en bedreigd met ex-communicatie.

Alle C.P.'s zijn wat verlegen met de open wijze, waarop de meeste neo-Marxisten zich distantiëren van de Sovjet-Unie.

b. *Wijzigingen in de godsdienstkritiek en een nieuw zoeken naar transcendentie*

Een van de meest verheugende trends in de neo-marxistische stromingen is, dat steeds meer de overtuiging groeit dat de oude marxistische godsdienstkritiek, die in China en Rusland en Oost-Europa nog circuleert alsof ze de laatste waarheid bevatte, tot op de draad versleten is. De meeste neo-Marxisten geven toe, dat het opdienen van die oude kost een beschamende zaak is en dat het tijd wordt om toe te geven, dat niet alleen het oorspronkelijk christendom, maar talloze historische verschijningsvormen van het christendom een diepe transformerende invloed op mensen en samenlevingen hebben uitgeoefend en nog uitoefenen.

Verder is het opvallend, dat bij vele neo-marxistische schrijvers niet alleen kritiek wakker wordt tegen de traditionele marxistische godsdienstkritiek, maar dat overal een zoeken en tasten naar „het transcendente" te constateren valt. De vulling van dat transcendente verschilt van schrijver tot schrijver. Machovec, Gardavsky, Bloch, Kolakowski, Garaudy uiten zich er zeer verschillend over. Maar onmiskenbaar is er een zoeken en tasten naar *het* transcendente en ook bij sommigen naar *De transcendente.*

In verband daarmee is er ook nieuwe prille aandacht voor de figuur van Jezus. Ik wil daaraan ook een apart hoofdstuk wijden.

c. *Nieuwe bezinning op ethische normen*

Ook op het gebied van de moraal doen zich verschuivingen voor. Terwijl bij Marx de ethiek een verwaarloosd hoofdstuk is en alle moraal als klasse-moraal wordt gezien en bij Lenin de ethiek vooral opgaat in discipline en offerbereidheid voor de proletarische toekomst, wordt in het neo-Marxisme veel meer de nadruk gelegd op *zelfexpressie, initiatief, creatief vermogen.*

Helaas leiden deze accenten bij sommige instituten voor „kritische psychologie" in de Bondsrepubliek en bij enkele communes in West-Berlijn, die zich tooien met de naam van „Wilhelm Reich" tot vormen van normloosheid, die even zorgwekkend als besmettend zijn.

Wilhelm Reich was de eerste, die ruim veertig jaar geleden *Marx* en *Freud* met elkander verbond in zijn boek over *De sexuele revolutie*, dat in 1974 in het Nederlands werd uitgegeven na 4 decennia.

Met gebruikmaking van de naam van Wilhelm Reich wordt nu in zulke neo-marxistische centra en communes een zedelijke anarchie en normloosheid gepropageerd, waarover én Marx én Lenin het hoofd zouden hebben geschud.

Maar er zijn ook andere ethische tendenzen in het neo-Marxisme, namelijk symptomen van een strijd tegen het morele relativisme en voor het ontwikkelen van morele codes zowel in de persoonlijke relaties als in de internationale verhoudingen. Een treffende publicatie daarover is die van Kolakowski: *Marxismus, Utopie und Anti-Utopie.* Hij vecht tegen „het morele relativisme, dat in het geïnstitutionaliseerde marxistisch Leninisme gebruikt wordt als werktuig en rechtvaardiging voor elke schurkenstreek" en hij strijdt vóór het aanvaarden van uit liefde geboren ethische normen in de strijd om een rechtvaardige samenleving. Zulke geluiden vindt men bij vele neo-Marxisten.

d. *De strijd tegen de „waardevrije wetenschap"*

Een van de tendenzen in het neo-Marxisme is de strijd *tegen de waardevrije wetenschap*. Bloch schreef een interessant boek tegen het positivisme in de sociologische wetenschap, dat slechts feiten verzamelt en accumuleert zonder de vraag te stellen waartoe dat alles dient.

Adorno van de Frankforter school bestreed in allerlei geschriften het neo-positivisme, dat wel een breder terrein onderzoekt dan het positivisme, maar dat toch de pretentie van waardevrijheid tracht te handhaven.

De Frankforter sociologen willen zich niet beperken tot feitenverzameling. Ze willen die feiten toetsen aan een bepaalde maatschappijconceptie en de wetenschap dienstbaar maken aan de verandering van de *totale* samenleving en niet alleen van *deelgebieden.*

Deze methodenstrijd der neo-marxistische sociologen en politicologen is uiterst belangrijk. Wie van mening is, dat er een onloochenbare band is tussen geloof en wetenschap en dat geen enkele wetenschap waardevrij is of mag zijn, zal zeker serieus kennis moeten nemen van deze beschouwingen.

De vraag komt dan op of de kritische theorie bij al haar kritiek op de ideologische elementen in de zgn. waardevrije wetenschap niet zelf wortelt in een bepaalde ideologie.

Mannheim pleit in *Ideologie und Utopie* niet alleen voor een partiële, maar voor een totale „Ideologie-Verdacht", een wantrouwen tegen *elke* ideologie.

Christenen zullen bij de beoefening van deze en andere wetenschappen veel kunnen leren van Adorno, maàr ze zullen radicaal de relatie tussen geloof en wetenschap aan de orde moeten stellen, niet vanuit de binding aan welke ideologie ook, maar aan het Evangelie.

Wetenschap is inderdaad niet waardevrij. Er is en blijft een diepe samenhang tussen scientia en conscientia en tussen conscientia en de levende God.

De wetenschapstheorie van Adorno c.s. zou christenen moeten uitdagen om vanuit een gelovige bezinning te antwoorden.

e. *Bezinning op de invloed van de technologie*
Zoals *Adorno* zich concentreerde op de wetenschapstheorie, zo heeft *Jürgen Habermas* zich vooral geconcentreerd op de invloed van de technologie. Marcuse is daarmee ook altijd bezig geweest. Marcuse was en is van mening, dat de technologie als zodanig macht heeft over mens en natuur.

Habermas ziet de techniek zelf als een van haar politieke toepassing onafhankelijk element. Maar hij legt er de nadruk op, dat mensen en samenlevingen van de technologie een instrument tot overheersing kunnen maken dan wel een instrument tot het dienen van mensen en samenlevingen. Hij constateert dat zich in de samenleving een systeem ontwikkelt, dat gelegitimeerd wordt door „de quasi-autonome vooruitgang van wetenschap en techniek". Technologie wordt als het ware een ideologie, die de wind blaast in de zeilen van een waanzinnig voortgedreven technisch apparaat.

De kritische theorie dringt erop aan deze quasi-autonome vooruitgangsideologie te doorbreken, de waanzinnige ontplooiing ervan te bezweren en „een politiek werkzame discussie op gang te brengen, die het potentieel aan technisch weten en kunnen beheerst en in dienst van de mensheid stelt".

Dit element in de kritische theorie is zonder enige twijfel uiterst waardevol. Hier worden vragen aan de orde gesteld, die op de agenda van Marxisten en christenen moeten staan en waarin wij elkanders inzichten en raadgevingen ten zeerste behoeven. Het is verheugend – ik kom daar later op terug – dat vooral in de Wereldraad van Kerken in consultaties binnen een ander referentie-kader de vragen rondom technologie en de kwaliteit van het leven zo centraal staan.

Wetenschappelijke instellingen met een christelijke grondslag en doelstelling behoren zich met vragen van deze aard vanuit hun basis en doelstelling ernstig bezig te houden.

Deze korte samenvatting van de verschuivingen en nieuwe themata die zich voltrekken in het neo-Marxisme is toch vermoedelijk voldoende om te bewijzen, dat voor de dialoog tussen christenen en Marxisten deze ontwikkelingen zeer belangrijk zijn.

LITERATUUR BIJ HOOFDSTUK 5

Algemeen
J. van der Hoeven e.a., *Marxisme en revolutie*, Amsterdam 1967.
J. H. Heiseler en J. Schliefstein, *Die Frankfurter Schule im Lichte des Marxismus. Zur Kritik der Philosophie und Soziologie von Horkheimer, Adorno, Habermas*, 1970.
T. P. van der Kooy, *Het neo-anarchisme en de toekomst der samenleving*.
Idem, *Hedendaagse maatschappij-kritiek*, Haarlem 1970.
J. Sperna Weiland, *Voortgezette oriëntatie*, Baarn 1971.
M. P. van Dijk, *De uitdaging van het neo-Marxisme*, Amsterdam 1974.
H. Gollwitzer, *De kapitalistische revolutie*, Baarn 1975.
H. E. S. Woldring, *Tussen handelingsvrijheid en gedragsbeheersing*, Assen 1976 (deel II, hfdst. 3).

J. Klapwijk, *Dialectiek der verlichting*, Amsterdam 1976.
Tot mijn spijt was dit manuscript reeds afgesloten toen deze analyse van de Frankfurter Schule verscheen. Ik verwijs voor diepere studie over deze „school" gaarne naar deze publicatie van de lector in de geschiedenis van de nieuwe wijsbegeerte aan de V.U. te Amsterdam.

Van en over:

Theodor W. Adorno
Theodor W. Adorno, *Negative Dialektik*, 1967[2].
Idem, *Minima Moralia*, Frankfort 1970[2].
Idem, *Soziologie zwischen Theorie und Empirie*, München 1970.

Ernst Bloch
Ernst Bloch, *Das Prinzip Hoffnung* (3 Bde), Frankfort a/d Main 1959-1967.
Idem, *Atheismus im Christentum. Zur Religion des Exodus und des Reichs*, Frankfort a/d Main 1968.
Idem, *Experimentum Mundi*, Frankfort 1975.
W. D. Marsch, *Hoffen worauf? Eine Auseinandersetzung mit E. Bloch*, Hamburg 1963.
A. Jäger, *Reich ohne Gott. Zur Eschatologie. Ernst Bloch*, Zürich 1969.
C. H. Ratschow, *Atheismus im Christentum? Eine Auseinandersetzung mit Ernst Bloch*, Gütersloh 1970.
A. J. Visser, *Karl Marx en Lenin als Kerk-Vaders. Maarten Luther de Hervormer of Thomas Münzer de revolutionair*, Den Haag 1975.
Jürgen Moltmann, over Ernst Bloch en „die Hoffnung ohne Glaube", in: *Das Experiment Hoffnung*, pag. 48 vv.
G. Sauter, in: *Zukunft und Verheissung*, pag. 277-348.
S. Unseld, *Ernst Bloch zu Ehren. Beiträge zu seinem Werk.*

Vitezlav Gardavsky
Vitezlav Gardavsky, *Nog is God niet dood*, Baarn 1970.
Idem, *Hoffnung aus der Skepsis*, München 1970.

Roger Garaudy
Roger Garaudy, *Van banvloek naar gesprek*, Hilversum.
Idem, *Die Alternative. Ein neues Modell der Gesellschaft jenseits Kapitalismus und Kommunismus*, München 1972.

Jürgen Habermas
Jürgen Habermas, *Zur philosophischen Diskussion um Marx und der Marxismus*, Neuwied 1963.
Idem, *Technik und Wissenschaft als Ideologie*, Frankfort 1968.

Max Horkheimer
Max Horkheimer, *Kritische Theorie* (2 dln.), Frankfort 1968.
Idem en Theodor W. Adorno, *Dialektik der Aufklärung*, Amsterdam 1947.

Leszek Kolakowski
Leszek Kolakowski, *Geschichte des Positivismus*, München 1971.
Idem, *De mens zonder alternatief*, Amsterdam 1968.
Idem, *Die Gegenwärtigkeit des Mythos*, München 1972.
Idem, *Marxismus, Utopie und Anti-Utopie*, Stuttgart.
J. de Graaf, *Filosofen van de 20ste eeuw*, 1972.
K. E. H. Oppenheimer, in: *Wending*, nov. 1976.
J. Sperna Weiland, *Voortgezette oriëntatie*, Baarn 1971, pag. 36 vv.

Milan Machovec
Milan Machovec, *Marxismus und dialektische Theologie*, Zürich 1965.
Idem, *Jesus für Atheisten*, Stuttgart 1972.
Idem en Iring Fetscher, *Marxisten over Jezus*.

H. Marcuse
H. Marcuse, *Gracchus Baboeuf*, Massachusetts 1967.
Idem, *Eros und Kultur*, Utrecht 1968.
Idem, *Kritik der reine Toleranz*, Frankfort 1968.
Idem, *De ééndimensionale mens*, Hilversum 1970.
Idem, *Het Sovjet-Marxisme*, Amsterdam.
Idem, *Geweld en vrijheid*, Amsterdam.
Idem, *Psychoanalyse en critiek*, Amsterdam.
Idem, *Die gesellschaftslehre des Marxismus. Soziologische Texte*, no. 22, Berlijn.
Roderich Hindery, „Marcuses eroticized man, a new synthesis of action and contemplation", in: *The Christian Century*, 4 jan. 1970.
S. U. Zuidema, *De revolutionaire maatschappij-kritiek van Herbert Marcuse*, Amsterdam 1970.

G. Rohrmoser, *Das Elend der kritische Theorie. Die Krise der Institutionen*, Freiburg 1970.

6. De doctrine van het atheïsme in de visie van Marx en in bepaalde vormen van het neo-Marxisme en het getuigenis van de levende God

Een enkele inleidende opmerking

Wanneer ik nu aandacht ga schenken aan dat „erfgoed aan doctrines", aan de „Catechismus van het leninistisch Marxisme", dan wil ik daarbij uiteraard ook de veranderingen, nuances en verschuivingen die zich in de ontwikkeling van deze doctrines vertonen, trachten te beschrijven.

In het boek van Enzenberger, *Gespräche mit Marx und Engels,* wordt ook een gesprek weergegeven met een zekere luitenant Techow. Marx drijft in dat gesprek de spot met de „narren", de dwazen, die hem zijn „Proletarier Katechismus nachbeten". De spot met de „narren", die zijn proletariër-catechismus naprevelen hangt uiteraard samen met dat experimentele van zijn methode, die telkens opnieuw analyse vraagt van de situatie.

Ook van Lenin zijn zulke uitspraken bekend. Deze spot betekent echter niet, dat Marx niet leefde en handelde uit een bepaalde leer, die telkens na analyse van de zich ontwikkelende situatie leiden moet tot bepaalde consequenties en nieuwe toepassingen in de praktijk. Wij zullen met deze opmerkingen van Marx (en Lenin) rekening houden bij onze uiteenzettingen. Wij beginnen met de doctrine van het atheïsme.

1. Atheïsme in de visie van Marx

Om tot een werkelijke dialoog met het Marxisme en met bepaalde vormen van het neo-Marxisme te komen is het nodig in te zien, dat voor Marx en vele vormen van Marxisme het *atheïsme basis, uitgangspunt* en *voorwaarde* voor zijn visie op mens en maatschappij voor denken en handelen is.

R. C. Kwant schrijft in zijn boek *De visie van Marx* (pag. 30): „Het is voor Marx boven alle twijfel verheven, dat men slechts tot een visie op de mens kan geraken als men atheïst is. Hij noemde het geloof in God de grondvervreemding van de mens."

Atheïsme is volgens Marx de eerste stap die men zetten moet om goed te gaan zien waarop het aan komt. Wie de levensloop van Marx gevolgd heeft, weet hoe hij onder de invloed van de jong-Hegelianen en later van Ludwig Feuerbach in de jaren 1837-1840 overtuigd atheïst werd en hoe hij tot zijn dood zeer overtuigd en zeer consistent het atheïsme tot basis en tot uitgangspunt van zijn denken en handelen heeft gemaakt.

Arend van Leeuwen heeft in zijn bekende boek *Kritiek van hemel en aarde* vooral de dissertatie van Marx grondig geanalyseerd, die handelt over „Het onderscheid tussen de democritische en epicureïsche natuurfilosofie" met een aanhangsel „Kritiek van Plutarchus' polemiek tegen de theologie van Epicurus".

Epicurus – aldus Van Leeuwen – fungeert als het ware als Marx' dubbelganger. Terwijl Marx in een examenopstel Epicurus nog fel aanvalt, verdedigt hij hem in zijn dissertatie en prijst hij hem om zijn verwerping van het geloof in God de Schepper. Hij ziet Epicurus als een Prometheus. De bekentenis van Prometheus: „In één woord alle goden haat ik", naar de tragedie van Aeschylus, is zijn eigen belijdenis. Het devies van de wijsbegeerte moet zijn, dat het zelfbewustzijn van de mens de hoogste godheid is. Dit zelfbewustzijn duldt geen rivalen (vgl. Van Leeuwen, *a.w.*, pag. 85).

In zijn meesterlijke boek *God en mens als concurrenten* laat J. J. Buskes zien, hoe o.a. Feuerbach en Marx de relatie God en mens altijd hebben gezien vanuit het concurrentieschema en nooit vanuit het geloof in God en mens als bondgenoten. Jürgen Moltmann typeert dit marxistische atheïsme als anthropo-theïsme, vergoddelijking van de mens, dat de sleutel der verlossing in menselijke handen waant.

Niet alleen in zijn dissertatie maar ook in vele andere geschriften stelt Marx herhaaldelijk, dat een mens of een samenleving niet vrij kan zijn als hij gelooft aan God en rekent met God. Het Godsgeloof is de barrière en de rem op onze bevrijding volgens Marx. Vooral in zijn *Inleiding tot de critiek op Hegels rechtsfilosofie* en in zijn *Stellingen tegen Feuerbach* heeft Karl Marx zijn atheïstische visie verder uitgewerkt, consequenter nog dan Feuerbach. Later komt hij op dit uitgangspunt niet meer zoveel terug, omdat hij het atheïsme aanvaardt als stille voor-onderstelling en van mening was, dat het geen zin meer had aan de door hem doodverklaarde God nog enige aandacht te schenken.

In Marx' denken is de mens in de plaats van God getreden. De mens is zin en doel der wereld. Hij is in zijn *soort* eeuwig. De mens is zijn eigen creator.

Dat bij *Lenin* de felle ontkenning van elke vorm van Godsgeloof uitgangspunt van zijn denken en handelen was, is algemeen bekend.

2. Atheïsme in het Leninisme

Lenin heeft het atheïstische uitgangspunt uit het denken van Marx en Engels honderden malen onderstreept in zijn geschriften en toespraken. Dat is reeds het geval in zijn geschrift *Materialisme en empirio-criticisme*. Onder Marxisten wordt veel gestreden over de vraag of Lenin in zijn discussies met Plechanow, Avenarius, Mach e.a. Marx' atheïsme (en materialisme) juist geïnterpreteerd heeft of niet.[1] Sommige Marxisten ontkennen dit en zijn van mening dat Lenin Marx' visie niet goed heeft geïnterpreteerd.

Eén ding staat echter vast, dat Lenin het Godsgeloof beschouwde als de grootste vijand van de menselijke bevrijding en dat één van zijn diepste motieven de strijd tegen elke vorm van Godsgeloof is geweest vanaf zijn jeugdjaren tot zijn dood. Toen de Russische revolutie had geleid tot het ontstaan van de Sovjet-Unie werd dit atheïsme ingebouwd in de gehele staatsstruktuur en in de gehele Sovjet-cultuur. In de Sovjet-Unie is naar het woord van Berjajew de wijsbegeerte de ancilla, de maagd van de „atheïstische theologie" geworden.

P. Pawjohan, hoogleraar in Moskou, publiceerde in 1954 een boek, dat in Duitse vertaling luidt: *Der religiöse Aberglaube und seine Schädlichkeit*. Het atheïstische propaganda-apparaat in Rusland werkt met een soort vulgair-atheïsme, dat vaak meer aan het „burgerlijk atheïsme" van Büchner en Haeckel doet denken dan aan de wijze waarop Marx het atheïsme formuleerde.

Het leninistisch Marxisme heeft het atheïsme doctrinair vastgelegd in harde en onveranderlijke dogmata, die niet onderdoen voor de wijze waarop in de Middeleeuwen kerkelijke dogmata werden vastgelegd en door de inquisitie werden bewaakt.

De Weense kardinaal König, die één van de beste kenners van het marxistisch Leninisme is, schreef onlangs, dat de Sovjet-Unie eigenlijk een ouderwetse confessionele absolutistische staat is, namelijk een „atheïstisch-confessionele staat", zoals ook J. A. Hebly het formuleert, die evenals de kerk in de Middeleeuwen of in het Czaren-rijk naast de eigen ideologie geen rivalen duldt.

Juist wie naar ontspanning in de relatie Oost-West in Europa verlangt, zal zich deze status quo moeten realiseren en de moed moeten hebben om deze zaak bij de naam te noemen, in de hoop dat aan *deze* status quo eens een einde komt.

---

1 Zie voor een overzicht van die vraag: Anton Pannekoek, *Lenin als filosoof*, Amsterdam z.j.

3. Atheïsme in het Maoisme

Deze atheïstische doctrines zijn ook opgenomen in de *maoïstische* vorm van het communisme in de Chinese Volksdemocratie.

Mao heeft in woord en geschrift, zonder veel achtergrondinformatie, de leuzen van het vulgair-marxistische atheïsme overgenomen en aangewend in zijn strijd tegen alle vormen van religiositeit in China.

In zijn geschriften die gewijd zijn aan Szu-hsiang Kai-tsao (ideologische omvorming, „thought-reform") wordt met vele verhalen geïllustreerd, dat Godsgeloof en godsdienst behoren tot de zware vergiften, die mensen en samenlevingen vergiftigen en waarvan de mensen moeten genezen door aanvaarding van de grondstellingen van het Maoisme.

Over het geloof aan God wordt de mensen een gevoel van *schuld* en een gevoel van *schaamte* bijgebracht in kleine groepen (hsüeh-hsi) die ten doel hebben in een soort sensitivity-training mensen te overtuigen, dat het vasthouden aan elke vorm van godsgeloof een schandelijke zaak is, in strijd met de menselijke waardigheid. In de Chinese Volksdemocratie is dit vulgaire atheïsme, dat veel meer op import uit het Westen dan op eigen ervaring berust, tot officiële staatsideologie geworden. Honderden miljoenen mensen worden geconditioneerd tot aanvaarding van dit atheïsme.[2]

4. Atheïsme in het neo-Marxisme

Vaak wordt de indruk gewekt, dat een van de opvallende trekken van het neo-Marxisme zou zijn, dat daarin het atheïsme ontbreekt. Hoewel er ongetwijfeld specimina van neo-Marxisme zijn, waarin het atheïsme ontbreekt, is het toch naïef om te stellen, dat deze basis-doctrine in het algemeen weggevallen is uit het neo-Marxisme.

Ter illustratie van het tegendeel noem ik hier slechts twee denkers uit het neo-Marxisme: Ernst Bloch en Gardavsky. In alle geschriften van Bloch, van *Das Prinzip Hoffnung* tot *Atheismus im Christentum* en *Experimentum Mundi* [3], is de atheïstische visie de zenuw van heel zijn visie. Het atheïstisch postulaat heeft bij hem axiomatische geldigheid. Hij gebruikt ontzagwekkend veel bijbels materiaal, maar hij leest de bijbel met de ogen van het communistisch manifest.

2 Zie o.a. *China readings*, 3, edited by Franz Schurmann and Orville Schell, Penguin books 1968.
3 Frankfort 1975.

Het geloof in God is volgens Bloch een vorm van menselijke zelf-vervreemding. Het anthropo-theïsme heeft in Bloch een van zijn meest briljante woordvoerders. In *Experimentum Mundi* ziet men hoe Bloch het geloof in God transponeert op de mens. Temidden van de wisselende concrete utopieën en midden in de spanningen van de geschiedenis der mensen manifesteert zich volgens hem het geheim van de mens als „Archetype Gottes", als „Lösewort unserer Selbst". Bloch zet in de plaats van God het proces van de menselijke emancipatie-geschiedenis, in zoverre dat proces door het in het duister opklinkende „Lösewort" voortgedreven wordt. Met dit „Lösewort" duidt hij aan, dat dit proces niet om zijns zelfs wil geschiedt maar om der wille van de lijdende en verdrukte mens.

In dit „ter wille van de lijdende en verdrukte mens" ligt het contactpunt tussen Bloch en Jodendom en christendom, maar in dit teleologische model is de levende God onttroond en wordt alle hoop geconcentreerd op de mens zonder God.

Gardavsky's indrukwekkende en leerzame boek *Gott ist nicht ganz tot* wordt verkeerd geïnterpreteerd als daarin concessie aan Godsgeloof wordt gesuggereerd. Zowel de titel als de inhoud van het boek gaat uit van het atheïsme. Op pag. 127 zegt Gardavsky: „Het atheïsme is de oer-dimensie van de geestelijke wapenrusting van het communisme", en nergens wordt in dit boek die oer-dimensie ontkend of weggewist. Niemand neemt de dialoog met het Marxisme ernstig als hij of zij de ontmoeting met deze atheïstische oer-dimensie ontwijkt.

5. *Het is irreëel om het atheïsme in de dialoog te versluieren*

In allerlei beschouwingen over Marx en het Marxisme bestaat de neiging om deze atheïstische uitgangspunten in het Marxisme te camoufleren, weg te interpreteren of anders te duiden.

Een van de meest-voorkomende pogingen daartoe is te stellen, dat het atheïsme in het marxistisch Leninisme slechts een bijverschijnsel, een „accidenteel verschijnsel" was en is en in het Marxisme geen wezenlijk karakter draagt.

Vele schrijvers stellen, dat het atheïsme in het marxistisch Leninisme slechts een utilistisch-pragmatisch karakter draagt en dat het slechts gezien moet worden als verzet tegen bepaalde ontaarde vormen van Godsgeloof, zoals Marx die ontmoette in de Pruisische staat aan het begin van de vorige eeuw en zoals Lenin die ontwaarde in de Russische orthodoxie aan het begin van deze eeuw.

In de dialoog met het Marxisme zal zonder enige twijfel

duidelijk moeten worden, dat juist vanuit het christelijk geloof erkend wordt, dat er modellen van Godsgeloof zijn, waarin het geloof in de God der gerechtigheid en liefde, die de Vader van Jezus Christus is, wordt verduisterd, verraden en verloochend. Het is begrijpelijk, dat vooral die theologen die in communistische staten leven en werken, deze visie hebben ontwikkeld en de nadruk leggen op het feit, dat huns inziens het atheïsme in het marxistisch Leninisme en Maoisme een aan tijd en plaats gebonden kritiek is op heersende modellen van Godsgeloof en dat dit atheïsme niet fundamenteel is in het Marxisme.

Ook in Latijns Amerika bestaat momenteel de neiging tot deze benadering. Vele theologen die bijdragen leveren aan de theologie der bevrijding zoals Gutiérrez en Hugo Asmann zijn van mening, dat het atheïsme in het Marxisme slechts een onwezenlijk bijverschijnsel is en dat het Marxisme als analyse bruikbaar is ook als men deze atheïstische grondstelling niet aanvaardt.

Ook in West-Europa bestaat de neiging bij velen om het atheïsme in het Marxisme alleen als strijd tegen onhoudbare vormen van Godsgeloof te zien. Vooral in de geschriften van Dorothée Sölle komt dat telkens naar voren.

Het komt mij voor, dat deze benadering op haar beurt utilistisch en pragmatisch is. Het is een poging om bepaalde knelpunten in de dialoog te ontwijken door bepaalde fundamentele uitgangspunten niet au sérieux te nemen.

Charles West heeft in zijn boek *Communism and the theologians* bijvoorbeeld aan Hromadka verweten, dat hij om tot beter wederzijds begrip te komen het atheïsme teveel als tijd-gebonden bijverschijnsel zag en te weinig erkende, dat wij in het Marxisme te doen hebben met een „counterfaith", een geloof dat staat tegenover het geloof in de levende God, de Schepper des hemels en der aarde. Aan het einde van zijn leven gaf Hromadka steeds meer toe, dat het atheïsme de *zenuw* van de marxistisch-leninistische ideologie is en niet een bijverschijnsel.

Jan Milič Lochman uit Bazel, die indertijd aan dezelfde universiteit doceerde als Hromadka en die zijn leerling was, heeft later openlijk uitgesproken, dat de stelling, dat het atheïsme in het Marxisme slechts accidenteel is, historisch bepaald, niet houdbaar is en dat deze visie van *binnenuit* atheïstisch is.[4]

Hoe moeilijk dat ook is, wij zullen in de dialoog met het

4 Onder andere in een artikel: „Platz für Prometheus. Das Gemeinsame Erbe vom Christentum und Atheismus", in: *Evangelische Kommentare*, maart 1972.

Marxisme met dat feit rekening moeten houden. Wij zullen bovendien rekening moeten houden met het feit, dat dit atheïsme in de door het communisme beheerste landen tot staatsideologie en tot staatsreligie is geworden en dat de indoctrinatie met dit atheïsme van dag tot dag geschiedt van de kleuterschool tot de universiteit, in cursussen en via de massa-media. Het atheïsme is in vele landen tot een „macht" geworden in de Paulinische zin des woords, die nauwelijks rivalen duldt.

In West-Europa zijn er velen, die van mening zijn, dat het atheïsme in het Marxisme langzamerhand wel verdwijnen zal. Ze realiseren zich blijkbaar niet hoe zeer dit atheïsme in de communistische staten tot vast element in een totalitaristische dwangcultuur is geworden. Wie dat feit tot zich laat spreken beseft tegelijkertijd, dat het getuigenis van de levende God aan de orde moet komen in de dialoog met het Marxisme.

6. *Het getuigenis betreffende de levende God in de dialoog met marxistisch-leninistische atheïsten*

Wij hebben in het voorgaande fragment gezien hoe in het marxistisch Leninisme en in bepaalde vormen van het neo-Marxisme (o.a. bij Ernst Bloch) het atheïsme basis, uitgangspunt en voorwaarde is voor de visie op mens en maatschappij. Er gaat van het marxistisch Leninisme en Maoisme vooral als het tot staatsideologie is geworden, maar ook wanneer het tot kompas is geworden in pluralistische samenlevingen, een invloed uit, die mensen vervreemdt van de levende God, die het vervreemdingsproces bevordert en stimuleert of die de communicatie met Hem blokkeert. Het marxistisch Leninisme en het Maoisme propageren, zoals wij zagen, de gedachte, dat God een product, een projectie, een waanidee is van de menselijke verbeelding en het suggereert, dat het geloof in God de mensen hindert, verlamt en zwak maakt voor de vervulling van de levenstaak. Wanneer wij volgelingen van deze stromingen ontmoeten, persoonlijk en collectief, dan is het onze missionaire roeping om te getuigen van de levende God.

Helmut Gollwitzer, die veel contact heeft met aanhangers van deze stroming, heeft in zijn indrukwekkende boek *Die Existenz Gottes im Bekenntniss des Glaubens* in de slotpagina's er m.i. zeer terecht op gewezen, dat de christen niet de atheïst, alsof hij een onmondig kind was, moet trachten aan te praten dat hij geen atheïst is of dat hij heimelijk reeds gelooft of een soort anoniem christen is en derhalve veel positiever tegenover het Godsgeloof staat dan hij zelf weet. Gollwitzer wijst een dergelijke benadering, die tegenwoordig zo modieus is, af omdat in die benadering het atheïsme niet serieus genomen wordt en de atheïstische mens in feite als een onmondig kind wordt behandeld. Het serieus nemen van atheïsten is een van de voorwaarden voor het getuigenis.

Een tweede voorwaarde voor dat getuigenis is de bekentenis, dat in *ieder* van ons de neiging tot atheïsme is. Wij hebben diep in ons aller natuur het verlangen om de pseudo-belofte „Gij zult als God zijn" ingelost te zien (Gen. 3 : 5).

„Wij willen − zo schreef Miskotte, die in onze Nederlandse samenleving zo diep op het atheïsme is ingegaan − van nature in ons bevinden nu en in de eeuwen der eeuwen zonder Partner, zonder Verbondspartner te kunnen zijn. Dat is de hel, maar wij denken, dat dat ons behoud is, dat dat onze identiteit is, onze voleinding, onze zaligheid. Er is niemand, die daarvan niets in zich bevindt, want er is van nature niemand, die God ernstig zoekt, ook niet één." (Rom. 3 : 12).

Wij delen tevens allen in de ziekte van onze seculaire cultuur en deze ziekte is de toenemende impotentie van hart en ziel en verstand om de diepten van de werkelijkheid van God en mens en kosmos werkelijk te ontmoeten. Het doodverklaren van God is een projectie van deze ziekelijke impotentie. Wij dragen deze cultuurziekte in ons om, die bestaat in de vernauwing en verenging van onze visie op de werkelijkheid.

Wij mogen het echter niet laten bij deze ootmoedige erkentenis. Wij worden geroepen tot *getuigenis*. Ook temidden van atheïsten en atheïstische stelsels.

Karl Barth, die zich zo diep met het atheïsme heeft beziggehouden, heeft vaak gesproken en geschreven over de „ontologische onmogelijkheid" van elke vorm van atheïsme. Wij moeten het wagen te zeggen aan atheïsten: „Wij, u en ik willen wel zonder God zijn, maar God, de levende God wil nooit zonder de mensen zijn. Hij wil ook niet zonder u zijn."

Zoals in de boeken van Dostojewsky in *De gebroeders Karamazoff* en *De Demonen* atheïsten als Iwan en Kiriloff voortdurend ontdekken dat ze wel zonder God willen zijn, maar dat God niet zonder hen wil zijn, zo worden wij geroepen om vanuit deze presentie te spreken. Maar dan komt het er op aan in het gesprek en ook in de apostolaire theologie te zeggen *wie* God is.

God is meer dan een factor in de religieuze ervaring, meer dan een focus van waarden. Hij is meer dan een ideale creatie van de menselijke geest, meer dan een projectie en compensatie van sociaal-economische verlangens van de samenleving. Hij is meer dan een referentiekader, meer dan een archetype. Hij is de Schepper van ons leven in wie wij leven, bewegen en zijn en die

82

ons leven draagt van hartslag tot hartslag en die ons altijd weer op al onze wegen tegemoet komt. „Bij elke nieuwe zwenking van onze wegen hebben wij weer met Hem te doen. Hij roept ons en komt ons tegemoet. Deus semper major." [5]

In dat getuigenis omtrent de levende God komt het er echter op aan te zeggen *wie* God is. Het atheïsme in het marxistisch Leninisme ontstond vooral door een Godsvoorstelling, waarin God tot een karikatuur was geworden, tot een Godsidee, waarin de werkelijke God, de God van barmhartigheid en bevrijdende gerechtigheid niet te herkennen viel. Misschien is dat verzet tegen een Godsvoorstelling waarin Gods gerechtigheid en barmhartigheid ontbreken nooit dieper vertolkt dan in het toneelstuk van Brecht over *Johanna der Schlachthöfe*. Johanna is „vroom" opgevoed, maar met een Godsvoorstelling, waarin God de verdediger van een onrechtvaardige status quo is. Later raakt zij die God kwijt omdat zij voelt, dat het onrecht aangepakt moet worden met vuile en desnoods bloedige handen en omdat zij denkt, dat God dood is.

> „Darum, wer unten sagt, dass es einen Gott gibt
> Und ist keiner sichtbar
> Und kann sein unsichtbar und hülfe ihnen doch,
> Den soll man mit dem Kopf auf das Pflaster schlagen,
> Bis er verreckt ist." (*Johanna der Schlachthöfe*)

> „Den Gott, wenn es ihn gibt, soll es nicht geben, darf es nicht geben und, wenn es ihn gibt, soll man ihn wegschaffen, dass keiner was von ihm hören kann. Man soll ihn bekämpfen, ihn und sein Reich, dass nie kommt, nie von alleine kommen kann; denn: 'Es hilft nur Gewalt, wo Gewalt herrscht, und es hilfen nur Menschen, wo Menschen sind'." (Brecht, *ibid.*)

Midden in een wereld, die vol is van de strijd tegen deze Godsvoorstellingen, is het nodig te zeggen *wie* de levende God is. Het Evangelie leert geen Godsbeeld van een God, die de garant is van een onrechtvaardige status quo. De God van het Oude en Nieuwe Testament is geen onsterflijke despoot, geen behoeder van een onrechtvaardige orde, geen verheven Farao, geen extrapolatie van de Romeinse imperator, geen „Deus optimus maximus", geen opperste Wezen, geen wijsgerige idee. Hij is anders, totaal anders.

5 Henri de Lubac, *Sur les chemins de Dieu.*

Jürgen Moltmann, die meer dan de meeste theologen heeft geworsteld met het atheïsme van het marxistisch Leninisme, heeft in zijn boek *De gekruisigde God* een hoofdstuk geschreven dat heet „Aan gene zijde van theïsme en atheïsme". Daarin laat hij zien hoe afgrond-diep het verschil is tussen de Godsidee van het wijsgerige theïsme en die God, die de Vader van Jezus Christus is. Hij laat zien, hoe de onttroning van de theïstische Godsidee leidt tot de reactie van het anthropotheïsme, de intronisatie van de mens in het marxistische atheïsme.

In de trinitarische Godsbelijdenis – aldus Moltmann – ontkomen wij aan de strijd en het alternatief van „theïsme" en „atheïsme". Die God, die zich als Vader, Zoon en Heilige Geest openbaart, is niet slechts „jenseitig", maar ook „diesseitig". Hij is niet alleen God, maar ook mens. Hij is niet een despoot, maar Hij is in het gebeuren van lijdende, bevrijdende liefde. Omgekeerd is de dood van de Zoon niet de dood van God, maar de aanvang van die Godsgeschiedenis, waarin uit de dood van de Zoon en de smart des Vaders de levendmakende Geest der liefde voortgaat naar de voleinding. Wie over God spreekt, zoals Hij zich als Vader, Zoon en Geest openbaart, beseft dat het concurrentie-schema, waaruit het marxistisch atheïsme leeft, buiten de werkelijkheid staat. In het handelen van de trinitarische God zijn God en mens *bondgenoten.* En juist dat maakt de mens pas tot mens en juist dat is de enige garantie voor de echte humaniteit.

Ik denk, dat wij inderdaad tegenover het marxistisch atheïsme de nadruk moeten leggen op de trinitarische Godsbelijdenis, namelijk over die God, die zich in het kruis definitief met de wereld heeft ingelaten en haar door zijn Geest heenstuwt naar een nieuwe aarde.

In dezelfde geest is ook het boek van Gollwitzer over de existentie Gods geschreven, dat wij reeds noemden.

Karl Heinz Ratschow uit Marburg is de eerste geweest, die vanuit deze trinitarische Godsbelijdenis het gesprek met Ernst Bloch concreet heeft gevoerd in een te weinig bekend boek, dat de titel draagt: *Atheismus im Christentum? Eine Auseinandersetzung mit Ernst Bloch.*[6]

Tenslotte wijs ik er op, dat in het studieproject, dat de Lutherse Wereldfederatie samen met „Pro mundi vita" uitvoert over het nieuwe China, eveneens de diepe betekenis van de trinitarische Godsbelijdenis centraal wordt gesteld als thema in de dialoog met het Maoisme.

6 Gütersloh 1970.

Het aangrijpende van deze theologische bijdragen aan de dialoog met het marxistisch Leninisme en Maoisme is, dat de ontmoeting met het atheïsme daarin niet wordt ontweken of weggeduwd, of gebagatelliseerd, maar in het centrum van de dialoog wordt gesteld.

In ons land is het vooral J. J. Buskes geweest, die in zijn boek *God en mens als concurrenten* o.a. op het atheïsme in de marxistische visie is ingegaan.

Mensen als Garaudy, Gardavsky, Machovec e.a. hebben er telkens weer blijk van gegeven, dat zij bereid waren op dit gespreksthema in te gaan en naar mijn overtuiging is het ingaan op dit thema niet alleen een theologische noodzaak, maar het is tevens een pastorale en missionaire plicht.

Paulus wijst erop, dat bepaalde tradities, systemen, ideologieën, machten, mensen het zicht beletten kunnen op de heerlijkheid Gods, die ons in Jezus Christus is geopenbaard (vgl. 2 Cor. 4 : 4). Het leninistisch Marxisme is één van die machten. Als wij te blind of te traag zijn om met die machten te worstelen, dan verzaken wij onze taak en doen wij schade aan degenen die het contact met de levende God evenzeer nodig hebben als wij, maar die in de beoefening van dat contact belemmerd worden.

In landen, die gedomineerd worden door de marxistisch-leninistische staatsideologie, breekt het verlangen naar het contact met de levende God zich overal baan, ondanks het feit dat dit verlangen weggebannen was onder de ijzeren staven van een atheïstische staatsideologie.

In het laatste rapport van de bovenvermelde studiegroep over China staat met nadruk: „Wij bevestigen opnieuw, dat de proclamatie van het Evangelie van Jezus Christus door woord en sacramenten een onopgeefbare taak is in elk deel van de wereld." Als deze taak om in een atheïstische wereld te getuigen van de levende God zelfs voor een praktisch nog onbereikbaar gebied als nieuw China wordt onderstreept, hoeveel te meer geldt die roeping dan voor degenen die in onze eigen omgeving door dit atheïsme vervreemd zijn of worden van de levende God. Het is de roeping van de theologie van het apostolaat om dat getuigenis te stimuleren door informatie en bezinning.

LITERATUUR BIJ HOOFDSTUK 6

Karl Marx, *Die Frühschriften,* Tübingen 1964.
R. C. Kwant, *De visie van Marx,* Meppel 1973.

M. M. Thomas, „Marxist atheism, open future and the question of transcendence", in: *Man and the Universe of Faiths*, Madras 1975.

M. Reding, *Der politische Atheismus*, 1957.

H. H. Schrey, *Der Marxistische Atheismus* (Festschrift für F. Dellkat), 1957, pag. 159-174.

Ernst Bloch, *Atheismus im Christentum*, Frankfort a/d Main 1968.

Idem, *Experimentum Mundi*, Frankfort a/d Main 1975.

Carl Heinz Ratschow, *Atheismus im Christentum? Eine Auseinandersetzung mit Ernst Bloch*, Gütersloh 1970.

Herman Lübbe e.a., *Atheismus in der Diskussion. Kontroversen um Ludwig Feuerbach*, München 1975.

G. Rothuizen c.s., *Ludwig Feuerbach, profeet van het Atheïsme*.

J. Hromadka, *Evangelie voor Atheïsten*.

Jürgen Moltmann, „Jenseits von Theismus und Atheismus", in: *Der gekreuzigte Gott*, pag. 236 vv.

7. Het economisch determinisme en het historisch materialisme

In het vorige hoofdstuk hebben wij aandacht geschonken aan het *atheïsme* in het oorspronkelijke Marxisme en vele vormen van neo-Marxisme.

Het is de leer van het economisch determinisme en van het historisch materialisme dat de plaats van het Godsgeloof inneemt. Marx heeft deze leer telkens genoemd „de enige doeltreffende weerlegging van het geloof in God de Schepper". God bestaat niet. Het enige dat bestaat is de natuur en als product van en beheerser van de natuur de mens en de menselijke geschiedenis. In verband daarmee willen wij nu aandacht schenken aan die specifieke vorm van materialisme, die wij bij Marx en Engels en andere vormen van Marxisme vinden.

Fr. Alb. Lange heeft in zijn *Geschichte des Materialismus* drie vormen van materialisme besproken. In de eerste plaats het *praktische* materialisme, d.w.z. die levensfilosofie en levenshouding, die in de bevrediging van materiële genoegens de kern van het menselijke leven zoekt. In de tweede plaats het *naturalistische* materialisme, dat vroeger geleid werd door een mechanistische en nu door een electro-magnetische visie op mens en kosmos. In de derde plaats het *economisch determinisme en het historisch materialisme* van het Marxisme.

Het uitgangspunt van het marxistische materialisme ligt in de menselijke existentie temidden van de natuurprocessen. De mens leeft in de samenhang met wat Marx noemt „de stofwisseling der natuur". Er zijn echter – zoals wij in een ander hoofdstuk over de mensbeschouwing nader zullen zien – twee capaciteiten, die de menselijke existentie kenmerken, namelijk de technische begaafdheid, die de mens in staat stelt productiemiddelen te creëren om aan zijn materiële behoeften in steeds grotere kwantiteit te voldoen, en in de tweede plaats is de mens in staat door zijn bewustzijn zichzelf en de verhoudingen waarin hij zich bevindt te objectiveren. De mens is in staat zichzelf via zijn bewustzijn te objectiveren in wetenschap, techniek, kunst, recht, familieleven, staatsleven, moraal, religie, enz.

In de leer van het economisch determinisme wordt door Marx en Engels en hun volgelingen benadrukt, dat de productiewijze en de productieverhoudingen het hele sociale, politieke, geestelijke en morele levensproces bepalen, determineren. De beslissende oorzaken van alle veranderingen zijn niet te zoeken in de hoofden der mensen, in hun toenemend inzicht in waarheid en gerechtigheid of in hun ongehoorzaamheid daaraan, maar in de veranderingen in de productie-wijze en de productie-verhoudingen.

Dat is de leer van het *economisch determinisme*. Daarmee hangt samen de leer van het *historisch materialisme,* die als sleutel gehanteerd wordt voor het verstaan van de geschiedenis. Marx zag de geschiedenis als een samenhangend geheel, waarin iedere generatie, periode en maatschappelijke orde het gezicht van de volgende fase stempelt. De maatschappij der toekomst ontwikkelt zich uit de tegenstellingen tussen de productie-krachten en de productie-verhoudingen. Deze tegenstellingen zijn de basis van de revoluties, die met de noodzakelijkheid van een natuurproces komen. De overgang van het ene tijdperk der historie naar het andere is het resultaat van verschuivingen in de relatie tussen productie-krachten en productie-verhoudingen. De economische verhoudingen zijn het, die bepalen hoe de mensen in een bepaalde samenleving en in een bepaald tijdperk gaan denken over recht, zedelijkheid, religie enz.

Een bijzonder duidelijke formulering van wat hij met de term historisch materialisme bedoelde, gaf Marx in 1859 in zijn geschrift *Zur Kritik der politischen Oekonomie,* waarvan een vertaling hier volgt:

„Het geheel van de productie-verhoudingen vormt de economische structuur van de gemeenschap, de reële basis, waarop zich de juridische bovenbouw verheft en waarmee bepaalde bewustzijnsvormen corresponderen. De productie-wijze van het materiële leven bepaalt het sociale, politieke en geestelijke levensproces. Het is niet het bewustzijn der mensen, maar – juist omgekeerd – hun maatschappelijk zijn, dat hun bewustzijn bepaalt."

Het zou echter onjuist zijn te stellen, dat Marx er een mechanistische geschiedbeschouwing op na hield. Hij heeft zich telkens weer naar twee kanten verweerd. Enerzijds verzette hij zich tegen die activisten, die in de wil tot revolutie de enige drijfriem voor veranderingen zagen en anderzijds tegen die volgelingen die a.h.w. zeiden: „Het revolutionaire proces komt vanzelf voort uit de wijziging der omstandigheden, wij kunnen rustig blijven slapen."

Op dit punt oefende hij o.a. kritiek op Ludwig Feuerbach. In het hoofdstuk over Feuerbach in *Die deutsche Ideologie* heeft Karl Marx aan Feuerbach verweten, dat hij de invloed van de subjectieve factor in de geschiedenis onderschatte. Hij schreef: „In zoverre Feuerbach materialist is, komt de geschiedenis bij hem niet voor en voorzover hij de geschiedenis in ogenschouw neemt, is hij geen materialist." [1] Marx legt er tegenover Feuerbach de nadruk op, dat de geschiedenis geen mechanistisch proces is, maar dat de groei van het proletarische bewustzijn en het ingrijpen van de gerijpte massa in de geschiedenis in de ontwikkeling van het proces der geschiedenis eveneens een rol speelt.

In zijn *Thesen over Feuerbach* vinden wij dezelfde gedachte in de derde these: [2] „De materialistische leer van de verandering der omstandigheden en van de opvoeding vergeet dat de omstandigheden door de mens moeten worden veranderd en dat de opvoeder zelf opgevoed moet worden. Ze moet derhalve de samenleving in twee delen − waarvan het ene boven het andere verheven is − peilen. Het samenvallen van het veranderen der omstandigheden en de menselijke activiteit of zelf-verandering kan slechts als revolutionaire praxis verstaan worden." Wel waren volgens Marx de objectieve factoren belangrijker dan de subjectieve. Friedrich Engels heeft altijd veel eenzijdiger dan Marx de objectieve factoren onderstreept, vooral na de dood van Marx. Hij stelde zich het historische verloop veel meer voor als een natuurwetenschappelijk proces, hoewel ook bij hem de dialectiek niet ontbreekt. Als de productiekrachten veranderen heeft de bovenbouw de neiging gelijk te blijven. In sociale revoluties krijgen de spanningen dan gestalte. Zo ontwikkelen zich de verschillende fasen waarvan het *Communistisch Manifest* spreekt, van het middeleeuwse feodalisme via het burgerlijke kapitalisme naar het proletarisch socialisme. Het gaat er volgens Marx niet slechts om het historisch verloop te begrijpen, maar ook om in de omstandigheden in te grijpen en die te veranderen.

Tegenover degenen, die meenden dat de droom van een heilstaat zonder meer door menselijke wilskracht te realiseren valt, poneerden Marx en Engels dat men niet alles kan wat men wil, maar dat de economische omstandigheden beslissend zijn. „In laatste instantie beslist het productieproces" (Engels). „Wij maken

1 *Frühschriften*, pag. 354.
2 *Frühschriften*, pag. 340, 341.

onze geschiedenis zelf, maar onder zeer bepaalde voorwaarden. Daaronder zijn de economische de uiteindelijk beslissende" (Engels).

Voorts erkenden Marx en Engels wel een zekere wisselwerking tussen de economische „onderbouw" en de juridische, politieke, zedelijke en religieuze „bovenbouw".[3] Engels zei daarover: „Als men meent, dat wij iedere terugwerking van de bovenbouw der ontwikkelingen loochenen, vecht men tegen windmolens." Hij voegde daaraan toe: „Er is wel wisselwerking, doch op de basis van de zich in laatste instantie doorzettende economische nood-zaak." De economische omstandigheden en de daaraan verbonden *klassenstrijd* zijn de eigenlijke, beslissende motor van de geschied-kundige ontwikkeling. Daarover handelt het volgende hoofdstuk.

Hegel zoekt de sleutel voor de dialectiek der geschiedenis in het spirituele, in de ontwikkeling der ideeën. Marx zoekt de sleutel in de materiële factoren. De beweging der geschiedenis is dialectisch van aard. Ze doorloopt een proces van these, anti-these en synthese. Het typerende van wat in de communistische wereld genoemd wordt: *diamat*[4] is het primaat van de productieve existentie, het primaat van de onderbouw.

Adam Smith, Ricardo, Saint Simon e.a. hadden reeds gewezen op de fundamentele betekenis van de productiewijze en de door de productie gecreëerde productieverhoudingen. Het nieuwe bij Marx en Engels was, dat zij dit economische gezichtspunt tot het centrum van hun totale visie maakten.

De „wet der economische ontwikkeling" wordt a.h.w. de „almacht" die de geschiedenis beheerst en het geloof daaraan neemt de vorm aan van een soort bijgeloof in hun beschouwingen.

Evaluatie
1. *De loochening van het geloof in God de Schepper in „diamat"*
In zijn bekende geschrift tegen de neo-Hegelianen, *Die heilige Familie*[5] (1844/1845), geeft Karl Marx een analyse van verschil-lende vormen van het Engelse en Franse materialisme.

Hij noemt in dat merkwaardige geschrift Francis Bacon (1561-

---

3 Zie het geschrift van Hermann Greulich, *Ueber die materialis-tische Geschichtsauffassung*, Berlijn 1897.
4 diamat = dialectisch materialisme. Verwant daarmee zijn de ter-men *histomat* (historisch materialisme) en de combinatieterm *dihomat*, waarin beide woorden worden samengetrokken.
5 *Frühschriften*, pag. 325 vv.

1626) de vader van dat materialisme dat hem voor ogen staat, maar Bacon was nog vol van „theologische Inkonsequenzen" volgens Marx. Hij wil het materialisme ontdoen van die „theologische Inkonsequenzen" en geheel loskomen van „Theologie und Religion". Dat betekent voor hem, dat hij consequent de *materie* zelf als oer-moeder, als scheppende substantie ziet. Daaraan kent hij Goddelijke eigenschappen toe. Hij keert in dat verband het woord over de Logos in de proloog van het Johannes evangelie (Joh. 1 : 1) ondersteboven en zegt, dat de materie „in den beginne was en is en dat in de materie het leven is en dat door de materie alles geworden is en dat de materie *eeuwig* is".

Van Leeuwen merkt op, dat Marx de geschiedenis van dit materialisme beschrijft in (pseudo)-theologische termen, zoals Ludwig Feuerbach de theologie als verkapte anthropologie beschreef.

In navolging van Marx wordt „diamat"[5] in Oost-Europa en China als een soort „credo" beleden. In dat credo wordt God, de Schepper des hemels en der aarde geloochend en wordt de materie vergoddelijkt.

De physicus C. F. von Weizsäcker heeft in zijn *Geschichte der Natur* deze deïficatie der natuur als bijgeloof ontmaskerd.

2. In deze theorie wordt de visie op de geschapen werkelijkheid versmald. Als wij God de Schepper belijden achter al het geschapene, dan is er geen enkele reden om de materiële wereld te ontkennen, maar evenmin om de geestelijke wereld te ontkennen. God is de schepper van de zichtbare en de onzichtbare dingen, van de dingen die op de aarde zijn en die in de hemel zijn. Hij heeft in de schepping talloze verschijnselen gelegd, die ver buiten het blikveld van de marxistische „diamat" liggen. De mens – wij komen daarop terug – is veel rijker geïnstrumenteerd dan de homo-economicus van het Marxisme doet vermoeden. „Diamat" leidt tot verenging van de blik op de werkelijkheid.

3. Een van de verdiensten van het historisch materialisme is, dat het over de gehele wereld het besef en het inzicht heeft gewekt, dat de economische en vooral ook de sociaal-economische factoren van geweldige betekenis zijn voor het verstaan van het mensenleven en voor onze samenlevingen en de geschiedenis daarvan.

Het is niet te loochenen, dat de visie op de geschiedenis vaak zeer eenzijdig spiritualistisch geweest is, zowel in Europa als in Azië. De vragen: „Wat zullen wij eten en wat zullen wij drinken en waarmee zullen wij ons kleden" (vgl. Mattheüs 6 : 31), behoren naar het woord van Jezus tot de vragen die het leven der volkeren beheersen. Hij wist het wel, dat de zorg de gloeiende as is waarom het leven wentelt en dat de worsteling om het economische bestaan de harten vervult.

De geschiedschrijving schonk echter vroeger weinig of geen aandacht aan de plaats van deze vragen in de ontwikkelingsgang der geschiedenis. Alle historici en sociologen zullen toestemmen, dat de marxistische theorie een correctie inhoudt waarmee rekening moet worden gehouden. Maar tevens zal moeten worden erkend, dat de theorie van het historisch materialisme zeer eenzijdig is en in vele opzichten onhoudbaar.

Het is niet waar, dat de sociaal-economische factoren altijd en overal de dominerende factor waren. Er zijn gehele reeksen van andere motieven en factoren te noemen, die onafhankelijk van of vermengd met de sociaal-economische omstandigheden optreden in de geschiedenis. Nationale eerzucht en machtsbegeerte hebben bij bepaalde gebeurtenissen in de geschiedenis een veel grotere rol gespeeld dan de sociale en economische omstandigheden.

De geschiedenis-vormende invloed van bepaalde kerkelijke stromingen in Europa, die door Ernst Troeltsch werden beschreven in zijn *Sozial-lehren der christlichen Kirchen und Gruppen*, is vaak veel groter geweest dan die van de economische factoren. Max Weber heeft in zijn geschriften over de Aziatische religies onweerlegbaar aangetoond, dat in de geschiedenis van Azië de invloed van religieuze systemen veel dieper reikte dan de invloed van economische factoren. Men kan, om enkele voorbeelden uit de recente geschiedenis te noemen, het ontstaan van Pakistan nooit uit economische factoren verklaren, terwijl het ontstaan van Bangladesh weer wel uit economische factoren verklaarbaar is. Men kan de spanningen en conflicten in het Midden-Oosten nergens uit de dominantie van economische factoren verklaren. De geschiedenis is niet geheel met de sleutel van het historisch materialisme te openen. Bovendien moet erop gewezen worden, dat de mens niet slechts het product is van economische verhoudingen, maar hij is ook *medeverantwoordelijk* voor die verhoudingen.

God vraagt de mens: „Wat doet gij met de goederen der aarde? Gebruikt gij die ten nutte van de mensheid of misbruikt gij die? Hoe verdeelt gij de goederen? In gerechtigheid of in ongerechtigheid?" Als wij dat verstaan, dat de mens aan God verantwoording schuldig is, dan verstaan wij tevens dat naar het woord van Denis de Rougemont en van de Anglicaanse bisschop Ting van Nanking de leer van het economisch determinisme en van het historisch materialisme opium is van het volk.

Zeker, het is heel goed mogelijk, dat de hebzucht productie-verhoudingen bepaalt, maar dan is daar geen sprake van „determinisme", van noodzakelijkheid, maar van schuld en zonde.

Het marxistisch Leninisme schrapt woorden als schuld, zonde, verantwoordelijkheid, vergeving en vernieuwing uit het woorden-boek. Het verlaagt de mens in vele opzichten tot een rad in de machine, tot een drijfriem, voortgedreven door de vliegwielen van het economisch proces, tot een golf in de neerstortende waterval van het economisch gebeuren. Dit praktisch en theoretisch mate-rialisme doodt de geest. Het is inderdaad opium van het volk.

Wie aan de mens het verantwoordelijkheidsbesef ontneemt, wie niet durft te spreken van zonde en schuld, wie niet meer erkent, dat ook het economisch leven geen noodzakelijk natuur-proces is, maar het gevolg van gehoorzaamheid of ongehoorzaam-heid in de manier waarop wij omgaan met de goederen der aarde, hangt een leer aan waarin wel de waarheidselementen moeten worden erkend, maar waarin de elementen van ernstige dwaling moeten worden verworpen.

Deze leer „diamat" is in communistische staten als Rusland en China tot staatsfilosofie verheven, ze is de catechismus der jongeren geworden. En de leiders van deze staten fungeren als Pontifex Maximus (hogepriester) van deze staatsreligie.

Velen proberen in onze samenleving en in Latijns Amerika verschil te maken tussen het historisch materialisme als *wereld-beschouwing* en als *werkhypothese* voor de analyse van maat-schappelijke verschijnselen. Zij wijzen „diamat" als wereldbe-schouwing af en aanvaarden deze leer als „sociologische werk-hypothese". Het zal echter steeds duidelijker worden, dat deze boedelscheiding onmogelijk is. Het historisch materialisme is niet en bedoelt niet te zijn een werk-hypothese. Het is bedoeld als een wereldbeschouwing, als een basisdoctrine, als een credo. Wie „diamat" als wereldbeschouwing verwerpt, kan het ook niet als een complete werk-hypothese aanvaarden.

Karl Barth schrijft na een samenvatting van deze leer van het economisch determinisme en het historisch materialisme in zijn kerkelijke dogmatiek het volgende: „Zonder enige twijfel *was* en *is* het Marxisme met zijn uitsluitend economische visie op de menselijke werkelijkheid en met al zijn daarop gefundeerde theoretische en praktische consequenties een verkrachting der geschiedenis, die op haar wijze niet minder erg is dan die welke de mannen van het vulgaire materialisme, zoals Haeckel en zijn kameraden de menselijke natuur lieten wedervaren. Vast en zeker is het een vloek, die op deze zaak ligt en die zich aan deze visie op zekere dag wreken zal dat juist de verzekerde, de consequente en orthodoxe vertegenwoordigers van het op deze binding aan het materialisme vastgelegde Marxisme meer en meer zelf iets van de geest of geestloosheid van de robot-mens in zich opgenomen hebben. Maar wat hebben kerk en theologie door de eeuwen heen gedaan om het opkomen van dit zielloze en geestloze mensbeeld te voorkomen?" [6] Wat hebben ze gedaan om *recht* te doen aan het probleem der materie, van het lichamelijke en het economische in de totale visie op de mens? „De opkomst van dit historisch materialisme en economisch determinisme herinnert kerk en theologie aan schulden die nog lang niet vereffend zijn."

Mensen die Barth blijkbaar zelf niet lezen en die Barth zetten in een hoek waar hij nooit gestaan heeft, zouden er goed aan doen zich op deze vlijmscherpe én beschamende evaluatie van deze leer te bezinnen.

LITERATUUR BIJ HOOFDSTUK 7

Karl Marx, *Zur Kritik der politischen Oekonomie*, 1854.
Idem, *Das Kapital.*
Idem, „Nationalökonomie und Philosophie", in: *Frühschriften.*
Friedrich Engels, *Herrn Eugen Dührings Umwälzung der Wissenschaft*, 1878.
Marx/Engels, *Historisch-kritische Gesamtausgabe.* Herausgegeben von D. Rjazanov, Frankfort 1927-1932.
Hermann Greulich, *Ueber die materialistische Geschichtsauffassung*, Berlijn 1947.
Einführung in den dialektischen und historischen Materialismus (het officiële leerboek dat in de D.D.R. verplicht is bij het onderwijs).

6 Zie Barths analyse van het Marxisme in: *K.D.* III/2, pag. 466 vv.

8. De leer en de strategieën van de klassenstrijd

Wie de sleutel van het historisch materialisme gebruikt, leert volgens het Marxisme de gehele geschiedenis zien als geschiedenis van de *klassenstrijd*. „De klassenstrijd is de motor van de historische ontwikkeling" (Marx).

Wat betekent het begrip klassenstrijd in de marxistische theorie?

Volgens de marxistische theorie leefde de mensheid oorspronkelijk in een toestand van oercommunisme: de productiemiddelen waren in handen van de gemeenschap. De behoefte aan eten en drinken, aan woning en kleding en organisatie van de maatschappij deed de uitvindingen van gereedschappen ontstaan. Toen ontstond tevens de tegenstelling, het antagonisme tussen de bezitters van de gereedschappen en degenen die door deze bezitters gebruikt worden om te hunnen bate die gereedschappen aan te wenden, de have's en have-nots. Daarmee ontstond het structurele antagonisme tussen klassen. Wat is een klasse? Marx omschrijft dit begrip als volgt: „Alle individuen en groepen die binnen de samenleving in gelijke door de productieverhoudingen bepaalde relaties tot elkaar staan vormen een klasse." W. Banning geeft het marxistische begrip klasse als volgt weer (in: *Karl Marx*, Aula 45, pag. 109): „Een sociale groep, die op grond van haar positie in het productieproces gemeenschappelijke economische, sociale en politieke belangen heeft, die tegengesteld zijn aan de economische, sociale en politieke belangen van andere groepen."

Het begrip klasse is volgens Marx vooral te hanteren in de moderne kapitalistische maatschappij in tegenstelling tot het begrip „*stand*" dat typerend was voor de feodale maatschappij, hoewel veel van de verschijnselen uit de kapitalistische maatschappij zich ook al voordeden in de feodale.

Om te begrijpen wat Marx bedoelt moet men vooral voor zich zien de beginperiode van de industriële revolutie in de 19e eeuw, die al in de 18e eeuw begonnen was. In korte tijd werd de wereld in Europa en in Amerika veranderd door de mogelijkheden van massaproductie. De agrarische feodale maatschappij verdween of werd teruggedrongen. Er werden fabrieken gebouwd en om de fabrieken groeiden de achterbuurten. De trek naar de steden begon.

Die industriële maatschappij viel uiteen in twee klassen. Aan de ene kant stonden de eigenaars van de fabrieken en van de machines, aan de andere kant het leger van arbeiders, mannen, vrouwen, kinderen die hun arbeidskracht moesten verkopen om in leven te blijven. Kinderarbeid, lange werkdagen en -nachten, honger, drank, dat waren de toestanden, die men op de achtergrond moet zien van Marx' visie op de klassentegenstellingen.

De grootste verdienste van Marx is dat hij een van de eersten was, die samen met Friedrich Engels de proletarische werkelijkheid van die tijd ontdekte. Marx onderscheidde daarbij al spoedig tussen „Klasse an sich" (men behoort door inkomen, bezit, levensomstandigheden enz. tot een bepaalde klasse – de have's of de have-nots) en „Klasse für sich" (men is of wordt zich *bewust* tot deze klasse te behoren). Anderen hebben die onderscheiding wel eens aangeduid met „toestandsklasse" en „mentaliteitsklasse".

De klasse die in het bezit is der productiemiddelen wordt door Marx aangeduid met namen als bourgeoisie, propriéteurs, klasse der bezitters, enz. Daar tegenover staat de klasse der proletariërs, d.w.z. dergenen die niets bezitten dan hun proles, hun kroost. De tegenstellingen tussen deze twee klassen zijn volgens Marx de oorzaak van alle ellende. In de oudheid was dat, zoals het *Communistisch Manifest* uitlegt, de tegenstelling tussen slaven en slaveneigenaars. In de latere feodale verhoudingen was het de tegenstelling tussen adellijke grootgrondbezitters en lijfeigenen. In de 19e eeuw, toen de groot-industrie zich ontwikkelde, ontstond de tegenstelling tussen kapitalisten en proletariaat.

In de moderne kapitalistische maatschappij ziet Marx in feite drie klassen: de eigenaars van arbeidskracht zonder meer (de proletariërs), de eigenaars van het kapitaal en de eigenaars van de grond, waarvan de respectievelijke inkomstenbronnen zijn: arbeidsloon, winst en grondrente.

Loonarbeiders, kapitalisten en grondeigenaars vormen de drie grote klassen van de moderne op de kapitalistische productiewijze berustende samenleving (Marx in *Das Kapital*, laatste pagina).

In dat verband hoort de meerwaarde-theorie thuis. De kapitalistische ondernemer koopt de hoeveelheid arbeidskracht die hij nodig heeft. De ondernemer betaalt voor die arbeidskracht niet de volle waarde van de verrichte arbeid, maar hij betaalt minder dan de arbeid waard is. De meerwaarde houdt hij zelf.

Wat is de *inhoud* van deze meerwaarde-theorie?

Volgens Marx heeft elke waar gebruikswaarde en ruilwaarde.

Het gemeenschappelijke in alle waar is z.i. de arbeid. De arbeid is het waardoor waar tegen waar geruild kan worden. Alle ruilwaarde berust dan volgens Marx op arbeidswaarde. In de moderne productie-verhoudingen wordt de arbeid als waar door de proletariër op de arbeidsmarkt aan de patroon verkocht. Voor de ondernemer heeft de arbeid gebruikswaarde. Hij heeft er behoefte aan om zijn doel – winst – te bereiken. Die winst kan de ondernemer alleen bereiken door de ruilwaarde van de arbeid te vervalsen.

Eigenlijk moest de ruilwaarde van de arbeid precies zo worden vastgesteld als de ruilwaarde van alle andere waren, d.w.z. naar de hoeveelheid, die nodig is om de arbeid in kwestie voort te brengen (d.w.z. volgens Marx de hoeveelheid goederen die nodig is voor de instandhouding van het leven der arbeiders, privé en als soort: eten, drinken, huishuur, kleding enz. voor hemzelf en zijn gezin).

Gesteld nu dat het arbeidsloon ƒ 25,— per dag bedraagt, gesteld verder dat de waren die de arbeider nodig heeft om zijn arbeidskracht in stand te houden in vijf uur verdiend kunnen worden, dan is er bij een 8-urige werkdag drie uur meerwaarde en deze meerwaarde valt aan de ondernemer als winst ten deel. In het kapitalistische productieproces tracht de bezitter de meerwaarde steeds te vergroten. Dat is de uitbuiting der arbeiders.

Aan deze theorie der meerwaarde hebben Marx en Engels nog vier andere theorieën vastgekoppeld.

a. *De accumulatie-theorie.* Door de toepassing der meerwaarde ontstaat – zo profeteerden zij – een steeds grotere kapitaalsopeenhoping (accumulatie) en zullen de bedrijven steeds in omvang toenemen.

b. *De concentratie-theorie.* Steeds feller zal de concurrentie worden. Steeds meer zullen de kleine bedrijven sneuvelen. Steeds meer zal de „trustvorming" toenemen (monopolies, kartels e.d.).

c. *De „Verelendungstheorie".* Door de toenemende mechanisatie zal de arbeidskracht steeds goedkoper worden, worden de lonen steeds lager en wordt de ellende der arbeiders steeds groter.

d. *De crisis-theorie.* Doordat de kloof tussen rijk en arm steeds meer zal toenemen, zal er een vreselijke crisis ontstaan. Het aanbod der goederen zal toenemen. De koopkracht zal steeds meer afnemen. De markten worden overvol. Maar de verkoop wordt geringer. Het goederenverkeer zal geheel vastlopen. Dan volgt de ene crisis op de andere en deze crises zullen tenslotte leiden tot een ineenstorting van de kapitalistische productiewijze.

Op basis van deze theoretische inzichten ontwikkelden Karl Marx, Friedrich Engels en sommige andere leiders van de Eerste Internationale tevens een strategie van de klassenstrijd. Het proletariaat moet zich verenigen en zich voorbereiden om op het geëigende moment de macht over te nemen, de eigenaars te onteigenen en zo een klassenloze maatschappij te vestigen.

In deze strategie speelt het opzwepen tot haat tussen de klassen een fundamentele rol. Haat tegen de vermeende of echte klassevijand wordt als scheppend verheerlijkt, want de tegenstellingen moeten eerst worden verscherpt. Het proletariaat moet zich door haatcampagnes bewust worden van zijn macht en worden voorbereid voor een gewelddadige omverwerping van de bestaande maatschappelijke orde.

„Mogen de heersende klassen voor de communistische revolutie sidderen, de proletariërs hebben daarbij niets te verliezen dan hun ketenen." (Slotzin uit het *Communistisch Manifest*.)

Bij deze beoogde ineenstorting van de kapitalistische maatschappij staat bij Marx en Engels en de mannen van de Eerste Internationale de opheffing van het privaat-bezit der productiemiddelen centraal. Dat is het heilsmiddel bij uitnemendheid volgens Marx. Daarop zal dan volgen het „collectieve eigendom", de communistische productiewijze en organisatie van de maatschappij.

In zijn geschrift *National-ökonomie und Philosophie* schreef hij: „De privaateigendom is de materiële uitdrukking van de vervreemding van het menselijke leven", en onder communisme verstaat hij: „Opheffing van het privaatbezit als menselijke zelfvervreemding en daarom als werkelijke toeëigening van het menselijke wezen door en voor de mens." [1]

Wij komen later op deze utopie terug.

Deze leer van Marx betreffende de klassen bevat veel waarheidselementen. De verdienste van Marx is dat hij op buitengewoon scherpzinnige wijze de veranderingen die zich in Europa voltrokken in de productiewijze heeft gezien en bij de naam genoemd.

Inderdaad scheidde de liberalistisch-kapitalistische productiestruktuur, zoals die zich ontwikkelde door de industriële revolutie de arbeider en de materiaalproductie van elkander doordat de materiaalproductie in het monopolistische productiesysteem de arbeider geen medezeggenschap over het product gaf.

---

1 *Frühschriften*, pag. 235.

Inderdaad begonnen in de aan zichzelf overgelaten individua-listische maatschappij zich scherpe klassentegenstellingen te open-baren tussen de kapitaalbezitters en het proletariaat in de grote steden. De opbouw van een liberalistisch-kapitalistische maat-schappij vernederde de arbeid inderdaad tot koopwaar.

Inderdaad moest er een wijziging in de maatschappelijke struktuur komen. Dat zag zelfs de liberale econoom Ricardo, die vóór Marx leefde en van wie Marx veel overnam. In zijn *Principles of political economy* van 1821 wees ook hij reeds op de noodzaak van diepgaande strukturele veranderingen in het maatschappelijk systeem.

Dat Marx scherper dan wie ook inzicht gaf in het onrecht dat verborgen is in de antagonistische klassestruktuur mag nooit vergeten worden. Als wij dat niet vergeten behoeft het niet te verbazen, dat overal waar die struktuur nog voortduurt, zoals in vele landen van Latijns Amerika, de analysen van het orthodoxe Marxisme nog als een nieuwe ontdekking worden ervaren.

Het feit van de klassenstrijd laat zich in vele situaties niet loochenen. Maar de leer en de strategie van de orthodox-marxistische klassenstrijd mag niet kritiekloos aanvaard worden.

Om dat te beseffen is het nodig om de ontwikkelingen rondom deze leer en strategie verder te volgen.

Ombuiging van de leer en strategie van de klassenstrijd in West-Europa

In West-Europa heeft de orthodox-marxistische theorie en strategie van de klassenstrijd het niet lang volgehouden. Reeds spoedig bleek, dat verschillende beloften en waarzeggingen van Marx en Engels en de leiders van de Eerste Internationale niet uitkwamen en tevens dat door parlementaire beïnvloeding de klassestruktuur diepgaand om te buigen was. De zgn. „Verelen-dung" van de arbeiders kwam niet tot stand. De cumulatie van kapitaal in enkele handen voltrok zich niet. Spreiding van de economische macht nam toe in plaats van af. De overheden werden in toenemende mate betrokken in de economische processen en werden daarin gecontroleerd en gecorrigeerd door bepaalde vormen van parlementaire democratie.

Bernstein, de leider van het revisionistische socialisme, oefende met vele andere leiders van de Tweede Internationale kritiek op de leer en de strategie van de orthodox-marxistische idee van de klassenstrijd. Hij legde over die kritiek rekening en verantwoor-ding af in zijn boek *Die Voraussetzungen des Sozialismus und die Aufgaben der Sozialdemokratie* (1899). Het socialisme, zo betoogde Bernstein, heeft noch bij een catastrofe, noch bij toename van ellende („Verelendung") iets te winnen. Hij en zijn volgelingen pleitten voor een langzame omvorming van de maatschappij met democratische middelen. Zij bepleitten, dat de arbeidersmassa moet worden opgevoed tot democratie en dat het mogelijk is langs de weg van parlementaire democratie en de invloed van democratische vakbewegingen de maatschappij te restructureren. Met revolutionaire frasen, zo betoogde hij, is niemand gediend. En het opruien tot haat werkt zelfvernietigend. Met democratische middelen kunnen de misstanden stap voor stap uit de weg worden geruimd.

Vrijwel overal in West-Europa zijn de socialistische partijen (de Tweede Internationale) langs de wegen gegaan die Bernstein en zijn volgelingen wezen. Ook de christelijke vakbewegingen hebben de nadruk gelegd op het werken met de middelen van de parlementaire democratie. Zij hebben het „Evangelie van de haat" afgewezen, zij hebben de noodzaak onderstreept om het humanum in te bouwen in de keuze der middelen en om in plaats van de destructieve haat het hongeren en dorsten naar gerechtigheid centraal te stellen.

Het is uiteraard krachtens de opzet van dit boek niet de bedoeling om de wegen en methoden van de parlementair-democratisch-socialistische en christelijke bewegingen verder te volgen. In een slotbeschouwing kom ik daarop terug. Ik wil er slechts op wijzen, dat als men op de vruchten let, de wegen die het democratische socialisme en die welke de christelijke vakbewegingen kozen, in vele Westeuropese landen relatief tot meer gerechtigheid voor allen hebben geleid dan die bewegingen, die in het zog van de Derde Internationale terugkeerden tot het orthodoxe Marxisme. Hoe bijvoorbeeld G. H. ter Schegget beweren kon in zijn boek over de klassenstrijd, dat de vraag naar gerechtigheid in de Oosteuropese landen beter beantwoord is dan in de Westeuropese landen (pag. 44), is mij een raadsel.

Het zou volslagen onzin zijn te beweren, dat in landen als Zweden, Nederland, Engeland de gerechtigheid van het Koninkrijk Gods is aangebroken. Maar een vergelijking met de situatie in de collectivistische landen in Oost-Europa leidt tot de conclusie, dat de middelen en methoden, die de bewegingen van de Tweede Internationale hebben gekozen, tot meer gerechtigheid leiden dan de wegen en middelen van die bewegingen die meer teruggrepen op de Eerste Internationale en die tegenover de Tweede Internationale de Derde ontwierpen.

*De ontwikkeling van de leer van de klassenstrijd bij Lenin en
Stalin en hun opvolgers*

Bij Lenin herleefde de leer van de klassenstrijd in ongekende felheid met woord en daad. Uit zijn studentenjaren is bekend hoe Lenin, toen studenten in een bepaalde stad werken wilden aan de opruiming van concrete en gemakkelijk weg te nemen misstanden, zich daar fel tegen verzette. Hij wilde, dat men die misstand liet bestaan, opdat de ineenstorting van de kapitalistische maatschappij volgen zou en de weg gebaand zou worden naar de dictatuur van het proletariaat.

Het nieuwe element in zijn beschouwingen is, dat aan de oudmarxistische visie op het klassen-antagonisme nog die tussen imperialisten en koloniaal-geregeerden werd toegevoegd.

Volgens zijn visie vielen de belangen van de koloniaal-geregeerde volken samen met die van het proletariaat in Europa. De drang naar nationale zelfexpressie in Azië en Afrika moest z.i. gebruikt worden in de gezamenlijke strijd om de verwerkelijking van de wereldrevolutie. Vooral Stalin heeft middels de anti-koloniale liga dit aspect van de leer van de klassenstrijd uitgewerkt. Het was geen wonder, dat in de *eerste* fase van deze liga vele leiders van nationale bewegingen zich hierbij voegden. Zij beseften het waarheidselement in deze theorie en zij zagen dat er inderdaad een intercontinentale klassenstrijd gaande was. Maar toen zij zagen, dat heel deze theorie in Rusland gebruikt werd om een systeem van onderdrukking te rechtvaardigen waarin de menselijke grondrechten werden vertrapt, keerden vele van deze leiders zich van die liga af om met andere wegen en middelen de strijd tegen het kolonialisme en voor de nationale zelfexpressie voort te zetten.

De door Moskou geïnspireerde „World Federation of Trade Unions" (W.F.T.U.), die zich fel te weer stelt tegen de meer democratische vakbewegingen, tracht vooral in Afrika invloed uit te oefenen en in Latijns Amerika. Deze organisatie hield in 1973 een wereldcongres in Verna (Bulgarije). Het beleidsdocument van dit wereldcongres van de W.F.T.U. (die zijn centrum heeft in Praag) onderstreept de intensificatie van de klassenstrijd. De W.F.T.U. – aldus dit document – en de geaffilieerde organisaties moeten op alle mogelijke manieren helpen bevorderen: verenigde strijd in ieder land, in multinationale bedrijven, in de E.E.G. en andere allianties van kapitalistische staten, op continentaal niveau en op wereld-niveau.

Dit congres heeft een „Charter of trade union rights" opgesteld. In dit charter worden de economische belangen van de arbeidersorganisaties als secundair beschouwd, vergeleken bij de belangen van de communistische staten en de communistische partijen. Juist in deze visie, waarbij de vakbonden onderworpen zijn aan de C.P.'s ligt de reden, dat de vrije, democratische vakbonden (o.a. de I.C.F.T.U.) de concepties van deze organisatie verwierpen. Zij beschouwen de W.F. als een instrument van de buitenlandse politiek van de Sovjet-Unie en zijn van mening, dat wereld-vakbewegingen moeten worden ontworpen via de I.L.O. (International Labour Organization van de V.N.).

In West-Europa bestaat bij de branches van de W.F. de neiging om zich van deze organisatie los te maken en weer samen te werken met de „European Trade Union Confederation" (E.T.U.C.). In Afrika heeft de W.F. altijd de All Africa Trade Union Federation (A.A.T.U.F.) gesteund. Maar de „Organization of African Unity" (O.A.U.) heeft een eigen „Organization of African Union Unity" om die in de plaats te stellen van de A.A.T.U.F.

Evaluatie

Aan het einde van deze uiteenzetting over de leer en strategie van de klassenstrijd willen wij trachten enkele evaluerende opmerkingen te maken.

1. Er dreigt in de ordening van het sociaal-economische leven altijd drieërlei dictatuur.

Er zijn situaties waarin de dictatuur van de *kapitaalverschaffers* heerst. In vele landen als in Zuid-Amerika heerst deze dictatuur nog vrijwel onbegrensd; Brazilië is daarvan een schoolvoorbeeld. En de Republiek Zuid-Afrika eveneens.

Er zijn situaties waarin de dictatuur der *managers* heerst. Burnham heeft die vorm van dictatuur geanalyseerd en aangetoond dat in de Verenigde Staten deze vorm van economische dictatuur telkens dreigt.

Er zijn situaties waarin de dictatuur van de *arbeiders* wordt aangeprezen. Er zijn weinig landen waarin deze vorm van dictatuur werkelijk heerst.

Vanuit een christelijke visie moet naar mijn overtuiging deze drieërlei dictatuur worden afgewezen en moet gezocht worden naar een zodanige relatie tussen kapitaalverschaffers, managers en participanten in het arbeidsproces, dat er recht aan allen geschiedt. En dat betekent, dat de overheid niet alleen als arbiter moet optreden, maar ook als participant in het economische leven en met gecontroleerde ordenende macht.

De grondfout in de leer van de klassenstrijd is niet de analyse van antagonistische klassenstrukturen, maar dat deze leer geen recht doet aan alle participanten in het sociaal-economische proces.

2. In de leer van de klassenstrijd wordt het opruien tot haat als een constructieve factor gezien. Daardoor wordt het humanum, het echt menselijke vernietigd. In de strategie moet het zoeken naar gerechtigheid voor allen de dominant zijn.

3. Het is onjuist om het staats-collectivisme als een heilsmiddel aan te prijzen, zoals zowel het Leninisme als het Maoisme dat doet.

Het *credo*, dat daaraan ten grondslag ligt, is even fout als het credo van het liberalistisch kapitalisme.

Het *credo* van het *liberalistisch kapitalisme* was en is, dat het menselijk eigenbelang de beste waarborg is voor maatschappelijk heil.

Het credo van het *marxistisch Leninisme* is, dat de collectieve staat de redder is van het maatschappelijke leven en de waarborg voor sociaal-economisch heil.

Het liberalistisch kapitalisme is de heilsleer van het individualisme.

Het leninistisch Marxisme en Maoisme is de heilsleer van het collectivisme.

Het liberalisme denkt, dat de mens van nature goed is en dat er vanzelf een harmonie ontstaat tussen eigenbelang en het belang van de naaste.

Het leninistisch Marxisme en Maoisme gaat ook uit van de gedachte, dat de mens van nature goed is. De zonde ligt niet in de mens volgens Marx, maar in het liberalistisch-kapitalistisch stelsel. Als de mens echter van dat stelsel verlost is en tot collectieve (tot Sovjet-) mens is geworden, dan wordt de heilstaat geboren. De collectieve staat is de heilstaat. Marx en het leninistisch Marxisme verstaan niet, dat de mens en de mensheid ziek zijn tot de dood toe.

De individuele mens kan zijn bezit verkeerd gebruiken. Dat vergat het liberalisme!

Maar kan de collectieve staat het staatsbezit soms niet verkeerd gebruiken?

De individuele mens kan als *uitbuiter* optreden!

Maar is het gevaar nog niet veel groter dat de staat als *uitbuiter* gaat optreden?

De individuele mens kan, als hij de macht heeft, de andere mensen tyranniseren.

Maar kan de staat, wanneer hij dictatoriale macht heeft, niet in veel ernstiger mate tot tyran worden?

De individuele ondernemer kan de zwakken *dwingen* door hun

honger te misbruiken!

Maar kan de collectieve staat als hij zich alle macht toeëigent niet in veel ernstiger mate dwang uitoefenen?

De klasse der kapitalisten kan in een liberale maatschappij een heersersrol gaan vervullen.

Maar is het gevaar, dat in een collectieve staat een bepaalde leidende kliek een heersersrol gaat spelen, nog niet oneindig veel groter? Waar is de afstand tussen de managers en de arbeiders groter dan in communistische landen? Waar is er meer *gedwongen* arbeid dan daar waar het staatscollectivisme heerst?

Het leninistisch Marxisme zegt, dat het streeft naar een situatie waarin de staat niet meer nodig zal zijn, maar waarin alle mensen de volle beschikking hebben over de producten van hun arbeid. Waar heeft de mens echter *minder* de beschikking en controle over de producten van zijn arbeid dan in de collectivistische staten?

Het leninistisch Marxisme en Maoisme zeggen te streven naar het rijk der volstrekte *vrijheid*. Waar heeft de mens echter minder vrijheid dan in die staten waarin de mens met alles wat hij doet en produceert beschouwd wordt als staatseigendom?

Wanneer wij deze theorie stellen in het licht van de Bijbel, dan moeten wij het volgende opmerken:

a. In deze theorie over het bezit wordt de souvereiniteit Gods over het bezit radicaal verloochend. Het marxistisch Leninisme is principieel en praktisch atheïstisch, zoals wij zagen. De *collectieve staat* wordt op de troon gezet. Dat is de afgod.

b. De gedachte dat bezit *leengoed* is, wordt geannuleerd. De collectieve staat treedt op als absolute eigenaar, als meester over leven en goederen.

c. De idee der verantwoordelijkheid aan God en mensen ontbreekt volkomen. In de collectieve samenleving heerst het recht van de sterksten en de tyrannieke willekeur.

d. De idee van de verantwoordelijkheid tegenover de *naaste* wordt *verwrongen*. Wel wordt gedacht aan het lot van allen die tot de partijgangers behoren, maar in de zorg van de collectieve staat worden allen die de communistische leer niet aanhangen tot tweederangsburgers gedegradeerd.

e. Aan de persoonlijke verantwoordelijkheid van elk lid der samenleving wordt geen ruimte geschonken. De individuele burgers zijn in de collectieve staten slechts slaven van de moderne Farao's, die zich tot leiders der zgn. volksdemocratieën hebben opgeworpen.

104

De waarschuwing, die van de leer en de strategie der klassen-
strijd uitgaat

Het drama van de 19e eeuw in Europa was dat regeringen, kerken en samenlevingen eerst de ernst van de situatie die ontstond door de industriële revolutie niet onderkenden. Zij werden pas langzaam wakker en sloegen slechts aarzelend wegen in, die leidden tot meer „recht voor allen" en tot restructurering van de samenleving. Nu lijken de relaties tussen de rijke landen in het Noorden en de landen in het Zuiden met uitzondering van de opkomende Opec-landen veel op de situatie in het begin van de 19e eeuw.

Er dreigt een intercontinentale klassenstrijd en de leer van de klassenstrijd wordt met nieuwe tongen gepredikt in dit intercontinentale conflict.

Het Evangelie van de haat wordt met nieuw elan gepredikt. Gewelddadige revoluties worden opnieuw als heilmiddel aangeprezen. Het is alsof de volken van het Noorden nog niet wakker zijn. De mislukte Wereldhandelsconferenties, de moeizame voortgang in de discussies over een nieuwe economische wereldorde zijn evenzovele symptomen, dat het Noorden nog in vele opzichten slaapt. Naar de stemmen van „de groep van 77" (intussen uitgegroeid tot de groep van 95) wordt nog weinig geluisterd. Potentieel kan een situatie ontstaan als omstreeks 1848 in Europa. Het komt erop aan, dat de volkeren van het Noorden bereid worden gemaakt die offers te brengen die nodig zijn om aan de roep om recht en om kansen in de wereldeconomie gehoor te schenken.

LITERATUUR BIJ HOOFDSTUK 8

A. Kuyper, *Het sociale vraagstuk en de christelijke religie*, Amsterdam 1891.

N. Devolder, *Arbeid en economische orde*, Leuven z.j.

Walther Bienert, *Die Arbeit nach der Lehre der Bibel*, Stuttgart z.j.

T. P. van der Kooy, *Op het grensgebied van economie en religie*, Wageningen 1953.

Idem, *Over economie en humaniteit*, Wageningen 1956.

Robin Jenkins, *Exploitation*, Londen 1971.

J. W. Schoorl, *Sociologie der modernisering* (speciaal hfdst. 3).

W. Banning, *Evangelie en klassenstrijd*, Den Haag 1946.

P. J. Roscam Abbing, *Ethiek van de inkomensverdeling*, Deventer 1972.

W. Banning, *Het vraagstuk van de arbeid*, Den Haag 1946.

A. van Biemen, *De zedelijke waardering van de arbeid*.

R. Niebuhr, *Moral man in immoral society*, New York 1932.

Proces Verbaal van de Chr. Sociale Conferentie van 1952, Utrecht 1953.

W. G. Muelder, *Foundations of the responsible society*, Nashville 1959.

W. F. de Gaay Fortman, *Christelijke vakbeweging en sociale gerechtigheid*, Utrecht 1950.

P. J. Roscam Abbing, *Maatschappijkritiek*, Nijkerk 1969.

B. de Gaay Fortman en H. Thomas, *De winst van een democratische economie*, Utrecht 1976.

9. De mens-beschouwing in het marxistisch Leninisme en de bijbelse visie op de mens

In het vorige hoofdstuk hebben wij aandacht geschonken aan het atheïsme in het marxistisch Leninisme. Nu willen wij aandacht schenken aan de mens-beschouwing in het marxistisch Leninisme. Wie de stromingen en ideologieën die door de wereldgeschiedenis gaan wil verstaan, moet altijd aan die stromingen en ideologieën de vraag voorleggen: „Wat denkt gij van de mens?" In de marxistisch-leninistische en ook in de maoistische visie op de mens vallen de volgende trekken op:

1. Deze visie op de mens is principieel atheïstisch. De vraag naar het *vanwaar* en *waarheen* van de mens wordt radicaal ter zijde geschoven en de verantwoordelijkheid van de mens aan God wordt even radicaal ontkend. Niet God is het hoogste wezen, maar de mens is het hoogste wezen.

Dat is het einde en het begin van de marxistisch-leninistische en maoistische mens-beschouwing. Het substituut voor de atheïstische these is de these van de mens als hoogste wezen.

2. De mens is een ontwikkeld zoogdier met economische gaven, een uitzonderlijk begaafd exemplaar van de biologische economische soort.

Het typerende van de mens bestaat in tweeërlei: hij is niet alleen een product der natuur, maar hij is in staat tot beheersing der natuur door arbeid en de uit de arbeid opkomende techniek.

En het tweede kenmerk van de mens is zijn zelfbewustzijn. Hij schept zich ergens een wereld. Hij objectiveert zichzelf in wetenschap, kunst, recht, familieleven, staatkundig leven, moraal en religie. De mens zelf in zijn afhankelijkheid van de stofwisseling der natuur, in zijn technische begaafdheid en in zijn behoefte zich te objectiveren in cultuur en de voortgang der cultuur wordt gezien als een zichzelf scheppend wezen. De vraag vanwaar hij komt en waarheen hij gaat is volgens marxistisch-leninistische visie een zinloze vraag, omdat ze wijst in de richting van metaphysica en de horizon der menselijke ervaring overschrijdt.

In een congres over humanisme in 1950 zei de Engelse Marxist

Haldane ten antwoord op de vraag naar het „humanum": „Het is zich als een met verstand begaafd wezen voelen in het tellurische Universum, zichzelf als materie beleven, trots om dier en wel ontwikkeld zoogdier te zijn, het is zonder vrees voor pijn en dood deelnemen aan de verovering van deze planeet voor het leven."

3. Naast deze materialistisch-biologische en economistische visie valt in de mens-beschouwing van het marxistisch Leninisme een *idealistische* trek op onder invloed van Hegel. Marx en Lenin beschrijven namelijk de geschiedenis als een zinvol gebeuren, als een proces. De geschiedenis beweegt zich naar een doel, de verwerkelijking van materiële waarden in de heilstaat der klassenloze maatschappij.

4. Dat doel wordt verwezenlijkt door de geschiedenis van het proletariaat. De proletarische massa is de Heiland, die door lijden en ellende heen de heilstaat verwerkelijkt en de geschiedenis van het proletariaat is heilsgeschiedenis.

5. In verband daarmee spreekt het marxistisch Leninisme van het *proletarisch humanisme*. Het is de arbeid, die de mens tot mens maakt. Uit de arbeid en door de arbeid zijn alle dingen, aan de arbeid en de arbeider zij de heerlijkheid tot in eeuwigheid. In de nieuwere marxistisch-leninistische literatuur wordt dit alles uitgewerkt met herinneringen aan de Griekse mythe over Prometheus, die door Karl Marx in de inleiding op zijn dissertatie genoemd wordt „de voornaamste heilige en martelaar van de wijsgerige kalender". Zowel in Rusland als in de D.D.R. en in Tsjecho-Slowakije en Hongarije wordt de Prometheus-mythe in talloze verwerkingen gebruikt als illustratie van de kern van de marxistisch-leninistische mens-beschouwing. In China worden in plaats van de Griekse mythe oude verhalen over cultuur-heroën uit de Chinese mythologie als illustratie gebruikt.

Het is wellicht nuttig en nodig om hier in het kort de Prometheus-mythe na te vertellen en te zien op welke wijze deze mythe wordt verwerkt.

In de Griekse mythologie is Prometheus een godenzoon ontsproten uit Kronos. Hij beheerst de aarde, vol van inventiviteit. Hij maakte de mens, ontleende aan de dieren voor het beeld dat hij gemaakt had goede en boze eigenschappen en liet Athene, zijn vriendin, de goddelijke adem in dat beeld inblazen. Zo ontstonden de mensen, die zich snel vermenigvuldigden. Zij hoorden wel, maar wisten niet wat zij ermee moesten doen. Zij waren nog niet in staat de goddelijke vonk in zichzelf te besturen en de aarde ermee te bewerken. Toen leerde Prometheus hun allerlei kunsten

108

en technieken (tellen, schrijven, plannen, het omgaan met dieren, scheepvaart, het produceren van medicijnen, het bewerken van ijzer, enz.).

Prometheus behoorde tot een geslacht, dat door Zeus onttroond was en dat motiveerde hem om de mensen vooruit te helpen. Toen de goden op de godenberg het mensenvolk ontdekten, maakten zij een overeenkomst. Prometheus trad daarbij op als zaakwaarnemer van de mensen om te voorkomen dat de goden al te zware voorwaarden zouden stellen. Omdat Prometheus bij de onderhandelingen Zeus bedroog, gaf Zeus hun niet wat ze het meest nodig hadden: het vuur. Maar Prometheus stal het vuur uit de hemel door een stengel te steken in de voorbijrazende zonnewagen en zo kwam het vuur op de aarde. Spoedig was de vlam in het eerste blok hout, tot ergernis van Zeus. Om daartegen op te treden zond hij *Pandora* als een schone maagd, die nadat zij zich aan de broer van Prometheus gegeven had, allerlei ellende onder de mensen bracht, die tevoren in vreugde en vrede hadden geleefd.

In de doos van Pandora was ook de *hoop*. Maar Pandora zorgde ervoor dat die niet uitvloog. Ziekten en dood hielden huis onder het mensenvolk. Toen nam Zeus wraak over Prometheus zelf. Hij zond zijn dienaren om Prometheus aan de rotswand de Kaukasus vast te binden in ketenen. Hij hing daar, rechtop, slapeloos, nooit in staat de vermoeide knieën te strekken. Zeus zond een adelaar die iedere dag iets van zijn lever moest wegnemen. Deze vorm van lijden mocht niet eerder ophouden tot een man zou komen die in zijn plaats vrijwillig de dood op zich zou nemen.

Daar komt *Heracles* voorbij, die met een pijl de adelaar doodde, de ketens losmaakte en de geketende bevrijdde („Prometheus unbound").

In Prometheus' plaats werd nu de *Centaurus Chiron* geplaatst, die hoewel hij tevoren onsterflijk was, bereid was in zijn plaats te sterven. Maar aan een ijzeren ring moest Prometheus toch een klein steentje van de Kaukasus dragen om daarmee het oordeel van Zeus te bevestigen, dat hij gesmeed was geweest aan de rots.

Goethe heeft in het volgende gedicht Prometheus sprekend ingeleid. Prometheus zegt tegen Zeus:

Ich dich ehren? Wofür?
Hast du die Schmerzen gelindert je des Beladenen?
Hast du die Tränen gestillet je des Geängsteten?
Hast nicht mich zum Manne geschmiedet

Die allmächtige Zeit und das ewige Schicksal, meine Herrn und
[deine?

Hier sitz ich, forme Menschen nach meinem Bilde
Ein Geschlecht das mir gleich sei, zu leiden, zu weinen,
zu geniessen und zu freuen sich
und dein nicht zu achten wie ich.

Bij het 20-jarig bestaan van de D.D.R. werd geschreven dat
de Prometheus-figuur nu geen legende of mythe meer is. De
kracht van de communistische wereld geeft aan de prometheïsche
drang der mensheid de nodige ruggesteun. Het verschil is alleen
– aldus de verklaring bij dat herdenkingsfeest – dat Prometheus
geweldloosheid predikte aan de Titanen, maar dat nu de communistische staten samen bereid moeten zijn om met hun macht de
bevrijding der mensen te dienen. „Ook een Prometheus-figuur
moet doden, als hij daartoe door de vijand van de proletarische
klasse wordt gedwongen."
Het bevrijdende handelen in de prometheïsche strijd wordt
bepaald door de dialectiek van de liefde (solidariteit) en van de
haat (de klassenstrijd).
In de verwerking van deze Prometheus-mythe komt zeer
typerend de vergoddelijking van de mens, het anthropotheïsme
van het marxistisch Leninisme naar voren.
De mens is op weg naar de zelfverlossing in zijn prometheïsche
streven.
6. In dit verband rijst de vraag wat de belemmeringen zijn, die
de mens in zijn prometheïsche streven moet trachten te overwinnen.
Hoe denken Marx en Lenin over de schuld van mens en
samenleving? Wat is in verband met de marxistische soteriologie
de marxistische „amartiologie", de leer van de zonde?
De mens is volgens Marx goed. Maar het kwade ligt in de
geschiedenis van de samenleving in een economische orde of
wanorde, waarin het privaat-bezit van de productiemiddelen
bestaat. Dat is de oorzaak van alle ellende, dat is de bron van
alle kwaad. Verlossing, bevrijding geschiedt dan als dat privaat-
bezit wordt opgeheven. Marx zegt dat zelf zo:
„Het communisme als positieve *opheffing* van het privaat-bezit,
de oorzaak van de menselijke zelfvervreemding en daarom als
werkelijke toeëigening van het menselijke wezen voor en van de
mensen: daarom als volledige, bewuste terugkeer van de mens
tot een maatschappelijke, d.w.z. *menselijke mens*. Dit communisme

is als voleindigd naturalisme. Het is de waarachtige opheffing van de strijd tussen vrijheid en noodzaak, tussen individu en soort. Het is het tot oplossing gebrachte raadsel der geschiedenis." (*Frühschriften*, pag. 235).

Het is duidelijk, dat Marx van mening was, dat de communistische mens de echte homo humanus is en dat het communisme het eigenlijke humanisme zal verwerkelijken. Wat verstaat Marx echter onder „humanisme" en de „homo humanus"? Het is de door de gemeenschap geabsorbeerde mens. „Das Individium ist das gesellschaftliche Wesen. Das individuelle und das Gattungswesen des Menschen ist nicht verschieden."

Deze collectieve mens zal volledig – aldus Marx – worden beheerst door de collectiviteit. De menselijke soort kan dan absolute aanspraken over de totale samenleving laten gelden. Dan is de mens zelf het hoogste wezen voor de mens als de totale gemeenschap het leven, denken en handelen van alle leden van de samenleving beheerst. Dan is Prometheus van zijn boeien verlost en heeft hij met de menselijke samenleving zijn doeleinden bereikt en is de heilstaat gevestigd.

Ontwikkelingen in het marxistische mensbeeld in neo-marxistische beschouwingen

In de voorafgaande pagina's hebben wij getracht de grondtrekken van de marxistisch-leninistische mens-beschouwing systematisch weer te geven.

Het zou echter onjuist zijn de indruk te wekken, dat zich in de ontwikkeling van de mens-beschouwing geen veranderingen voltrekken en dat deze mens-beschouwing niet van binnen uit wordt aangevochten door bepaalde figuren uit het neo-Marxisme. Het is niet mogelijk noch nodig de nuances in de mens-beschouwing bij alle neo-marxistische schrijvers na te gaan.

Ik kies slechts enkele schrijvers en themata uit, waarin de worsteling met de mens-beschouwing het duidelijkst aan het licht treedt. Die schrijvers zijn vooral Ernst Bloch en Gardavsky.

1. *Bezinning op de betekenis van de bijbelse Godsvoorstellingen*

Bij Bloch en Gardavsky blijft de atheïstische grondthese gehandhaafd. Bloch en Gardavsky hebben zich zo zeer verdiept in het Oude en Nieuwe Testament, dat zij bij handhaving van hun atheïsme toch in het Oude en Nieuwe Testament trekken uit de Godsvoorstelling naar voren halen, die naar hun mening in geseculariseerde vorm kunnen en moeten bijdragen tot het proces der humanisering.

111

De grondstelling van Blochs boek, dat slechts een christen atheïst kan zijn en dat slechts een atheïst christen kan zijn is, dat het beeld van die God, die het te doen is om bevrijding en die zowel in het Oude als in het Nieuwe Testament erop uitgaat om ons te bevrijden, gestalte moet aannemen en verwerkelijkt worden in de mensen en door de mensen.

De Godsvoorstellingen van de Bijbel worden dus niet, zoals bij Marx en Lenin, als nutteloos en waardeloos verworpen, maar geïnterpreteerd als modellen in de worsteling om humanisering.

2. *Bezinning op het raadsel van de mens*

In het traditionele Marxisme wordt het wezen van het mens-zijn gedefinieerd als exemplaar van de biologisch-economische soort. Bij Bloch wordt in de visie op de mens het raadselachtige, het wordende, het onafgeslotene, het „unfertige" benadrukt. Het humanum is bij Bloch meer utopie dan werkelijkheid, meer mogelijkheid en experiment dan gerealiseerde situatie. Mens-zijn is een probleem, een raadsel, een taak, een aarzelende naamgeving, een incognito, waaraan verschillende namen worden gegeven.

De stelling van de mens in de kosmos wordt bij Bloch als zeer precair, als onbeslist uitgebeeld. Het is met de mens alles nog „im Werden begriffen".

3. *Het boze in het mensenleven*

Een van de kenmerken van de herbezinning op de anthropologie in de post-stalinistische stromingen is, dat in het marxistisch Leninisme de visie op de mens veel te optimistisch is geweest.

Het opvallende in de visie van Karl Marx is – zoals we zagen – dat hij ervan uitgaat, dat de mens goed is en dat het kwade slechts het gevolg is van het kapitalistische stelsel. In het oorspronkelijke Marxisme en ook in de leninistische versie van het Marxisme werd de stelling geponeerd, dat als het privaat-bezit der productiemiddelen maar wordt opgeheven en de revolutionaire overgang wordt gemaakt naar een collectivistische productie- en distributie-wijze, het kwade opgeheven zal zijn.

Herhaaldelijk beschreef Marx de periode van de klassenstrijd als de voorgeschiedenis van de mensheid. Het echte mens-zijn, de echte geschiedenis van de mensheid zal pas komen als het privaat-bezit der productie-middelen is opgeheven.

Vele nieuwere marxistische schrijvers, o.a. Ernst Bloch, wijzen erop, dat de belevenissen van deze eeuw zowel in de periode van het Stalinisme als in de periode van het Nazïsme ons wel hebben duidelijk gemaakt, dat de echte zelfvervreemding van de mens niet in een bepaald maatschappelijk systeem wortelt en niet verdwijnt als dat systeem verdwijnt. De echte oorzaken van de zelfvervreemding liggen veel dieper volgens Bloch. In de mens en de samenleving zijn niet slechts de machten van de „utopia des lichts" aan het werk, maar ook de donkere, destructieve satanische machten van wat hij de anti-utopia noemt. Hij roept de Marxisten op zich dieper te bezinnen op het onloochenbare feit, dat ook „gelukte revoluties" in bliksemtempo kunnen degenereren tot dat waartegen die revoluties in verzet kwamen.

Hoe komt het, dat in de geschiedenis machten en krachten werken, die stagnatie veroorzaken, die remmen, die hoewel ze „nukkig" zijn toch machtig zijn?

De Aufklärung bevorderde het atheïsme, maar sprak niet van a-satanisme en verwaarloosde het benoemen, adresseren, aanwijzen, aanpakken van het radicaal-kwade. Hegel nam het kwade op in zijn dialectiek en beroofde het van zijn dodelijke ernst. Marx trachtte het kwade te zoeken uitsluitend in de sociaal-economische omstandigheden en ontmaskerde daarom niet het „moord-dadige, het afgrond-diepe" van de werkelijkheid van het boze.

Moderne biologische theorieën als die van Lorentz, proberen aan het kwade de ernst te ontnemen door het te zien als een restant van dierlijke „agressie". En in de psychologie probeert men verschijnselen als het Naziïsme en het Stalinisme alleen vanuit de massa-psychologie te duiden.

In de theologie bestaat de neiging om over de diepten van het kwade niet te spreken. Jürgen Moltmann vertelde mij eens, dat Ernst Bloch hem verweet dat nu de demonologie gedé-mythologiseerd is, de theologen geneigd zijn het probleem van het boze te ontwijken. Bloch is van oordeel, dat met het „widersacherische" gerekend moet worden en dat men het kwade in de historische ontwikkelingen en verwikkelingen en in de visie op de toekomst moet traceren, analyseren, bij de naam noemen, aangrijpen in alle gestalten, waarin het zich voordoet. Het Marxisme sprak wel in adjectieven over boze daden, maar het besefte de werking van *het boze* niet in mens en samenleving.[1] Dat betekende voor hem, dat het optimisme van de visie op de mens veel meer *militant* optimisme moet zijn en dat in de Prometheusfiguur veel meer de nadruk op het permanent *rebellerende* gelegd moet worden.

In de geschiedenis is aanwezig het „widersacherische", het vijandige, het boze tegenspel. Het goede, de goede samenleving, het werkelijk gehumaniseerde mens-zijn is nog geen realiteit.

1 Zie Bloch, *Experimentum Mundi*, pag. 230 vv.

Het is nog slechts een utopie, het is midden in de *realiteit* nog slechts een *mogelijkheid*.

Of die mogelijkheid ten volle werkelijkheid zal worden kan niemand zeggen. Het kan ook zijn, dat die mogelijkheid niet alleen in de individuele dood maar ook in de kosmische dood te gronde gaat. De mensheid bevindt zich in een proces dat als „Laboratorium possibilis salutis", een laboratorium van *mogelijk heil* kan worden aangemerkt, een proces, dat nog nooit tot definitief resultaat heeft geleid, maar ook nog nooit volstrekt verijdeld is.

Maar Bloch stemt toe, dat binnen dat laboratorium van menselijke mogelijkheden tot nu toe nog geen kruid gewassen is tegen de dreigende vernietiging.[2]

Bloch heeft m.i. terecht aan de vele theologen en theologieën verweten, dat zij onder de invloed van optimistische stromingen en de neiging tot „Entmythologisierung" te weinig bezig is met dat donkere reservoir van het boze, dat diep in ons aller leven en samenleving de realisering van de utopie frustreert en dat het gesprek over dat aspect van de menselijke werkelijkheid in de dialoog tussen Marxisme en Christendom veel te weinig aan de orde komt en ontweken wordt.

4. *Bezinning op het geheim van de enkeling*

Een ander aspect van de ontwikkelingen in de neo-marxistische ideologie is de bezinning op persoonlijke identiteit en de betekenis van de expressie van identiteit in liefde en verlangen naar liefde. Het is vooral Gardavsky, die in zijn boek *Nog is God niet dood* constateert, dat in het Marxisme in de persoonlijke identiteit en het geheim daarvan simpelweg niet tot zijn recht komt. De mens wordt tot nummer, tot instrument, tot mest op de velden der toekomst, tot middel in de ontwikkeling van de collectivistische maatschappij. Hij zegt, dat het basisprobleem van het mens-zijn is het probleem van de subjectieve identiteit, zoals Pascal dat heeft beschreven. Pascal was de man van mathematica en physica, maar hij was het – aldus Gardavsky – die beschreef hoe immens eenzaam een mens is als hij slechts bij de natuur leeft en hoe die mens de kreet van wanhoop hoort, die onbeantwoorde echo's wekt in de Kosmos. Wie zal deze kreet beantwoorden, vraagt Gardavsky.

In de diepste diepten van het mens-zijn is een honger naar liefde, blijvende, eeuwige liefde, naar partnership, blijvend, eeuwig partnership, en hij verwijt aan de oude vormen van het Marxisme,

2 *Experimentum Mundi*, pag. 237.

dat het niet ingaat op die diepste eenzaamheid en op die honger naar partnership dat reikt tot over de dood.

Mens-zijn in het licht van Gods beloften en eisen

In het voorafgaande hebben wij getracht enkele grondtrekken weer te geven van de marxistisch-leninistische visie op de mens. Wij willen nu ingaan op de vraag naar het mens-zijn in het licht van de bijbelse openbaring.

Het is niet mogelijk dat uitvoerig te doen. Het gaat ons slechts om enkele fundamentele gezichtspunten, die in de dialoog niet mogen worden ontweken.

1. De mens komt van God en is tot God geschapen. De mens is opgenomen in een gebeuren, in een geschiedenis, in een Goddelijk-menselijk drama waarin God het begin en het einde is. Deze God, uit wie en door wie en tot wie wij zijn, is geen Griekse afgod. Hij is geen Zeus-figuur, die met achterdocht de ontwikkeling van het menselijke leven gadeslaat. Hij is niet de concurrent van de mens. Hij belaagt zijn vrijheid niet. Het is Hem er niet om te doen de mens als in de Griekse mythe aan de rotswand te slaan of om van de mens een serviele Hermes-figuur te maken. Karl Barth sprak in een congres over het humanisme over Gods humanisme, Gods filantropia, over Gods vriendelijkheid jegens de mensen.

Zoals in Michel Angelo's geweldige schilderstuk de scheppende hand Gods vrolijk de menselijke partner vormt, roept, begroet, zo wil God onze Bondgenoot-God zijn.

2. Voor God is de mens onder zijn schepselen het hoogste wezen. Prof. Ratschow stelt tegenover de marxistische stelling dat de mens den mens het hoogste wezen is, de stelling dat de mens voor God temidden van alle schepselen het hoogste schepsel is, niet het enige schepsel. Hij is schepsel temidden van alle andere schepselen, pars pro toto, beeld Gods met scheppende fantasie, met bouwende hand, met gaven voor de opbouw van de cultuur in de diepste en ruimste zin des woords.

3. De bedoeling van God met het mens-zijn is, dat de mens en de mensen leven van hartslag tot hartslag in de harmonie van hun psychosomatisch bestaan in de liefdesrelatie met God en met de mensen. Mens-zijn in de diepste zin des woords is leven in relatie met God en met de naaste. Als er geen medemenselijkheid is, dan ontstaat onmenselijkheid. De relatie met God en de

115

relatie met de medemens is Gods bedoeling met het mens-zijn. Dat mens-zijn is noch individualistisch, noch collectivistisch. Dat mens-zijn bewaart tegenover Nietzsche de binding en tegenover Marx de vrijheid. Dat mens-zijn is één protest zowel tegen de Herren-mens als tegen de massa-mens.

4. Het behoort tot het geheim van de menselijke relatie, dat wij mensen niet leven in deze binding en in deze vrijheid. De communicatie is gestokt. Wij mensen zijn vervreemd van God, vervreemd van de naaste en vervreemd van onszelf. De werkelijke mens heeft zichzelf daarmee levensgevaarlijke schade toegebracht. Het Marxisme zoekt de oorzaak van de vervreemding in de economische verhoudingen. Marx en Lenin dachten dat de mens aan de vervreemding ontkomt door het onteigenen van de eigenaars.

Neo-Marxisten als Kolakowski, Machovec, Gardavsky kwamen tot de ontdekking dat het communisme door een ander productiesysteem niet een magische sprong is van een vervreemdende samenleving naar een bevrijde. Zij ervoeren aan den lijve, dat de ene onderdrukking door een andere gevolgd werd en dat het kwade veel diepere wortels heeft dan de euvels van een bepaald maatschappijsysteem.

In het licht van de Bijbel gezien heeft het kwade veel diepere wortels. Het wortelt in onze natuur. Zonde is verbreking van de relaties met God en de naaste en uit zich niet alleen in sociale en economische omstandigheden, maar in goddeloosheid en egoïsme, die zich op talloze andere wijzen uiten.

Het marxistisch Leninisme heeft echter een aspect van de zonde dat wij vergeten waren dieper belicht, namelijk het feit, dat de zonde collectieve, institutionele aspecten heeft en dat er strukturen en instituten zijn waarin het egoïsme, de machtswellust, de haat, het onrecht collectief tot uitdrukking komen. Het heeft ons dieper de ogen geopend voor de oorzaken van verdrukking en repressie, van exploitatie en onderontwikkeling, van machteloosheid en frustratie.

5. Wij mensen zijn zondaren, persoonlijk en collectief, in ons hart en in onze strukturen. Maar God, onze Verbondspartner is trouw. Hij heeft in en door Jezus Christus, de Middelaar Gods en der mensen, de boze oogst van onze persoonlijke en van onze collectieve schulden gedragen. Hij heeft in Hem en door Hem het nieuwe zaad der humaniteit gezaaid. Het is Hem te doen om het herstel van het mensenleven, het is Hem te doen om de opheffing van de Godsvervreemding, van de zelfvervreemding,

van de vervreemding tussen mens en mens, om de bevrijding van enkeling en samenleving. Zijn bevrijdend handelen heft de scheiding op tussen generaties, sexen, rassen, klassen en Hij zal niet rusten voordat de vervreemding totaal is opgeheven. Dat is de „condition humaine". Dat is de vrolijke wetenschap: Jezus, de incarnatio Dei et hominis is de Homo Humanus (Jezus, de vlees-wording van God en mens, is de echt menselijke mens) en daarom is en wordt het mens-zijn gered.

6. De actualiteit van deze bevrijdende werkelijkheid wordt manifest in geloof, in hoop, in liefde, in imitatio Christi. Het leven uit Gods bevrijdende genade mag niet leiden tot passiviteit of tot ontkenning van onze verantwoordelijkheid. Gods vrijge-sprokenen zijn Gods vrijwilligers op weg naar een bevrijde aarde.

De betekenis van dit bevrijdende Evangelie voor de bevrijding van de menselijke arbeid
Het marxistisch Leninisme heeft zeer veel nadruk gelegd op de betekenis en zin van de arbeid, op de bevrijding van de arbeid, op de her-ordening van arbeidsrelaties.

Ieder christen zal met ootmoed moeten erkennen, dat in vele sectoren van het christendom door spiritualisme en piëtisme het licht dat in de Bijbel overvloedig schijnt over de menselijke arbeid vaak onder de korenmaat is gezet in plaats van op de standaard (vgl. Matth. 5 : 15).

De marxistisch-leninistische aandacht voor de menselijke arbeid moet ons veel meer bewegen te zoeken naar het licht dat in de Bijbel schijnt over het vraagstuk van de arbeid. De Bijbel brengt de menselijke arbeid in verband met de schepping van de mens naar het beeld Gods. Arbeid behoort tot het wezen van de mens, die naar Gods beeld geschapen is. De Bijbel onthult ons de zin, de waarde en het doel van de menselijke arbeid. De Bijbel spreekt over de moeiten van de arbeid. De Bijbel verkondigt niet als het Marxisme een Evangelie *van* de arbeid, maar wel een Evangelie *voor* de arbeid. De Bijbel spoort ons aan om levende vanuit dat Evangelie voor de arbeid te zoeken naar de heiliging van onze arbeidsmotieven. De Bijbel geeft licht over de problemen van arbeidsverdeling, arbeidsverhoudingen, over het recht van ieder op arbeid, over roeping en beroep en het gebod tot arbeid. De Bijbel spreekt ook over arbeid en loon. De Bijbel ziet het loon-vraagstuk niet alleen als een economisch vraagstuk, maar ook als een religieus-zedelijk vraagstuk en de Bijbel spreekt ook over de arbeid in eschatologie, als de menselijke arbeid ten volle bevrijd

117

zal zijn van de staketsels, die ons nu nog innerlijk en uiterlijk hinderen. Ik bedoel daarmee niet, dat uit de Bijbel een volledige arbeidsethiek kan worden afgeleid. Om een arbeidsethiek zal geworsteld moeten worden vanuit bijbels geloof in de wisselende situaties. Maar ik bedoel wél, dat wij van de verblinding ten aanzien van de vragen van de arbeid moeten genezen en dat het marxistisch Leninisme ons mede de stoot mag geven om vanuit het Evangelie over de arbeid en de praxis daarvan dieper na te denken en radicaler te handelen dan geschied is in de 18e en 19e eeuw.

Wat Garaudy noemt de wederzijdse interpellatie tussen Christendom en Marxisme zal vooral ook in de visie op de arbeid tot uitdrukking moeten komen.

De mens is meer dan homo laborans (arbeidende mens). Hij is ook homo orans (biddende mens) en homo ludens (spelende mens). Maar dat hij ook geroepen is homo laborans te zijn om mens te zijn, dat zal in die interpellatie aan de orde moeten komen en wat het betekent de arbeid te zien vanuit het marxistisch atheïsme en de prometheïsche mens-beschouwing dan wel vanuit de beloften en eisen van het Evangelie zal aan het licht moeten komen in dialogen, die de eigenlijke themata niet verwaarlozen of ontwijken, maar op de agenda plaatsen.

De betekenis van dit Evangelie voor de enkeling

God heeft niet alleen oog voor de menselijke soort, voor het menselijke collectief. God heeft in de scharen, in de soort ook de enkeling op het oog en Hij heeft de enkeling lief en roept hem bij zijn naam. De roep om persoonlijke identiteit, om overwinning van de existentiële eenzaamheid, de honger naar liefde en naar geaccepteerd worden, waarvan de neo-Marxist Gardavsky zo ontroerend spreekt, verklinkt niet ijdel in de ruimte. Het is God ook te doen om bevrijding van de enkeling, ook om bevrijding van de enkeling onder de gemanipuleerden binnen totalitaire, collectivistische samenlevingen.

Twee theologen die deze samenleving door en door kennen, hebben deze boodschap op diepe wijze vertolkt. Lochman benadrukt, dat de mens, de enkeling, een onvoorwaardelijk subject is, een onverwisselbaar en onvervangbaar kind van God. Gollwitzer heeft de liefde van de levende God voor de enkeling tot uitdrukking gebracht in deze woorden: „Deze liefde is voor iedere enkeling onvervangbaar. Iedere enkeling heeft een directe relatie tot God. Iedere enkeling is meer dan de soort. Hij leeft in het collectivum en niet zonder het collectivum. Hij leeft van en voor God en dat betekent dat hij zin en waarde heeft in een persoonlijke

118

relatie, die hoog boven zijn aardse functionaliteit in de samenleving, boven de categorieën van het sociale nut en der sociale
aanpassing ligt. Hij heeft in de Goddelijke liefdesrelatie zijn hem
bewarende zin reeds nu, niet eerst onder welke toekomstige
verhoudingen ook, hij heeft die onvoorwaardelijk en onverliesbaar.
Dat bedoelt het Nieuwe Testament als het zegt: Niets kan ons
scheiden van de liefde van Christus (Rom. 8 : 39)." [3]

De betekenis van dit Evangelie voor de menselijke samenleving
Dit Evangelie heeft echter niet alleen bevrijdende betekenis
voor de enkeling. Het heeft ook beslissende betekenis voor de
samenleving.

Een van de meest boeiende aspecten in Berkhofs *Geloofsleer*
is, dat hij in de anthropologische partijen van zijn boek de
consequenties laat zien van de bevrijder en de bevrijding voor de
samenleving. Hij schrijft m.i. terecht, dat wie in de tegenwoordige
tijd de betekenis van Christus' bevrijdende arbeid niet laat zien
voor de bredere samenlevingsverbanden te kort schiet.

De Bijbel eindigt met het model van het Nieuwe Jeruzalem:
het visioen van de opheffing van alle vormen van vervreemding.
Als wij hier midden in de spanningen en conflicten van sexen,
rassen, volkeren, klassen niet in het geloof de voorlopige gehoorzaamheid aan dat hemels visioen gestalte trachten te geven, dan
is godsdienst opium van het volk. Maar als wij leven uit dat
visioen en, hoe zwak en gebrekkig ook, daaraan gestalte trachten
te geven, dan worden in de menselijke samenleving de tekenen
openbaar van het herstel van het waarachtige mensenleven.

Wij hebben gepoogd om in wederzijdse interpellatie de marxistische en de bijbelse mens-beschouwing met elkander te confronteren. Wij hebben gestaan voor de keuze tussen Jezus Christus
als de Bevrijder der humaniteit en Prometheus. Zowel Charles
West als Lochman ziet de keuze tussen Christus en Prometheus
als de keuze tussen waarachtige humaniteit en pseudo-humanisme.
„Of – zo vraagt M. M. Thomas uit India in een recente publicatie
over het Marxisme – zullen we Christus zien als degene die
Prometheus bevrijdt van de vloek en hem vrijmaakt voor een creativiteit, die niet zelfvernietigend is, de vrijheid van de echte ont-
bonden Prometheus?" [4]

3 H. Gollwitzer, *Die Marxistische Religionskritik und der christliche Glaube*, pag. 104-105.
4 M. M. Thomas, in: *Man and the universe of faiths*, pag. 128.

LITERATUUR BIJ HOOFDSTUK 9

Georg Wünsch, *Der Mensch im modernen Materialismus als Aufgabe christlicher Verkündigung*, Tübingen 1952.

H. Popitz, *Der entfremdete Mensch*, Bazel 1953.

P. Tillich, *Der Mensch im Christentum und im Marxismus*, Düsseldorf 1953.

E. Thier, „Das Menschenbild des jungen Marx", in: *Marxismusstudien* I, Tübingen 1954.

Walther Bienert, *Die Arbeit nach der Lehre der Bibel*, Stuttgart 1956.

H. Gollwitzer, „Zum Verständnis des Menschen beim jungen Marx", in: *Festschrift für Gunther Dehn*, Neukirchen 1957, pag. 183-203.

Erich Fromm, *Marx Concept of Man*, New York 1961.

K. Löwith, *Weltgeschichte und Heilsgeschehen*, Stuttgart 1961.

S. Roosjen, *De idee der zelfvervreemding bij Maurice Merleau-Ponty*, Delft 1963.

L'homme Chrétien et l'homme Marxiste, Parijs 1964 (verslagen van drie dialogen).

Erich Fromm, *Socialist humanism* (symposion-boek), New York 1965.

Adam Schaff, *Marxisme en menselijk individu*, Hilversum 1967.

Henri de Lubac, *Atheism et sens de l'homme*, Parijs 1968.

Ernst Bloch, *Karl Marx und die Menschlichkeit*, Reinbeck 1969.

William F. Lynch S.J., *Christ and Prometheus*, Indiana 1970.

H. J. Baden, *Der Aufstand des Einzelnen*, Hamburg 1973.

Robert Jungk, *Der Jahrtausendmensch. Bericht aus den Werkstätten der neuen Gesellschaft*, 1973.

Jan Milič Lochman, *Christus oder Prometheus? Die Kernfrage der christlich marxistischen Dialoge und die Christologie (T.B.)*, 1973.

G. Rohrmoser, *Marxismus und Menschlichkeit (T.B.)*, 1974.

Evangelischer Erwachsenen Katechismus, Gütersloh 1975.

Jens Martin Lohse, *Menschlich sein – mit oder ohne Gott?* (symposion-boek), Stuttgart 1969.

Henri de Lubac, *Le drame de l'humanisme athéé*, Parijs[6].

Jürgen Moltmann, *De mens* (Ambo-boek), pag. 65 vv.

Kaïn of Prometheus (stencil uit D.D.R.).

10. *De marxistisch-leninistische leer betreffende moraal en ethiek*

In aansluiting aan het vorige hoofdstuk, waarin wij de marxistisch-leninistische mens-beschouwing hebben besproken, volgt nu een hoofdstuk, dat daar zeer nauw mee samenhangt.

In alle religies, culturen, ideologieën komt onontwijkbaar de vraag aan de orde naar de maatstaven en normen voor het menselijk handelen. Wat is goed en wat is kwaad? Hoe moeten wij handelen in de relaties en situaties waarin wij staan?

Het christelijk geloof legt er de nadruk op, dat wij het antwoord op die vraag niet zonder meer uit de situatie en uit de omstandigheden kunnen en mogen aflezen, maar dat de magneetnaald van het menselijk handelen gericht moet worden op de pool van Gods geboden en dat het erom gaat om bij het zoeken naar het antwoord op die vraag te zoeken naar de wil van God (Rom. 12 : 2). Dat betekent, dat wij geroepen zijn onze gedragingen te toetsen aan de hoofdsom van de Wet en de profeten, de liefde tot God en de liefde tot de naaste.

Hoe ziet het orthodoxe Marxisme de moraal en de ethiek?

Ludwig Feuerbach heeft in al zijn geschriften vanaf 1838 de vraag naar de wil van God geëlimineerd. Zijn ethiek is niet te vertalen in termen van goed en kwaad, maar van geluk en ongeluk. De medemens moet gelukkig zijn en dat betekent, dat die mens de beschikking moet hebben over voedsel, kleding, lucht, ruimte. Feuerbach schreef: „Waar iemand door honger en ellende geen fut in zijn lijf heeft, heeft hij ook in zijn hoofd, zinnen en hart geen stof tot moraal." Bij de uitwerking van zijn opvattingen over moraal legt Feuerbach later sterke nadruk op de ik-gij-verhouding. Het werkelijke ik is geen ik zonder het gij en „zoals voor het fysische ontstaan van de mens, zo zijn er ook voor zijn psychisch bestaan voor de verklaring van de moraal tenminste twee nodig: man en vrouw."

Marx heeft aan Feuerbach verweten, dat zijn liefdesethiek nog te veel sporen van de christelijke ethiek vertoonde, ze was nog te „christelijk". En bovendien meende hij dat de ethiek van Feuerbach te veel geconcentreerd was op de man-vrouw-relatie.

121

Marx en Engels waren van oordeel, dat bij de visie op de moraal het klassekarakter van de morele waardensystemen moet worden geanalyseerd.

De grondstelling van Marx en Engels was, dat alle moraal in de antagonistische klassenmaatschappij *klassemoraal* is. Ze bedoelen daarmee, dat de bezittende klassen overal de neiging vertonen om hun positie veilig te stellen door bepaalde zedelijke regels af te kondigen. Deze zedelijke regels worden met de autoriteit Gods bekleed en gehoorzaamheid daaraan wordt als gehoorzaamheid aan goddelijke wetten en normen gepredikt. Maar in werkelijkheid bedoelt de moraal a.h.w. een morele omheining te bouwen rondom de bezittende klasse, waarbinnen de positie der bezitters in veiligheid gesteld wordt. God, kerk, religie, moraal, predikers en priesters moeten dienen om de bestaande orde te sanctioneren. Deze klassemoraal staat echter de belangen der mensheid in de weg.

Daarom: weg met alle gewetensmoraal, weg met de prediking van goddelijke normen en wetten, weg met de verkondiging der liefde voor alle mensen. Er is maar één norm die geldt, dat is het klassebelang van de proletariërs. Hun doeleinden vallen samen met die der mensheid. Wat die doeleinden dienen kan, is goed. De weg, die het proletariaat gaat naar de verlossing, die is goed, die is geoorloofd en alles wat de bezittende klasse is en doet, is slecht.

In het orthodoxe Marxisme neemt de theorie van de revolutie de plaats in van de moraal. De vraag van goed en kwaad wordt volgens het orthodoxe Marxisme beantwoord als men de vraag stelt: welke taktiek, welke strategie kan *nu* leiden tot het doel om de proletariërs te helpen aan de macht?

De moraal van het orthodoxe Marxisme is: Besef je situatie in de maatschappelijke strijd en handel in overeenstemming daarmee. Aan de belangen van het proletariaat is alles ondergeschikt, alles. Daarvoor is alles geoorloofd!

De vraag of Marx in zijn leven ter bereiking van het doel rücksichtslose geweldmethoden dan wel een strijd met parlementaire middelen prefereerde, doet in dit verband niet ter zake. Sommigen zijn van mening, dat zowel het *Communistisch Manifest* als Marx' beoordeling van de „Commune" van Parijs in 1871 moet leiden tot de erkenning, dat Marx in alle opzichten aanhanger was van gewelddadige methoden. Anderen menen, dat Kautsky c.s. gelijk hebben wanneer ze beweren, dat Marx het propageren van rücksichtslose methoden meestal als avonturisme afwees en dat de ruzie tussen hem en de volgelingen van Bakounin op het

122

laatste congres van de Eerste Internationale o.a. daarmee samenhing.

De eerlijkheid gebiedt echter te zeggen, dat voor Marx en Engels de kwestie van middelen en methoden uitsluitend een strategische kwestie was en niet een zedelijke. Als met een bepaald middel het doel bereikt kan worden, is die methode en dat middel goed. Welke methode men kiest hangt dus van de situatie af.

De kritiek op deze visie op de ethiek en moraal in de Tweede Internationale

In de kringen van de Tweede Internationale oefende men reeds spoedig grondige kritiek op de beschouwingen van Marx en Engels over de moraal.

Eduard Bernstein (1850-1932) was van mening, dat deze beschouwing over de moraal voor de opkomende arbeidersbeweging funest was.[1] Hij wees erop, dat arbeiders geen behoefte hebben aan het Evangelie van de haat en aan gewelddadige methoden, maar aan een gezonde moraal waarin de medemenselijkheid wordt aangemoedigd.

Hendrik de Man, de leider van het revisionistische socialisme in België stelde de vraag of ooit de „communio", de gemeenschap en broederschap tussen mensen bereikt kan worden met middelen, die alle broederschap en menselijkheid vernietigen in de harten van mensen. Hij beantwoordde die vraag ontkennend.

Mr. P. J. Troelstra schreef in 1915 dat de visie van het orthodoxe Marxisme op de moraal (en religie) voor hem een van de redenen was, dat hij *die* vorm van Marxisme als *wereldbeschouwing* afwees, omdat die kan leiden tot „de erkenning van de zgn. noodzakelijkheid van zekere het menselijk geweten beledigende feiten."

Het is een van de vele verdiensten van Banning geweest, dat hij in *Karl Marx en verder*, in zijn talloze cursussen en in heel zijn vormingswerk de visie van Karl Marx op de moraal heeft afgewezen en pleitte voor methoden en middelen, waarin het humanum was ingebouwd en met Gods eisen werd rekening gehouden.

Socialisten als Nico Stufkens, J. J. Buskes en tallozen meer in de kring van de socialistische beweging zijn nooit moe geworden om te strijden zowel tegen een visie waarin het volksbelang tot hoogste norm wordt verheven (zoals in het Naziïsme)

1 Onder andere in zijn *Zur Geschichte und Theorie des Sozialismus*, 1901.

als tegen die stromingen waarin het klassebelang tot hoogste norm wordt verheven (zoals in het marxistisch Leninisme).

De voortzetting van de orthodox-marxistische visie op de moraal in het Leninisme

Lenin en Stalin grepen ook op dit terrein terug tot de oorspronkelijke motieven bij Marx. Ze trokken de lijn door met huiveringwekkende scherpte.

Lenin zei: „Zedelijk is alles wat bevorderlijk is voor de vernietiging van het oude met zijn uitbuitend karakter en alles wat dienstig is aan de vereniging van het proletariaat. Wij moeten iedere krijgslist, elke sluwheid, elke onwettige methode gebruiken, elke geheimhouding en elke bemanteling van de waarheid."

Nooit in de geschiedenis is de stelling, dat het doel de middelen heiligt, zo verkondigd en uitgewerkt als in het communisme. Nooit is de haat zozeer als scheppende kracht verkondigd als in het communisme.

Bucharin, een van de theoretici van het communisme, noemde de idee der christelijke liefde, die in ieders naaste een mens ziet voor wie Christus gestorven is, de gevaarlijkste vijand van het communisme. Hij predikte, dat de mens de macht heeft het leven af te breken en weer op te bouwen. Hij verkondigde, dat de lust tot vernietiging een scheppende lust is.

Lenin sprak het huiveringwekkende woord, dat als hij over dertig miljoen lijken moest gaan om het communisme te verwerkelijken, hij daarin niet aarzelen zou. Hij zou, verklaarde hij, ook liever naar mooie muziek luisteren, maar nu, zo beweerde hij midden in de revolutie, nu is het tijd om schedels te kloven, om terreur te oefenen, om door stromen bloeds te waden.

Op 30 november 1917 schreef hij in een voorwoord bij de tweede druk van zijn boek *Staat en Revolutie,* dat hij het „aangenamer" vond de ervaringen der revolutie mee te maken dan over die ervaringen te schrijven.[2]

Ook in de theorieën en praktijken van *Stalin* vindt men de meest-cynische hoon over morele scrupules en aarzelingen. Deze man heeft het getoond nergens voor terug te deinzen. Hij was tot ieder middel in staat en dat niet alleen, hij was ook bereid ieder middel te verdedigen als het doel, de wereldrevolutie, ermee gediend wordt. Een merkwaardige uiting van zijn moreel cynisme vindt men in het veel geciteerde woord, dat men goed doet niet

2 *Staat und Revolution. Elementarbücher des Kommunismus,* 4e Auflage, pag. 94.

te vergeten: „Oprechte diplomatie is evenmin mogelijk als droog water en heet ijs." Dezelfde geest ademt dit woord: „Wij sluiten te allen tijde een verbond met onze ergste vijanden, als dit verbond ons helpen kan deze vijanden te vernietigen."

W. Banning heeft in zijn boek *Typen van zedeleer* een onthullende analyse gegeven van een beschouwing van een van de oudere theoretici van het Sovjet communisme, Preobraschenski. Preobraschenski heeft in een boekje *Moral und die Klassennormen*, 1923 (opgedragen aan Dscherschinski, het hoofd van de revolutionaire Tsjeka), een onderscheid gemaakt tussen de klassennormen vóór en na de revolutie. Vóór de revolutie, dus in de periode waarin de burgerklasse nog de macht bezit, past de arbeidersklasse als „zedelijk geoorloofde strijdmiddelen" leugen, bedrog enz. toe: hij kan en mag voor de vijanden zijner klasse niet anders dan afkeer gevoelen. Waar de strijdmethode van de voorhoede, die zich offert, door Preobraschenski wordt gehuldigd, voegt hij eraan toe: ieder lid van de klasse is niet anders dan een werktuig in de strijd der gehele arbeidersklasse. Zo nodig zullen de voormannen zichzelf te gronde richten in de stormloop op de kapitalistische loopgraven – zij zijn niet anders en willen niet anders zijn dan *„mest op de velden der toekomst"*.

Laat ik het karakteristieke slot van dat hoofdstuk overnemen: „Het proletariaat is in zijn strijd om de macht hard en onverbiddelijk. Niet alleen dat het zijn vijanden niet ontziet, het ontziet evenmin, wanneer de zaak het eist, de beste vertegenwoordigers der eigen klasse. De hoogste wijsheid van de proletarische strijd bestaat niet daarin, dat ieder in het binnenst van zijn persoonlijkheid wroet en over haar rechten declameert, maar daarin, dat hij zijn volle energie en zijn enthousiasme in de algemene stroom werpt, om met zijn klasse het doel te bereiken, ook al blijft hij als dode aan de kant van de weg liggen.

In het noorden van Siberië komt het voor, dat een reusachtige kudde herten een brede rivier moet doorwaden. Dat is nodig om de kudde van de hongerdood te redden. Maar de stroom is diep en het sociale instinct der kudde bouwt zich uit haar een brug voor de nakomenden. Het proletariaat realiseert dan alle krachten zijner klasse, wanneer de enkeling bereid is zijn lichaam in de stroom te werpen om de brug te bouwen waarover het proletariaat als geheel de maatschappij der toekomst kan binnengaan."

Zó is de proletarische moraal vóór en in de strijd van de revolutie. Daarna echter, wanneer het proletariaat de macht heeft veroverd, is de situatie wezenlijk veranderd. Dan wordt arbeidsdiscipline vanzelfsprekende plicht en deugd; dan is een staker iemand die de productie en dus de zaak der gemeenschap schaadt; dan zijn leugen en bedrog volstrekt ongeoorloofd en minderwaardig – en zal binnen de communistische partij als voorhoede een felle strijd tegen leugen, bedrog, enz. worden ingezet.

Prof. dr. J. de Graaf heeft in zijn boek *Moraal, Marxisme en ethiek in de Sovjet-Unie,* deze laatste gedachtengang nader geanalyseerd, aan de hand van de publicaties van de Sovjet-ethicus A. F. Sjisjkin, die poogt inhoud te geven aan de *moraal na de revolutie.*

Een weerslag van die beschouwingen vindt men in de stukken van het opzienbarende 22e congres van de communistische partij van 1961. Daar werd een nieuw partijprogram aangenomen, waarin voor het eerst een paragraaf over de *moraal* was opgenomen. Wij laten die hier volgen:

„De partij is van mening, dat de moraalcode van de bouwer van het communisme de volgende morele beginselen omvat. Toewijding aan de zaak van het communisme; liefde voor het socialistische vaderland en voor de andere socialistische landen; gewetensvolle arbeid voor het welzijn van de maatschappij; zorg van iedereen voor het behoud en de vermeerdering van de maatschappelijke rijkdom; hoog maatschappelijk plichtsbesef; onverzoenlijkheid jegens handelingen die in strijd zijn met het openbare belang; collectiviteit en wederzijdse waardering van de mensen voor elkaar; eerlijkheid en waarheidsliefde; morele zuiverheid; eenvoud; bescheidenheid en onzelfzuchtigheid in het maatschappelijke en particuliere leven; wederzijdse achting in het gezin; zorg voor de opvoeding van de kinderen; onverzoenlijkheid jegens onrechtvaardigheid, parasitisme, oneerlijkheid en baantjesjagerij; vriendschap en broederschap tussen alle volken van de Sovjet-Unie; onduldzaamheid jegens nationale achterstelling en rassenhaat; een onverzoenlijke houding jegens de vijanden van het communisme, van de zaak van de vrede en van de vrijheid der volkeren; broederlijke solidariteit met de werkende klasse van alle landen en volkeren."

Deze codex vindt men overal in de Sovjet-Unie, in de scholen en universiteiten, in de vergaderzalen. Het is een typische *combinatie* van morele aanmoediging (hoog plichtsbesef, zedelijke zuiverheid) en strijdmoraal (onverzoenlijkheid tegenover „vijanden van het communisme"), een combinatie die De Graaf ook aanwees in de door hem besproken geschriften van Sjisjkin (*Grondslagen van de marxistische ethiek* en het bijna gelijkluidende boek:

Grondslagen van de communistische ethiek).

In deze geschriften en in de Codex van het 22e congres wordt na de orthodoxie de orthopraxie gestimuleerd.

Wie niet dienovereenkomstig handelt is een overtreder, een „vijand van de proletariër", een mens die tegen de ware moraal ingaat. „Overtreding" is overtreding tegenover het collectivum, dat wordt gezien als het trans-individuele subject van de moraal. Men zondigt bij overtreding dus tegen dit collectivum. Het „collectief" is, zoals het in de geschriften van de hierboven genoemde Sovjet-ethicus heet, een doelbewust complex van individuen, die zich georganiseerd hebben en organen van het collectivum bezetten. Dat is het „ethische collectivisme".

Dit uitgangspunt leidt ertoe dat het „collectivum" kriteria en normen vaststelt, oordeelt, aanklaagt, vonnist, verdoemt en „belijdenissen van schuld" afperst, zoals wij herhaaldelijk zien in de praktijk.

Het geweten zelfs is niet vrij, want het echte geweten is het bewustzijn van de morele verantwoordelijkheid van het collectivum betreffende de verplichte houding tegenover de samenleving. Op deze basis wordt een soort moderne inquisitie opgebouwd. In deze collectivistische ethiek is geen plaats voor menselijk en maatschappelijk falen, namelijk voor het falen ook van het communistische systeem!

Deze ethiek en de visie op „overtreding", „afwijking" is vol van een eigenwijs geloof aan eigen goedheid, van keiharde oordelen en enorme hypocrisie.

In het Maoisme is dat nog veel sterker dan in het Sovjet communisme.

De immanente kritiek op de marxistisch-leninistische opvatting over ethiek en moraal bij Ernst Bloch

Ernst Bloch behoort tot die marxistische denkers, die op basis van de orthodox-marxistische uitgangspunten (o.a. het atheïsme) toch telkens pogen om tot *immanente kritiek* te komen. In zijn boek *Experimentum Mundi* heeft Ernst Bloch een stuk geschreven onder de titel: „Ideale in der Moral ohne Eigentum".[3] Zijn grondgedachte is dat de „Leittafel" van de Franse revolutie, de tricolore: „vrijheid, gelijkheid, broederschap", pas te verwerkelijken is in een klassenloze maatschappij, waarin geen heren en knechten meer zijn. Zolang die situatie niet gerealiseerd is zal de spanning tussen het Dyonisische en het Apollinische, tussen drift

3   Pag. 188 vv.

en moraliteit, tussen zinnelijkheid en zedelijkheid voortduren.

In de klassenloze maatschappij echter zal het „homo homini lupus", de mens is den mens een wolf, geen zin meer hebben, zal de spanning tussen drift en moraliteit, tussen zinnelijkheid en zedelijkheid verdwenen zijn.

Echter, „sich kennender, sich könnender Kommunismus hat dasjenige zu sein, was unter dem Namen Moral so lange vergebens gesucht wurde" („waarachtig communisme, dat zichzelf kent en realiseert, moet zijn datgene wat onder de naam moraal zo lang vergeefs gezocht werd"). Daarin geldt het woord van Thomas Münzer: „omnia sunt communia" (alles is gemeenschappelijk).

Het opvallende in de visie van Bloch is, dat hij hoopt, dat in een dergelijke samenleving (die hij overigens nog nergens waarneemt) de menselijke persoonlijkheid (de Selbst-erhaltungs-, Selbsterweiterungs-, Selbst-begegnungstrieb) zich dan dieper kan ontplooien.

Het oude dualisme tussen „individu" en „collectivum" wordt – zo profeteert hij – vervangen door een *derde* menselijke bestaanswijze, niet meer „das all deduzierende Fixum eines geschlossenen Kollektivs".

Misschien is zelden de onmogelijkheid om vanuit het „homo homini *Deus*" te komen tot overwinning van het „homo homini lupus" zo geformuleerd als in deze analyse van Bloch.

Hoe komt een mens tot die „derde bestaanswijze" als hij niet het leven leert leven „coram Deo", voor het aangezicht Gods en als hij niet leert leven uit de homo humanus, wiens naam Jezus Christus is en die voorleefde wat het betekent te leven in liefde tot God en de naaste?

Evaluatie en confrontatie

Aan het eind van dit hoofdstuk willen wij enkele opmerkingen maken om ook bij dit aspect te komen tot een voorlopige evaluatie en tot een voorlopige confrontatie.

1. Ook bij dit aspect moet ootmoedig erkend worden, dat in de geschiedenis van het christendom onder de naam van „christelijke moraal" vaak een moraal gepredikt wordt en gepraktizeerd is, die inderdaad klassemoraal was en dat er in de geschiedenis van door het christendom beïnvloede samenlevingen zowel in de wetgeving als in de beoefening van justitionele praktijken klassejustitie voorgekomen is.

De bewijzen daarvan zijn overal te vinden voor ieder die de moeite neemt om de houding van vele christenen in de rassenvragen, in de geschiedenis van kolonialisme en imperialisme, in de houding tegenover de vrouwenemancipatie na te gaan.

Het van haat vervulde boek van Joachim Kahl: *Das Elend des Christentums oder Plädoyer für eine Humanität ohne Gott*, dat volgens de auteur gebaseerd is op een marxistische ideologie-kritiek, moge schandelijk eenzijdig zijn en alle objectiviteit missen; als hij de balans van de kerkgeschiedenis opmaakt, dan zijn er vele feiten bij, die niet te loochenen zijn.

Er is in de geschiedenis van het christendom vaak gehandeld in strijd met Gods beloften en eisen en het zout is vaak zouteloos geweest, zodat het onder de voeten van de protesterende volks-massa's vertreden werd.

Prof. dr. J. de Graaf merkt terecht op, dat als van de zijde van de leninistische Marxisten zulke bewijzen van klassemoraal worden opgesomd, hij altijd de ruiterlijke erkenning mist, dat deze stromingen met een beroep op hun ethiek *ook* op ontstellende wijze hebben gelogen, beloften gebroken, gemarteld en gewond.[4] In elke wereldbeweging is er een diepe kloof tussen theorie en praktijk, tussen horen en doen. Maar de volgelingen van Jezus zullen van hun kant moeten erkennen, dat die kloof ook in de geschiedenis van het christendom duidelijk aanwijsbaar is en niet geloochend mag en kan worden. Niemand heeft het recht tegen-over het leninistische Marxisme zijn handen in onschuld te wassen.

2. Deze ootmoedige belijdenis van schuld behoeft ons echter niet te weerhouden om tevens op onverschrokken wijze te ver-kondigen, dat wij geroepen zijn tot gehoorzaamheid aan de wil van God en dat onze ethiek de weerspiegeling behoort te zijn van het zoeken naar de wil Gods, in alle levenssituaties en alle relaties, waarin wij functioneren.

Zowel het oude Marxisme, het Leninisme als het Maoisme zijn één in deze grondstelling: Zedelijk is alleen datgene wat bevor-derlijk is voor de vernietiging van het oude en wat de belangen van het proletariaat bevordert. Wij moeten – schreven zowel Lenin als Mao – elke krijgslist, elke sluwheid, elke onwettige methode daartoe gebruiken.

Deze leer is verwerpelijk omdat ze geen rekening houdt met de wil van God. „Als God niet bestaat, is alles geoorloofd", heeft Dostojewsky eens gezegd en in *De demonen* heeft hij laten zien tot welke ontzettende gevolgen deze loochening van Gods wil leidt.

4 De Graaf, *a.w.*, pag. 74.

Met grote kracht behoort de christelijke kerk te verkondigen, dat alle klassen van de samenleving onderworpen zijn aan *Gods* eisen van gerechtigheid en naastenliefde. Niet de strategie van de sociale strijd maakt uit wat goed of kwaad is, God maakt uit wat goed of kwaad is. Naar Zijn wil moeten wij zoeken. Aan Zijn wil, zoals die tot ons komt in de decaloog, in de Bergrede, in de Apostolische vermaningen, zijn wij allen gebonden. Aan Hem zijn wij verantwoording schuldig, ook in de strijd om recht.

Op ontroerende wijze heeft Arthur Koestler dit besef vertolkt in zijn roman *Nacht in de middag*. Daar wordt getekend de gestalte van Roebasjew, een van de leiders van de revolutie. Hij heeft zijn volgelingen het gebruik van alle mogelijke onwettige middelen geleerd en wordt tenslotte zelf het slachtoffer van de middelen die hij gebruikte. Als hij (in de beruchte Radek-processen) veroordeeld is, begint hij zich eindelijk af te vragen of het wel waar is, dat het geoorloofd is „zonder zedelijke ballast te varen".

„Het was rustig in de cel. Roebasjew hoorde alleen het kraken van zijn stappen op de tegels. Zes en halve stap naar de deur, vanwaar ze moesten komen om hem te halen en zes en halve stap van het venster, waarachter de nacht inviel. Spoedig zou het voorbij zijn, maar toen hij zich afvroeg: „Waarvoor sterf ik eigenlijk?" vond hij geen antwoord. Het was een fout in het systeem. Misschien lag het in de grondregel, die hij tot nu toe voor onbetwistbaar had gehouden, in welks naam hij anderen had opgeofferd en zelf geofferd werd: in de grondregel, dat het doel de middelen heiligt. Het was deze zin die de grote broederschap van de revolutie had gedood en hen allen amok deed maken. Wat had hij eens in zijn dagboek geschreven? „Wij hebben alle conventies overboord gesmeten en ons enige principe is dat van consequente logica: Wij zeilen zonder ethische ballast." Misschien lag de kern van het kwaad daar. Misschien paste het de mensheid niet zonder ballast te zeilen. En misschien was de *rede* alleen een onvolkomen kompas, dat je op zulk een draaiende en kronkelende weg leidde, dat het doel tenslotte in de nevels verdween."

In deze woorden drukt zich het besef uit, dat iedere leer die Gods wil verwerpt en de mens leert varen op het kompas van rede, klassebelang, het collectivum enz. de mens op een dwaalspoor leidt.

De enige die recht heeft de koers van ons leven te bepalen is God, die de wettige eigenaar is van ons leven. „Zijn wil geschiede, gelijk in de hemel, zo ook op de aarde."

130

De uitdaging van de marxistisch-leninistische leer over moraal en ethiek is tweeërlei. In de eerste plaats zal de christelijke gemeenschap veel meer (zoals dat nu ook in het verband van de Wereldraad gebeurt) moeten leren zoeken naar de wil van God in de sociale, economische, politieke grondvragen van deze tijd en niet slechts naar de betekenis van Zijn wil voor ons innerlijke leven of voor de meest-persoonlijke levensrelaties.

In de tweede plaats zullen de christengemeenschappen zich dieper moeten bezighouden met de vraag op welke wijze wij gestalte behoren te geven aan onze solidariteit met de armen, de uitgebuiten, de gediscrimineerden.

Het afschuwelijke van de klassemoraal en de klassejustitie is altijd in de geschiedenis geweest dat die moraal in feite *verraad* was aan de slachtoffers van onrecht. De ethiek van de profeten van Israël en van Jezus van Nazareth werd door de armen en verdrukten en de slachtoffers van onrecht nooit als verraad aan hun zaak, maar als keuze voor hen verstaan. Het gaat erom dat dit aspect van de christelijke ethiek uit het puin van misbruik en misverstanden weer te voorschijn komt. „Homo homini Deus", de mens is den mens een God. Deze grondslag van de marxistisch-leninistische moraal leidt niet minder tot het „homo homini lupus", de mens is den mens een wolf, dan het geval was met de liberaal-kapitalistische grondstellingen.

In de dialoog over de ethiek is er alle reden om aan elkander, in ootmoedige erkentenis van onze persoonlijke en collectieve overtredingen de vraag te stellen of er voor ons allen geen reden is om opnieuw te leren varen op het kompas van *Gods* geboden en eisen.

Dat is de vraag, die ons allen in de post-Stalin en de post-Nixon periode opnieuw moet bezighouden op het gebied van *moraal en ethiek*.

LITERATUUR BIJ HOOFDSTUK 10

Karl Marx, „Zur Kritik der Hegelschen Rechtsphilosophie" (*Frühschriften*).
Idem, „Die Heilige Familie" (*Frühschriften*).
W. Banning, *Typen van zedeleer*. (In dit boek bespreekt Banning o.a. het boek van Preobraschenski: „Moral und die Klassennormen", 1923.)
Emil Fuchs, *Christliche und marxistische Ethik,* 2 delen, Hamburg 1957-1959.
Charles West, *Cummunism and the theologians*, Philadelphia 1958.

W. I. Lenin, *Über communistische Moral*, Berlijn 1965.

J. de Graaf, *Moraal, Marxisme en ethiek in de Sovjet-Unie*, Hilversum 1966.

Leszek Kolakowski, *Der Himmelschlüssel*, München 1966.

Karl Rahner, „Christlicher und marxistischer Humanismus", in: *Neues Forum* XIV, april/mei 1967.

Mao Tse Tung, *Waar komen de juiste ideeën vandaan?*

Idem, *Over de praktijk.*

Joachim Kahl, *Das Elend des Christentums oder Plädoyer für eine Humanität ohne Gott.*

11. De godsdienstkritiek in het Marxisme en Leninisme en het dienen van God in geest en waarheid

In dit hoofdstuk willen wij trachten in te gaan op de godsdienstkritiek in het Marxisme en Leninisme (en Maoisme).

Jürgen Moltmann merkt in zijn boek *Kirche in der Kraft des Geistes* op, dat Karl Marx de grote wereldreligies feitelijk nauwelijks heeft gekend.[1] Hij kende de Islam en het Hindoeïsme en het Boeddhisme niet. Hij kende van het christendom slechts bepaalde decadente vormen, zoals die te zien waren in het Pruisische Lutherdom van het begin van de 19e eeuw, toen het Lutherdom meer door de ideologie van troon en altaar (Luthertum, Kaisertum, Preussentum) dan door het alom bijtende zout van Gods beloften en eisen beïnvloed was. Hij heeft zelfs de Joodse religie niet echt gekend en voorzover hij ermee in aanraking kwam, heeft hij ook die religie niet au sérieux genomen en er de spot mee gedreven.

Marx heeft zich zelfs niet ontzien om de grofste lasterpraatjes over het christendom te ventileren. Wij geven één illustratie. Tijdens de vervolgingen van het christendom door het Imperium Romanum werd de grote laster verspreid, dat de christenen menseneters (kannibalen) waren en het bloed van hun volgelingen dronken, vooral van *kinderen*. Marx heeft zich niet ontzien om dit leugenverhaal, dat een zekere Georg Daumer in die tijd (1847) weer deed herleven [2] als waarheid op het Londense communistencongres op 30 november 1847 te etaleren. Hij was van mening, dat deze laster (die Daumer drie jaar later weer terugnam) aan het christendom de laatste stoot zou geven. Marx zelf heeft die vreselijke laster nooit teruggenomen.[3]

Hoewel Karl Marx vanwege zijn onwetendheid betreffende de christelijke religie en de andere religies nauwelijks tot oordelen bevoegd was, wordt zijn godsdienstkritiek kritiekloos uitgedragen over de gehele globe door de communistische wereldbeweging.

1 Pag. 176.
2 In zijn boek *Die Geheimnisse des christlichen Altertums,* 1847.
3 De volledige tekst van de desbetreffende rede is te vinden in Bienert, *Der überholte Marx,* pag. 129 vv.

Lenin liet een van de kernwoorden van Marx' godsdienstkritiek: „godsdienst is het opium van het volk" op de muren van het Kremlin plaatsen en in de geschriften van Mao Tse Tung wordt deze versleten godsdienstkritiek als het summum van wijsheid gecolporteerd en kinderen worden vanaf de kleuterschool met die wijsheid geïndoctrineerd.

In het land waar bepaalde christenen als rijst-christenen werden gedoodverfd, worden nu miljoenen rijst-atheïsten gevormd, die in de ene culturele revolutie na de andere onderworpen worden aan de gedwongen indoctrinatie met slagzinnen uit die „godsdienstkritiek".

Bovendien zijn er vele christen-intellectuelen, die de mening ventileren, dat deze kritiek de kern van de zaak raakt en die in feite hand- en spandiensten verrichten bij het verbreiden van deze vorm van godsdienstkritiek.

In dit hoofdstuk willen wij eerst pogen om deze godsdienstkritiek kort uit de geschriften van Marx op te diepen. Daarna willen wij pogen om de waarheid en de leugen in deze kritiek te evalueren en te verstaan wat het dienen van God in geest en waarheid inhoudt.

De godsdienstkritiek van Ludwig Feuerbach (1804-1872)

In de biografische schets wezen wij er op, dat de visie van Karl Marx samenhangt met die van Feuerbach en tevens afwijkingen daarvan vertoont.[4]

Feuerbachs godsdienstkritiek lag in vele opzichten in het verlengde van de Franse Verlichting. Reeds in zijn onder een pseudoniem uitgegeven geschrift: *Gedanken über Tod und Unsterblichkeit*, blijkt dat. Maar nog veel sterker in zijn boek *Das Wesen des Christentums*.

Tegenover het idealisme van Hegel, waarin de geest tot hoogste werkelijkheid werd geproclameerd, poneert Feuerbach in de lijn van de Franse Encyclopedisten de materie, het concrete, tot waarachtige werkelijkheid.

Tegenover de Franse Encyclopedisten is voor hem niet primair de rede, maar is het zintuigelijke het medium tot deze werkelijkheid. Slechts wat object van de zintuigen is, is evident en boven alle twijfel verheven.

Ideeën, voorstellingen, geloofsvoorstellingen zijn louter menselijk product, waaraan geen werkelijke werkelijkheid beantwoordt.

4 Zie over Feuerbach: Bakker, Heering, Rothuizen, *Ludwig Feuerbach – De profeet van het atheïsme*, Kampen 1972.

Dit geldt ook van de godsvoorstellingen en alles, wat onder religie wordt begrepen. Maar de mens beseft dat niet of nog niet. Hij projecteert een goddelijk wezen buiten zichzelf en noemt deze projectie de hoogste werkelijkheid. God of de Goden zijn echter een schepping van de mens en niet omgekeerd. De enige werkelijkheid is die van de natuur en de mens. Het gaat hem nu om de vermenselijking van God, „een reductie van het bovennatuurlijke wezen Gods op het natuurlijke, immanente, ingeboren wezen van de mens".

Daarmee verwerpt hij niet alleen de hegeliaanse speculaties over een absolute geest, maar ook alle religies, inclusief het christendom. Een mens moet het christendom opgeven om „mens te worden".

„Op de plaats van het geloof is het ongeloof getreden; op de plaats van de Bijbel het verstand, op de plaats van religie en kerk de politiek; op de plaats van de hemel de aarde; op de plaats van het gebed de arbeid; op de plaats van de hel de materiële nood en op de plaats van de christen de mens."

Theologie wordt bij hem anthropologie. „De mens is het begin der religie, het centrum der religie, het einde der religie." „God is het geobjectiveerde ik van de mens."

In zijn *Thesen* over Feuerbach sluit Karl Marx zich in bepaalde opzichten aan bij de godsdienstkritiek van Feuerbach. Maar zijn bezwaar blijkt te zijn, dat Feuerbach de mens te veel ziet als enkeling en dat hij de mens te veel losmaakt uit de historisch-maatschappelijke realiteit. Hij dringt er op aan de godsdienst te verklaren en te duiden vanuit de maatschappelijke verhoudingen waarin mensen leven.

Hoe werkt Marx dat uit?

Wanneer wij de visie van Marx op de religie willen volgen is het nodig te beginnen met de beginpagina van zijn *Zur Kritik der Hegelschen Rechtsphilosophie*. Vrijwel nergens vindt men in de uiteenzettingen deze pagina *als geheel*. Gewoonlijk worden hier en daar verspreid enkele zinnen uit die pagina geciteerd. Ik wil deze uiteenzetting daarom beginnen met die gehele beginpagina te vertalen, omdat daar in logische volgorde alle zinnen bijeengezet zijn, die gewoonlijk in de citaten uiteengerukt worden. Hier volgt nu de vertaling uit het bovengenoemde geschrift: [5]

„Het fundament van de irreligieuze kritiek is: de mens maakt de religie, de religie maakt niet de mens. De religie is het zelfbewustzijn en het zelfgevoel van de mens, die zichzelf of nog

5 *Die Frühschriften*, pag. 207.

niet verworven of reeds verloren heeft. Maar de mens, dat is geen abstract, buiten de wereld bivakkerend wezen. De mens, dat is de wereld van de mens, staat, samenleving. Deze staat, deze samenleving produceren de religie, een verkeerd wereldbewustzijn, omdat ze een verkeerde wereld zijn.

Religie is de algemene theorie van deze wereld, haar encyclopaedis compendium, haar logica in populaire vorm, haar spiritualistisch point d'honneur, haar enthousiasme, haar morele sanctie, haar plechtige completering, haar eigenlijke troost en rechtvaardigingsgrond. Ze is de fantastische verwerkelijking van het menselijk wezen, omdat het menselijk wezen geen ware realiteit heeft. De strijd tegen de religie is dus direkt de strijd tegen die wereld, waarvan de religie het geestelijke aroma is. De religieuze ellende is enerzijds de expressie van de werkelijke ellende en anderzijds het protest tegen de werkelijke ellende.

Religie is de zucht van de benauwde creatuur, het gemoed van een harteloze wereld, zoals ze de geest van geesteloze toestanden is. Ze is het opium van het volk.

De opheffing van de religie als het illusoire geluk van het volk is de bevordering van zijn werkelijk geluk. De oproep om de illusies over zijn toestand op te geven is de oproep een toestand op te geven, die zulke illusies nodig heeft. De kritiek van de religie is dus in de kern de kritiek op het jammerdal welks aureool de religie is. De kritiek heeft de imaginaire bloemen aan de ketting weggeplukt, niet opdat de mens de fantasieloze, troosteloze ketting zal dragen, maar opdat hij de ketting zal afwerpen en de levende bloemen breken. De kritiek der religie stelt de mens teleur, opdat hij zal denken, handelen, aan zijn werkelijkheid vorm geven, als een teleurgesteld, tot zijn verstand gekomen mens, opdat hij zich zal bewegen om zichzelf en daarmee om zijn eigen zon zal draaien. De religie is slechts de illusoire zon, die om de mens draait zolang de mens niet om zichzelf draait.

Het is hier de opgave der geschiedenis om nadat het 'Jenseits' der waarheid verdwenen is, de waarheid van het 'Diesseits' uiteen te zetten.

Het is de taak der filosofie, die in dienst der geschiedenis staat nadat de 'heilige schijngestalte' van menselijke zelfvervreemding ontmaskerd is, de zelfvervreemding in haar onheilige vormen en gestalten te ontmaskeren.

De kritiek van de *hemel* verandert daarmee in kritiek der *aarde*, de kritiek der *religie* in kritiek van het *recht*, de kritiek der *theologie* in kritiek der *politiek*."

136

In hetzelfde betoog volgt dan deze veel geciteerde zin: [6]

„De kritiek der religie eindigt met de leer, dat de mens het hoogste wezen van de mens is, dus met de categorische imperatief alle verhoudingen omver te werpen, waarin de mens een vernederd, geknecht en verlaten en verachtelijk wezen is."

In een uitleg over deze uiteenzetting van Marx gaat Ernst Bloch in *Experimentum Mundi* [7] uit van de term: kritiek der religie.

Deze genetivus zegt Bloch (kritiek der religie) is zowel genetivus objectivus als subjectivus (d.w.z. kritiek op de religie als kritiek die uitgaat van de religie). De religie wordt gekritiseerd omdat ze een uiting is der slechte verhoudingen, terwijl de wereld der slechte verhoudingen gekritiseerd wordt *door* de religie, „nota bene door een religie zonder God" (Bloch).

Bij de interpretatie van Marx' visie op de religie spelen deze twee aspecten telkens een rol. De meeste vertolkers van Marx' religie-kritiek leggen de nadruk op de kritiek *op* de religie als aroma, als nimbus, als „heilige schijngestalte" en anderen wijzen op het feit, dat in Marx' visie op de religie ook een erkenning is van het verholen *protest*, dat in de religie functioneert.

Vooral Gardavsky, Machovec en Ernst Bloch hebben dat aspect naar voren gehaald. Bloch zegt, dat het Marxisme door de volstrekte secularisering (ohne Gott!) het protest-karakter in de religie heeft verdiept, verscherpt en bevrijd uit de religieuze omhulsels, waarmee dat protest omzwachteld was.

Het latere revisionistische en reformistische socialisme brak hier en daar ten dele en later vaak radicaal met de visie van Marx op de religie. Jarenlang deed onder de revisionistische volgelingen van Marx de leuze opgeld dat religie privaatzaak is. Velen stelden zich op het standpunt dat het in de door Marx beïnvloede arbeidersbeweging moet gaan om de praktische verwerkelijking van allerlei sociale en economische desiderata.

Anderen waren van mening, dat men van het Marxisme als levensbeschouwing moest afzien en dat de strijd om maatschappelijke vernieuwing juist gevoed moest worden uit diepe religieuze en zedelijke bronnen.

De geschriften van Paul Tillich, Ragaz, Kutter, W. Banning zijn daar vol van. Ook figuren als Karl Barth, J. J. Buskes, Blumhardt Jr. hebben op andere wijze benadrukt, hoe juist vanuit het Evangelie van Jezus Christus de strijd om gerechtigheid op sociaal-

6 *Die Frühschriften*, pag. 216.
7 Vgl. Bloch, *a.w.*, pag. 212.

economisch gebied tot het a.b.c. der gehoorzaamheid behoort. Mede dank zij deze en vele andere figuren uit de Tweede Internationale is er in de door Marx begonnen bewegingen veel meer openheid voor het Evangelie gekomen. Maar Lenin en Stalin en hun opvolgers, de mannen van de Derde Internationale grepen ten aanzien van de religiekritiek weer terug op de tijd van de Eerste Internationale.

Lenin was het die boven de Iberische kapel in Moskou het verkeerd geciteerde woord van Marx liet aanbrengen: godsdienst is opium voor het volk. Van Lenin is het beruchte woord: „Iedere idee van God, ja zelfs ieder coquetteren daarmee is een onuitsprekelijke gemeenheid en infame infectie. De religie is een vorm van geestelijke druk die op de volksmassa's wordt uitgeoefend en die zich nog voegt bij hun verdrukking door arbeid, nood en eenzaamheid."

Zijn belangrijkste geschrift daarover is het geschrift *Over religie*.

Zoals ik uit de geschriften van Marx niet slechts een paar uit het verband gerukte zinnen heb geciteerd, maar het volledige kernstuk betreffende zijn visie op religie, zo wil ik hier ook het kernstuk uit dat geschrift in vertaling weergeven:

„In moderne kapitalistische landen is de basis der religie in de eerste plaats sociaal. De wortels der moderne religie zijn diep gelegen in de sociale onderdrukking van de werkende klassen en in hun complete hulpeloosheid tegenover de blinde krachten van het kapitalisme, welke elke dag en elk uur een duizendvoudig vreselijker lijden en kwelling veroorzaken voor het arbeidende volk dan het lijden dat veroorzaakt wordt door oorlogen, aardbevingen, enz. Vrees schept de goden. Vrees voor de blinde macht van het kapitaal, blind omdat de werking niet kan worden voorzien door de massa's – dat is de wortel van de godsdienst, die de dialectische materialist zich voor de geest moet houden als hij niet wil blijven steken in de lagere school van het dialectisch materialisme.

Alle hedendaagse religies en alle kerken, alle religieuze organisaties van welke religie ook, dienen als een hulpmiddel in de exploitatie en verdoving van de arbeidersmassa."

Met deze visie op de religie(s) gaat zowel bij Marx als bij Engels en nog meer bij Lenin en Mao gepaard de theorie van het „afsterven der religie(s)". Naar hun voorspelling zal bij de „uiteindelijke revolutie" de godsdienst verdwijnen. Ze is geconditioneerd in haar ontstaan door bepaalde sociaal-economische omstandigheden. Zijn die omstandigheden gewijzigd, dan is daarmee de bestaansgrond van de religie(s) verdwenen.

„De vervreemding is overwonnen. De mens is meester van zijn

138

bestaan, de volledige humanisering van de samenleving impliceert het einde van de religieuze illusie." De religie zal in een communistische samenleving langzaam afsterven. In de communistische samenleving zal – aldus de marxistische waarzeggerij – de religie op den duur uit de „boven-bouw" verdwijnen.

Engels was niet voor een openlijke strijd tegen de religie. Lenin en Mao hebben die openlijke strijd in allerlei fasen van hun optreden aangemoedigd, al onderstreepten ze beiden dat de eenheid van de „onderdrukte klassen en hun strijd voor het paradijs op aarde belangrijker waren dan hun eenstemmigheid ten aanzien van het hemelse paradijs" en al waarschuwden ze, dat de gelovigen niet *te* hard mochten worden aangepakt.

De marxistische godsdienstkritiek als waarschuwingsbord langs de weg

De marxistische godsdienstkritiek is principieel en praktisch onaanvaardbaar en vol van dwaling. Maar er is geen reden te ontkennen dat die kritiek tevens waarheidselementen bevat, die als waarschuwing moeten blijven gelden.

Walther Bienert schreef een boek, dat tot titel heeft: *Der überholte Marx*. Dat boek behandelt vooral de godsdienstkritiek van Marx en benadrukt dat deze kritiek in vele opzichten zichzelf heeft overleefd (überholt). Hij denkt dan in het bijzonder aan de ontaarde vormen van christendom, zoals Marx die in de Pruisische Staat waarnam en hij had er ook aan toe kunnen voegen de corruptie en verwording van de Russisch-orthodoxe kerk in de tijd van het Czarisme. Toch is hij ootmoedig genoeg te erkennen, dat de marxistische godsdienstkritiek een permanent waarschuwingsbord (Warntafel)[8] is langs de wegen van religies en religieuze gemeenschappen.

Het is waar, dat ook de christelijke religie vaak misbruikt is om mensen te bewegen de strijd om gerechtigheid te ontvluchten. Het is waar, dat het christendom naar het woord van Bonhoeffer vaak gediend heeft als een „Schutzbastion für Aussteiger". Het is waar, dat het christendom vaak gebruikt is voor suikerzoete hemelromantiek en voor politieke geheelonthouding. Vaak hebben „christelijke" opvoeding en vorming geleid tot regressieve neurosen en tot het ontwijken van echte verantwoordelijkheid. Dikwijls heeft het historisch christendom de status quo versterkt en de reformatie van de maatschappij vergeten. Er is geen reden om dit zondenregister van het historisch christendom te ontkennen. Er is

8 Bienert, *a.w.*, pag. 294.

in iedere tijd opnieuw reden om naar het waarschuwingsbord van de marxistische godsdienstkritiek te kijken.

Als Helmut Gollwitzer in zijn boek *Die marxistische Religionskritik und der christliche Glaube* dat waarschuwingsbord invult en concretiseert, dan herinnert hij eraan, dat de kritiek van apostelen en profeten in het Oude en Nieuwe Testament nog veel radicaler ingaat tegen het misbruik van religie.

Maar als wij naar de stem van apostelen en profeten luisteren, dan hebben wij ook iets aan Marx en Lenin en aan degenen die in hun godsdienstkritiek in hun voetstappen wandelen, te zeggen. Terwille van hen die in communistische landen tot zwijgen gedwongen worden, zullen wij in landen waarin wij ons nog vrij kunnen uiten niet mogen zwijgen. Het verbaast mij altijd, dat onder christenen in deze tijd tot vervelens toe de waarheidselementen in de marxistische godsdienstkritiek worden gerepeteerd, terwijl geen enkel weerwoord klinkt op de leugen en laster in deze godsdienstkritiek.

Waarheid en onwaarheid in de marxistische en leninistische projectietheorie
1. *Hoe is de drang tot religieuze projecties te verklaren?*

In de marxistische religiekritiek vinden wij een van de vele toepassingen van de projectietheorie. God of de goden worden in alle vormen van deze theorie gezien als projecties van menselijke wensen (Feuerbach), van maatschappelijke toestanden (Marx), van psychische behoeften (Freud) op het doek van het heelal. Marx zocht zijn uitgangspunt in de projectietheorie van Feuerbach, maar hij paste die zoals wij zagen anders toe. Feuerbach zag in de religieuze voorstellingen projecties van individuele wensen en dromen. Marx zag in de religieuze voorstellingen compensaties voor de teleurstellingen die de mens ondervindt in de natuur en de maatschappij. De sociale, economische en fysieke ellende die de arbeiders ondervinden in de kapitalistische samenleving trachten zij te compenseren door te dromen van het hiernamaals, waarin leed en ongerechtigheid plaatsmaken voor blijdschap en gerechtigheid.

„De almacht van God – zo betoogt Marx – is slechts de fantastische reflectie van de onmacht van het volk ten opzichte van de natuur en ten opzichte van de sociaal-economische omstandigheden, die de mens zelf creëerde."

Lenin werkte deze gestalte van de projectietheorie nog verder uit in zijn geschrift *Over religie,* dat wij reeds bespraken. In deze projectietheorieën wordt geprobeerd de religieuze voorstellingen van a tot z te verklaren zonder de werkelijkheid van God en van de aktiviteiten die van Hem uitgaan. Er vindt in al deze theorieën een verenging van de werkelijkheid plaats.

Ik wil mijn bedoeling verduidelijken met een vergelijking, die ik eens in Indonesië hoorde gebruiken:

Als een duikboot uitgaat op een wereldreis, kan het zijn, dat de bemanning zich dagen- en nachtenlang onder de zeespiegel bevindt in die duikboot. Binnen in die duikboot is alles hel verlicht en kan alles gecontroleerd worden. Dan kan het gebeuren, dat die bemanning op den duur de indruk krijgt dat die kleine verlichte ruimte waarin men zich bevindt de enige werkelijkheid is en dat men zich nauwelijks bewust is van het feit, dat men vaart in de ontzagwekkende ruimte van de oceaan, de lucht, de aarde, het heelal. Totdat er ineens een botsing komt met iets in de ruimte van de oceaan. Dan worden de manschappen zich met een schok bewust van andere werkelijkheden die er zijn en waarvan ze zich het bestaan nauwelijks bewust waren.

Wie echter in het Oosten op een simpele vissersprauw vaart, die alleen op de voorplecht een lamp heeft, beseft van ogenblik tot ogenblik dat om hem heen de ruimte is van de zee en de ontzagwekkende en ondoorgrondelijke werkelijkheid van lucht en aarde en heelal en God.

Alle theorieën, die op de wijze van Feuerbach, Karl Marx, Lenin en zovele anderen de religieuze voorstellingswereld exclusief immanent verklaren, lijden aan verenging van het blikveld. De aanhangers en verdedigers van zulke theorieën vergeten dat de psychische of de sociaal-economische werkelijkheid niet de enige is. Ze vergeten dat de religieuze projecties van de mens niet slechts te verklaren zijn uit dat kleine stukje werkelijkheid, dat wij in het psychische of in het sociaal-economische voor ons hebben, maar dat ook de meest-subjectieve religieuze projecties van de mens toch op de een of andere wijze reakties zijn op de werkelijkheid Gods.

„Want in Hem leven, bewegen en zijn wij" (Hand. 17). God laat zich aan niemand onbetuigd. Hij is met ons allen bezig van hartslag tot hartslag en daarom heeft de mens die onnalaatbare drang tot religieuze projecties.

Wij mensen ontvangen bewust of onbewust indrukken van de werkelijkheid Gods en van de aktiviteiten die van God uitgaan. En wij reageren daarop, collectief en diep-persoonlijk. Wij reageren niet als een mechanisch projectie-apparaat, maar naar het diepe woord van Calvijn als een „fabrica idolorum", als een fabrikant van afgoden, als een fabrikant van projecties. In plaats

141

van de levende God te erkennen, produceert de mens naar het woord van Paulus afgoden. Hij schept cultus-objecten, kortom hij projecteert.

Het christelijk geloof ontkent dus in geen enkel opzicht dat de mens religieuze projecties maakt naar het beeld van de mens en zijn samenleving of van dieren of planten of wat ook.

Wie de godengestalten der volken bestudeert in Oost en West, in Noord en Zuid, heeft inderdaad in vele opzichten te doen met projecties. De oude goden der Germanen waren projecties naar het beeld van de oude Germanen en hun maatschappij. Swami Vivekenanda, de bekende Hindoe, gaf ronduit toe dat de hindoese godengestalten in vele opzichten scheppingen van mensen zijn, aangepast en gemodelleerd naar de geestelijke en psychische behoeften der mensen. De goden worden gemaakt naar de keuze der mensen en de mensen kiezen dan op hun beurt de godheid uit, die hun – zo betoogt hij – in een bepaalde situatie het beste past. Het feit van de religieuze projectie staat vast en is niet te loochenen. Het staat evenzeer vast, dat psychische noden en sociale en economische omstandigheden een rol meespelen in die projecten. Maar de onuitroeibare drang tot het maken van projecties is daaruit op zichzelf niet te verklaren. Het psychische of het sociaal-economische op zichzelf is niet de moederschoot der religiositeit. De onuitblusbare drang tot religie, tot de fabricage van goden heeft een veel diepere bron, namelijk de relatie tot de levende God van wie de ziel zich afwendt om zich te buigen voor wat hijzelf projecteerde.

Soms is de mens zich daarvan bewust dat hij afgoden gecreëerd heeft en dan zien wij een proces van verzet tegen de zelfgemaakte projecties, in de vorm van pantheïstische mystiek en van atheïsme.[9]

In de mystiek vlucht de mens van de zelfgemaakte godenvoorstellingen in een vaag godsbesef, dat geen naam heeft, en in het atheïsme zegt de mens neen tegen de zelfgemaakte goden en zegt, dat ze nihil zijn (nihilisme). Maar terwijl de mens neen tegen de oude afgoden zegt, zegt hij op datzelfde moment weer ja tegen nieuwe afgoden, nieuwe cultus-objecten, nieuwe mythologieën en ideologieën, die omgebouwd worden tot surrogaat-religies. Dat blijkt ook heel duidelijk in de geschiedenis van het marxistisch Leninisme en vooral van het Maoisme. Om het in de taal van Paulus te zeggen (in Rom. 1): „Zich afwendende van de levende

9   Zie K. Barths opmerkingen daarover in: *K.D.* I, 2, pag. 350 vv.

142

God wendt de mens zich tot de afgoden en als hij de ene afgod beu is, buigt hij zich voor een andere, daarmee bewijzende, dat hij nooit loskomt van God." Alle religieuze projecties hebben iets te maken met de zichzelf openbarende God en zijn daarop hoe dan ook betrokken.

Het is onmogelijk religie enkel en alleen te zien als een epiphenomeen van arbeidsverdeling, privaat-bezit en vervreemding. Het religieuze besef heeft diepere bronnen en is geworteld in de anthropologische struktuur van de mens, die reageert op het verschijnen van de goddelijke werkelijkheid. Dat is ook de reden van de „hardnekkigheid" van de godsdienst in allerlei verschijningsvormen, ook in communistische landen; een verschijnsel, dat leninistische godsdienstsociologen voor zo grote uitdagingen plaatst.

De mens projecteert, zonder enige twijfel, maar dat hij projecteert hangt samen met een transcendente werkelijkheidservaring, de openbaring van het goddelijke geheim en de goddelijke werkelijkheid waarop hij reageert. Er is geen mens die geen Gods-besef heeft, hoe vaag ook en hoe ongearticuleerd.

2. *De openbaring van de levende God in Jezus Christus en de religieuze projecties der mensen*

Het is in alle theorieën van de religieuze projectie duidelijk, dat de ontwerpers van zulke theorieën een karikatuur tekenen van „het christendom". De projectie waartegen bijvoorbeeld Freud ageert in zijn *Der Mann Moses und die Monotheistische Religion*, is een brave grootvader, die de wensen van zijn kinderen inwilligt, die hun wensen vervult. Zijn wegen zijn precies als de wegen van zondige mensen en zijn gedachten zijn net als de gedachten van zondige mensen. En aan het einde van dit aardse leven schenkt de lieve Heer het eeuwige leven aan hen die zich braaf hebben gedragen.

Ook de religieuze projecties waarover Marx en Lenin het hebben zijn karikaturen. Het is de „god" der kapitalisten die de aarde voor de kapitalisten reserveert en die de hemel als troostprijs toezegt aan de armen.

Het moge waar zijn, dat deze „god" een religieuze projectie is geweest van bepaalde mensen in de 19e eeuw, in ieder geval is *deze* god niet de God van profeten en apostelen, niet de God van de gelijkenis van de rijke man en de arme Lazarus, die juist de God van gerechtigheid is, die het voor het recht der armen opneemt. Die God, die zich in de gestalte van Jezus Christus geopenbaard heeft, de God, die de levende God is en in geen enkel

143

opzicht in overeenstemming met de karikaturen der religieuze projecties.

Hij is de Schepper des hemels en der aarde, die de mens schiep naar Zijn beeld en gelijkenis. Hij is de heilige, die de persoonlijke en de collectieve, ook de sociaal-economische zonden niet vergoelijkt maar ze stelt onder Zijn heilige kritiek, zoals die door profeten en apostelen op weergaloze wijze is vertolkt. Hij is niet de God, die de zonden verdoezelt, maar die ze oordeelt. Zijn wegen zijn *niet* onze wegen en Zijn gedachten zijn *niet* onze gedachten. In de gestalte van Jezus Christus komt deze heilige God om het oordeel te dragen en om ons door het oordeel van het kruis van Golgotha heen te bevrijden.

Die gestalte van Jezus Christus is in geen enkel opzicht in overeenstemming met de religieuze projecties der mensen. Hij is met niets en niemand te vergelijken. Zijn persoon, zijn werk, zijn woord heeft tevoren geen oog gezien, geen oor gehoord en in het hart van geen enkel volk of religie of cultuur is deze gestalte ooit opgekomen. Jezus Christus is geen projectie van het mensenhart. Hij klopt zo weinig met de dromen en verlangens der mensen, dat men Hem aan het kruis genageld heeft en vermoord.

Zijn werk, zijn leven, zijn dood, zijn opstanding is de crisis van de projecties der mensen. Hij is niet het beeld dat wij maken, maar het beeld dat God geeft van zichzelf. Hij is niet de mens die God worden wil, maar in Hem is God mens geworden, de God der mensen, God voor de mensen: Immanuël – God met ons, God onder ons, opdat wij mensen zouden worden die leven voor God en de mensen. Gods openbaring in Jezus Christus is geen projectie van menselijke verlangens en geen compensatie van onze noden, maar Goddelijk initiatief, Goddelijke werkelijkheid, handelen Gods in de geschiedenis, oordelend en bevrijdend. Wie met Jezus Christus geconfronteerd wordt, wordt niet geconfronteerd met menselijke projecties, maar met de werkelijkheid van God zelf, die verschenen is in deze werkelijkheid, in de geschiedenis van Hem, die is en die was en die komen zal.

De onhoudbare generalisaties in de marxistisch-leninistische godsdienstkritiek

De religiekritiek van Marx, Lenin, Mao enz. bevat niet slechts waarheidselementen, die als blijvende waarschuwing moeten worden aanvaard, ze bevat niet slechts een projectietheorie, die slechts een *halve* waarheid is, maar ze bevat ook *schandelijke en leugenachtige* generalisaties, die ronduit tegengesproken

144

behoren te worden. Het leugenachtige van deze generalisaties geldt niet alleen van het christendom, waarover wij aan het eind van dit fragment enkele opmerkingen maken, maar ze geldt alle religies en religieuze gemeenschappen.

Harvey Cox, die in zijn boek *De stad van de mens* telkens laat zien hoe vaak godsdiensten misbruikt zijn en worden als instrumenten om mensen onder druk te zetten, heeft in een meesterlijke rede uiteengezet hoe eenzijdig deze visie is als men die op de wijze van het Marxisme generaliseert. Hij hield die rede op het „Salzburger gesprek" over het humanisme. De titel is „Die Religion, von der Knechtschaft zur Befreiung" (Godsdienst: van knechting naar bevrijding).[10] Hij laat daarin zien, dat godsdiensten inderdaad vaak misbruikt zijn als instrument van onderdrukking of als middel om aan de werkelijkheid en aan de strijd om verandering van de samenleving te ontsnappen. Maar hij wijst erop, dat deze feuerbachiaanse, marxistische en freudiaanse religiekritiek zichzelf overleefd heeft. De marxistische, leninistische, maoistische jury sprak haar schuldig uit over alle religies, nadat alom de aanklachten waren ingediend, dat de misdaad der religies de onderdrukking van de vrijheid is.

Cox zelf heeft ook een tijd in dat koor meegezongen en vele andere theologen zingen in dat modieuze koor mee tot op de huidige dag. Maar – aldus Cox – het typerende van onze tijd is, dat men aan het oordeel van de jury gaat twijfelen. Het is namelijk gewoonweg onwaar, dat religie overal gebruikt is als middel tot uitbuiting. Het is integendeel onloochenbaar, dat de religies en religieuze gemeenschappen een uiterst belangrijke rol hebben gespeeld in het *emancipatie-proces* der volken.

Dat geldt van alle religies en dat kan ieder die iets weet van de godsdienstgeschiedenis en van de cultuurgeschiedenis constateren.

Religie kan gebruikt worden als opium of als een andere drug. Maar ook ideologieën kunnen fungeren als drugs en mensen verdoven. Maar religies zijn in vele opzichten in de geschiedenis ook katalysatoren geweest in het emancipatieproces der culturen en volken.

In de geschiedenis van de religies en van de culturen zijn veel invloeden van menselijke zonden, van diepe dwalingen, zelfs van demonische verwording, maar er zijn in alle religies ook symptomen daarvan, dat God zich niet onbetuigd liet en dat Hij hen

10 Deze rede is o.a. te vinden in het boek *Abschied vom bürgerlichen Leben,* Hamburg 1972.

volgde op hun wegen. Het is niet te ontkennen, dat de religies niet alleen vol zijn van de „misère", maar ook van de „grandeur" van de mens.

Wie zou het geduld Gods niet eren in het feit, dat de grote religies gemeenschapsvormen schiepen, die in het leven der volken enige orde en lijn brachten? Wie zou de lankmoedigheid Gods niet eren in de humanisering der sociale verhoudingen, die uitging van de grote religieuze systemen? Wie zou de genade Gods niet eren in de verfijning van denken en de begripsvorming die door deze grote systemen ontstonden? [11]

Deze opmerkingen gelden voor de religies in het algemeen, maar ze gelden in unieke zin voor het Evangelie der bevrijding in Jezus Christus en wat door het geloof in Hem uitgewerkt werd en wordt in de geschiedenis.

Niemand mag ontkennen, dat ook het christendom in zijn historische verschijningsvormen vaak met het Evangelie gesold heeft; dat de Zoon des mensen vaak verraden is, dat in de naam van Jezus Christus de Bevrijder vaak gruwelijke onderdrukking werd gepleegd. Maar het is een leugen, dat de geschiedenis van het christendom slechts misbruik, verraad, verloochening te zien geeft. In alle werelddelen zijn de tekenen van de bevrijding te zien, die van het Evangelie uitgingen op het persoonlijke leven, op huwelijks- en gezinsleven, in maatschappelijke vernieuwing.

Het is in de kringen van het marxistisch Leninisme de gewoonte om aan de kerken die naar de naam van Jezus genoemd zijn te verwijten, dat ze altijd achteraan komen in de globale bevrijdingsstrijd der mensen.

Wie echter eerlijk de ontwikkelingen volgt in de oecumenische gemeenschap der kerken kan constateren, dat de oecumene vooral zoals die georganiseerd is in de Wereldraad van Kerken in vele opzichten in talloze initiatieven voorop loopt in de worsteling om bevrijding van mensen en samenlevingen.

Er is geen reden om te roemen, maar er is ook geen reden tot verguizing en tot het oppoetsen van de marxistische godsdienstkritiek.

Daartoe is des te minder aanleiding nu ieder die ogen heeft om te zien kan waarnemen, dat de vrijheid in communistische staten massaal geknecht wordt en dat in die staten het denken en ervaren van mensenmenigten in de samenlevingen schaamteloos gemanipuleerd wordt.

11 Zie mijn boekje *Zijn alle godsdiensten gelijk?*, pag. 96 vv.

Symptomen van herziening in de marxistische godsdienstkritiek

Toen Garaudy de gelegenheid had gekregen tot wijdere oriëntatie en toen hij van nabij het Tweede Vaticanum volgde en de ontwikkelingen in de Wereldraad van Kerken, schreef hij: „Misschien is godsdienst niet langer opium van het volk. Misschien is het een zuurdesem voor het volk."

Deze reoriëntatie die bij Garaudy zelfs geleid heeft tot terugkeer tot het christelijk geloof, voltrekt zich op andere wijze bij vele neo-Marxisten. Bij Kolakowski, Machovec, Gardavsky, Bloch e.a. vindt men meer waardering voor religie als protest tegen de ellende.

Er is een veel diepere appreciatie van de problemen der menselijke subjectiviteit en zelftranscendering. De neo-Marxisten zijn veel minder optimistisch dan de orthodoxe Marxisten wat betreft de opheffing van de principiële vervreemding in de menselijke samenleving door de „klassenloze maatschappij". Ze hebben het Stalinisme zien opkomen, verdwijnen en telkens weer opkomen. Ze hebben de vernietiging van de Praagse lente gezien. Daarom spreken vele neo-Marxisten over de noodzaak van permanente strijd tegen de bureaucratie en technocratie.

Aangezien de vervreemding van mensen telkens nieuwe gestalten aanneemt, zien ze ook een permanente plaats voor religie, die vragen oproept over het wezen van de mensen en diensten verleent van protest, van hoop en zelfs van troost.

Marcuse zei: het Marxisme heeft enkele van de grofste vormen van vervreemding weggeworpen, maar het heeft nieuwe vormen van deformatie en degradatie gebracht.

Ernst Bloch schreef in *Atheismus im Christentum*, dat de oorzaak van de vervreemding veel dieper ligt dan Marx vermoedde. Er zijn „niet weg te werken problemen van de ziel. De mens is gemakkelijker te voeden dan te bevrijden, te redden". Er zijn – volgens Bloch en vele andere neo-Marxisten – in het christendom ook elementen die niets met opium te maken hebben en niets met verdrukking, maar die als een baken van hoop fungeren temidden van het nog niet van de menselijke toekomst.

Religie, zegt hij, kan ook de brug zijn naar het doel. Dat betekent niet, dat deze figuren hun atheïsme hebben opgegeven, maar ze leggen de nadruk op het protestkarakter van het christendom in situaties waarin effectieve, creatieve actie om onmiddellijk de vervreemding te overwinnen, uitgesloten is.

Er blijft ook dan een diep conflict, maar er zijn dan wel vele mogelijkheden van dialoog rondom de marxistische visie op religie en het dienen van God en de mensen in geest en waarheid, waartoe het geloof in Jezus Christus ons beweegt.

LITERATUUR BIJ HOOFDSTUK 11

Karl Marx, „Zur Kritik der Hegelschen Rechtsphilosophie" (*Früh-schriften*).

Idem, „Die Deutsche Ideologie" (*Frühschriften*).

H. Gollwitzer, *Die marxistische Religionskritik und der christliche Glaube*, Tübingen 1965.

Idem, *Gottes Offenbarung und unsere Vorstellung von Gott*, München 1965.

Walther Bienert, *Der überholte Marx. Seine Religionskritik und Welt-anschauung kritisch untersucht*, Stuttgart 1974².

12. De wederzijdse interpellatie tussen Marxisten en christenen rondom de persoon en de zaak van Jezus

Een van de meest treffende verschijnselen in de ontwikkeling van het Marxisme en neo-Marxisme is de hernieuwde aandacht voor de persoon en de zaak van Jezus. Dat is in vele opzichten een nieuw verschijnsel.

Van Karl Marx is uit zijn gymnasiumtijd een examenopstel bewaard (door Van Leeuwen geanalyseerd in zijn boek *Kritiek van hemel en aarde*) waarin hij met eerbied over Jezus schrijft. Sinds hij aan de universiteit atheïst was geworden en later de ideologie van het dialectisch materialisme uitbouwde, heeft hij in zijn geschriften geen aandacht gegeven aan de persoon en het werk van Jezus Christus. Hij heeft integendeel, zoals wij in de biografische schets over hem zagen, niet alleen het bourgeois christendom van de Pruisische Staat in de tijd van keizer Friedrich Wilhelm IV, maar ook de „image" van het *oorspronkelijke* christendom trachten te ontluisteren en vergruizelen. Hetzelfde geldt van Friedrich Engels en Lenin. Toch zijn er aan het einde van de Eerste Internationale en in de beginperiode van de Tweede Internationale wel pogingen gedaan om Jezus Christus te annexeren en te interpreteren vanuit het dialectisch materialisme.

De meest nadrukkelijke poging daartoe deed *Karl Johann Kautsky* (1854-1938). Hij was een tijd in Londen geweest en heeft vooral de invloed van Friedrich Engels ondergaan (in het bijzonder van zijn geschrift *Anti Dühring*). Hij was de opsteller van het *theoretische* deel van het eerste „zuiver marxistische" partij-program, het *Erfurter Programm,* waarover hij later in heftige disputen werd gewikkeld met Eduard Bernstein en dat na de Tweede Wereldoorlog door de S.P.D. werd vervangen. Hij schreef o.a. *Die materialistische Geschichtsauffassung* (2 delen, 1927). Vanuit deze visie op de geschiedenis schreef hij *Der Ursprung des Christentums* (Stuttgart 1908).

W. Banning schreef in *Karl Marx' leven, leer en betekenis* (Utrecht 1969[10]), dat dit boek het atheïsme in de toenmalige arbeiderswereld versterkte, al heeft het later weinig invloed meer uitgeoefend, omdat het zo vol vooroordelen is en Kautsky *zijn*

ideeën over de eerste christelijke gemeenschappen heeft terugge-
projecteerd op Jezus en hij de Jezus-figuur daarnaar modelleerde.
De meest kenmerkende trekken van Kautsky's „Jezus-beeld"
zijn de volgende:

a. Jezus was een proletariër.
b. Jezus was „bezield met klassenhaat" en zweepte op tot
klassenhaat en klassenstrijd.
c. Jezus was voorstander van de vergemeenschappelijking van
alle produktie-middelen.
d. Jezus was „arbeidschuw" en verzette zich tegen huwelijk
en gezinsverband.
e. Jezus was een beroepsrevolutionair, die het agrarische proletariaat uit Galilea organiseerde tegen de kapitalistische
„establishment" in Jeruzalem.

Na 1918 werd Kautsky door de Duitse sociaal-democratische
beweging uitgeschakeld vanwege zijn strijd tegen de programma's
van het parlementair-democratische socialisme en vanwege zijn
doctrinaire interpretatie van het dialectisch materialisme.

Sindsdien heeft zijn Jezus-interpretatie weinig invloed meer
uitgeoefend, omdat die gezien werd als een specimen van zijn
doctrinaire visie op de geschiedenis van het christendom en niet
als een eerlijke weergave van de feitelijke gegevens.

In die gebieden waar de leninistisch-marxistische ideologie tot
staatsideologie werd, werd de naam van Jezus in allerlei vormen van
onderwijs doodgezwegen of genegeerd. Hij werd a.h.w. gebannen
uit de officiële Sovjet-cultuur of hoogstens beschouwd als een
mythologisch curiosum, als een folkloristisch ornament en symbool
in de kunst en literatuur van Rusland en Oost-Europa. Het is
echter zeer treffend dat juist bij de meest gevoelige persoonlijk-
heden binnen en buiten de communistische landen en bewegingen
weer aandacht, prille aandacht voor de figuur en de zaak van
Jezus ontstond.

Milan Machovec, die met een inleiding van Helmut Gollwitzer
een boek over Jezus schreef,[1] heeft rekenschap en verantwoording
afgelegd betreffende deze nieuwe aandacht voor Jezus en de zaak
van Jezus in een zeer openhartig artikel in *Evangelische Kommentare*[2]. Hij vestigt er de aandacht op, dat vele eerlijke Marxisten,
die leven of geleefd hebben binnen de actieradius van de Derde
Internationale beginnen te beseffen, dat *ook* hun samenleving

1 *Jesus für Atheisten*, Stuttgart 1972.
2 September 1972, pag. 529-532.

mistekend wordt en is door vreselijke zonden: demagogie, corruptie, indoctrinatie, hielenlikkerij, baantjesjagerij, manipulatie, robotmentaliteit, enz.

Juist de eerlijksten en de meest fijngevoeligen geloven niet meer – quasi eschatologisch – aan het nabije van de „nieuwe mens en de nieuwe maatschappij". Ze weten wel beter. Zo ontwikkelen zij een gevoeligheid voor vele situaties, die in de Bijbel rondom de figuur van Jezus van Nazareth beschreven worden. De Marxisten in en buiten de communistische staten zitten enerzijds met vragen betreffende het maatschappelijke systeem temidden waarvan zij leven en anderzijds met het verlangen naar een beter begrip voor andere geestelijke tradities en hun weg naar menselijkheid, heil en bevrijding. Daarom zeggen de leuzen om hen heen hun weinig of niets meer. Daarom is er een nieuw zoeken, daarom is er een nieuwe bezinning op de „Joods-christelijke traditie" en ook voor de persoon en de zaak van de Man van Nazareth.

De uitingen van deze nieuwe bezinning op de persoon en zaak van Jezus zijn vele. J. Sperna Weiland heeft in zijn *Voortgezette oriëntatie* als gids in die literatuur gefungeerd.[3]

Iring Fetscher en Milan Machovec hebben een aantal treffende uitingen daarvan bij verschillende marxistische auteurs verzameld in een boek, waarvan de typerende oorspronkelijke titel is *Marxisten und die Sache Jesu.*[4]

Binnen het bestek van dit hoofdstuk is het niet mogelijk om een samenvatting te geven van deze literaire uitingen, die ieder in de bronnen zelf lezen kan. Ik wil echter enkele elementen uit die getuigenissen naar voren halen, die mij het meest getroffen hebben.

Leszek Kolakowski, de Poolse Marxist, die intussen uit Polen verdreven is en nu docent is in Oxford, heeft in al zijn geschriften geprotesteerd tegen het „afschaffen en uitbannen van Jezus" uit onze cultuur. Hij betoogt telkens weer, dat als wij bepaalde ethische waarden uit Jezus' leer en praxis loslieten, dat leiden zou tot verschrikkelijke culturele armoede. Hij noemt het „belachelijk en nutteloos" om Jezus weg te bannen en hij roept zowel de „communistische" als de „christelijke wereld" op om naar Hem terug te keren en hij bedoelt daarmee terugkeer naar wat hij het ethos van Jezus noemt.

Milan Machovec gaat nog veel verder en schrijft: „Wanneer ik

3 Baarn 1971[3].
4 München 1974; de Nederlandse vertaling is verschenen onder de titel *Marxisten over Jezus*, Baarn 1975.

in een wereld zou leven die in staat was de zaak van Jezus volstrekt te vergeten, dan zou ik helemaal niet willen leven. Het komt mij voor, dat in een dergelijke wereld zonder de zaak van Jezus ook de overwinning van de zaak van Karl Marx naar zijn ware bedoeling onmogelijk zou zijn." [5]

Dergelijke uitspraken kan men vinden bij al deze marxistische schrijvers over Jezus. Zij protesteren allen tegen het doodzwijgen en uitbannen van Jezus.

In de tweede plaats valt mij op, hoe getracht wordt *Jezus te interpreteren zonder de God van Jezus.*

Machovec zegt eerlijk en ronduit dat het hem erom gaat *„niet in God te geloven, maar de fundamentele aspecten* van de zaak van Jezus voort te zetten, ondanks even fundamentele verschillen". In zijn bekende boek *Jezus voor Atheïsten,* probeert hij met grote eruditie Jezus op zijn wijze en vanuit zijn atheïstische overtuiging te interpreteren niet als een *mythologisch curiosum,* maar als een erfenis, die *overgeschilderd in de werkplaats van zijn ideologie, hem aangaat.* Hij leerde, zo verklaart hij, in de moeilijkste situaties van zijn leven en temidden van afschuwelijke vernederingen, dat de weg van geduld en zelfverloochening waarvan hij in Jezus een voorbeeld zag, „leidt tot een hogere moraal". Hij besefte, dat er in het marxistisch *atheïsme ook atheïstische vormen van opium* zijn, die even gevaarlijk zijn als wanneer het christendom misbruikt en misduid wordt als opium van het volk.

In de derde plaats valt mij op hoe de *levenspraxis van Jezus* voor velen van deze Marxisten een blijvende bron van inspiratie is.

Gardavsky is vooral getroffen door de wonderverhalen en verklaart dat de vraag of Jezus geleefd heeft en of die wonderen gebeurd zijn voor hem niet belangrijk is, maar dat deze verhalen de verwachting vertolken, dat de mens groter is dan zijn mogelijkheden en dat hij wonderen kan verrichten, d.w.z. de stand van zaken fundamenteel kan veranderen als hij door liefde gedreven wordt.

De Italiaanse communist Lucio Lombardo-Radice blijkt zo diep getroffen te zijn door de figuur van Jezus, dat hij schrijft: „Ik weet zeker, dat ook wanneer geen mens meer in de heilige Drieëenheid en in de tweede Goddelijke persoon gelooft, de zoon des mensen en zijn leven en sterven voor de gehele mensheid van het grootste belang zal blijven."

Ernst Bloch brandt in al zijn geschriften een kaars voor Jezus en schildert Hem in altijd nieuwe kleuren als *de* Prometheus-

5 *Marxisten over Jezus,* pag. 14.

figuur der mensheid, als *het model* van het anthropo-theïsme voor allen.[6]

Het vierde dat mij opvalt is, hoe al deze schrijvers voortdurend wijzen op het onloochenbare feit, dat het dwaas is om in de geschiedenis van het christendom de capitulatie voor de status quo als het authentieke christendom te zien, maar hoe er vanaf het begin en in alle eeuwen een zich inzetten in de strijd tegen onrecht is geweest.

De eerste christelijke gemeenschappen, vele middeleeuwse „ketterse" stromingen, figuren als Joachim van Fiore, Arnold van Brescia, Dante, Münzer, Lamennais, Camillo Torres, Bonhoeffer, Martin Luther King, Ragaz, Karl Barth en zovelen meer worden in de wolk der getuigen geplaatst om aan te tonen dat het simpel-weg een leugen is om te beweren, dat „het christendom" altijd opium van het volk is en om het bewijs te leveren, dat het ook tonicum in de strijd tegen onrecht is geweest in alle eeuwen.

Ik beëindig nu deze korte notities over de typerende trekken in de revisie van de image van Jezus' persoon en werk bij neo-marxistische schrijvers.

Daar moeten echter twee opmerkingen aan toegevoegd worden.

Ten eerste, dat deze en dergelijke schrijvers in landen waar de marxistisch-leninistische ideologie tot *staats-ideologie* is geworden, zijn uitgescholden door de officiële instanties als „pseudo-Marxisten", „vijfde colonnisten van de godsdienst in het atheïstische kamp", enz. Sommigen van hen zijn diep vernederd als Machovec en Gardavski. Anderen zijn geëmigreerd, zoals Kolakowski en Ernst Bloch.

Verder moet worden opgemerkt, dat sommigen van deze schrijvers eigenlijk het gehele raamwerk van het atheïsme reeds lang verlaten hebben en bekennen, dat ze *diep in hun hart* nooit binnen de ijzeren staven van dat raamwerk hebben geleefd. Garaudy's nieuwste boek, *Het hart op de tong,* is daarvan een aangrijpende illustratie en het is niet de enige illustratie daarvan.

Om welke vragen gaat het in de wederzijdse interpellatie over de Man van Nazareth?

Tegen de achtergrond van deze bezinning op de persoon en „de zaak van Jezus" in bepaalde marxistische en neo-marxistische kringen is het begrijpelijk, dat vooral in de jaren van de Praagse

6 Zie zijn *Atheismus im Christentum,* pag. 169-243; *Das Prinzip Hoffnung* (I, II, III), passim.

lente een sfeer ontstond, waarin *„wederzijdse interpellatie"* over de visie op Jezus op gang kwam. Daaruit zijn vriendschappen ontstaan, die niet meer teniet gingen, zelfs niet tot die lente ruw verstoord werd. Het spreekt vanzelf, dat deze „interpellatie" voortgezet moet worden, ook onder de huidige omstandigheden.

In iedere tijd, in iedere eeuw worden wij geroepen om ons rekenschap te geven van de vraag wat *ons* antwoord is op de vraag van Jezus: „Wie zegt *gij* dat ik ben", door ons intens bezig te houden met het geheim van de persoon en de zaak van Jezus. In iedere tijd dreigt het gevaar, dat wij Jezus trachten te annexeren en Hem trachten te gebruiken voor onze eigen zaak.

In Joh. 2 : 24 lezen wij, dat Jezus omringd werd door mensen, die Hem wilden annexeren. Maar, zo lezen wij, „Jezus zelf vertrouwde zichzelf hun niet toe, omdat Hij hen allen kende en omdat het voor Hem niet nodig was, dat iemand van de mens getuigde, want Hij wist zelf wat in de mens was".

In iedere tijd, in iedere stroming is de neiging om Jezus te annexeren en te gebruiken voor onze eigen doeleinden. Heel de geschiedenis van het christendom is daar vol van, zover het oog reikt. Zijn naam is ijdel gebruikt om allerlei conservatieve ideologieën te dekken. Zijn naam is misbruikt door kolonialisten en imperialisten. Zijn naam is misbruikt om allerlei onrecht goed te praten.

Vaak is Hij gewikkeld in de lijkwaden van spiritualistische dogmatische systemen. Vaak is Hij mismaakt tot een starre, platonische ikoon of tot een overgeschilderde Romeinse imperator.

Wie, die de geschiedenis van het christendom kent, kan ontkennen dat de neiging om Jezus te annexeren en te gebruiken als symbool van onze eigen doeleinden door heel de geschiedenis aanwezig is geweest en dat ook de kerkgeschiedenis daar vol van was en is?

Wij hebben ook in de kerken vaak getracht Jezus als kerkelijk bezit te hanteren en wij hebben Hem en zijn „image" vaak zó geïsoleerd, dat velen in het Westen en daarbuiten zijn *universele* betekenis niet verstonden.

Nu zien wij in onze tijd de neiging om de persoon en de zaak van Jezus te plaatsen en te interpreteren binnen een marxistisch referentiekader.

De reactie daarop mag niet zijn om daarop te antwoorden met oude confessionele uitspraken, maar om gezamenlijk met frisse aandacht te vragen wie Hij is en wat ons antwoord is op de vraag van Jezus zelf: „Wie zegt gij dat ik ben?"

Het is verheugend, dat mede onder de invloed van de boven-

154

genoemde uitingen in het neo-Marxisme velen opnieuw op zoek zijn naar het geheim van Jezus en naar de zaak van Jezus in de kerkelijke wereld.

Het is bijvoorbeeld opvallend, dat het hoofdthema op de algemene vergadering van de Wereldraad van Kerken in Nairobi was: „Hoe belijden wij Jezus Christus vandaag?" Men kan een hele reeks van boeken noemen, die daarmee bezig zijn. In mijn boek *Inleiding in de nieuwere zendingswetenschap* heb ik veel literatuur genoemd die rondom dat thema wentelt in Azië, Afrika, Latijns Amerika en in de „zwarte theologie".

In de westerse wereld denk ik bijvoorbeeld aan recente studies van G. C. Berkouwer, H. Berkhof, Jürgen Moltmann (*Der gekreuzigte Gott*), Hans Küng (*Christ sein*), Edward Schillebeeckx (*Jezus, het verhaal van een levende*) e.d.

Het is hier niet de plaats om op deze en dergelijke literatuur in te gaan. Ik wil slechts enkele opmerkingen maken over de *onderwerpen*, die in de wederzijdse interpellatie over Jezus aan de orde moeten komen.

In de marxistische en neo-marxistische studies over Jezus valt het op, dat gepoogd wordt Jezus te verklaren *zonder de God van Jezus.*

Gollwitzer schreef in zijn inleiding op het van grote eruditie getuigende boek van Machovec (*Jesus für Atheisten*), dat op de achtergrond van zijn visie op Jezus het marxistische atheïsme staat: „Het moderne dogma van de immanentie, dat de gedachte van een inwerken van God op 's werelds beloop, van openbaring, van opstanding, van de werking van Gods Geest en van Gods toekomst in bijbelse zin niet toelaat."

In alle nieuwere exegetische en systematische studies over Jezus wordt erop gewezen, dat men *het verhaal van en over Jezus niet verstaan kan zonder de God van Jezus.*

Edward Schillebeeckx schreef in zijn indrukwekkende exegetische studie over Jezus m.i. terecht: „Wie de Abba-ervaring (de bijzondere relatie tussen Jezus en Zijn Vader) weglaat, maakt van de verwachting van Jezus een utopie. Zonder de Abba-ervaring wordt het historisch Jezus-beeld volkomen verminkt, zijn boodschap van het Rijk Gods ontkracht en wordt zijn levenspraxis beroofd van de zin, die Hij eraan gaf." [7]

Dat is de eerste vraag, die in de dialoog over Jezus aan de orde moet komen: Is er een echte Jezus-interpretatie mogelijk, waarin de God van Jezus geloochend wordt?

7 Zie o.a. pag. 210-222 van zijn *Jezus, het verhaal van een levende.*

De *tweede* vraag zal moeten zijn: Waarom was en is het Jezus te doen? Het gaat Hem er toch niet alleen om een model van naastenliefde en geduld en hoop te geven. Het gaat Hem toch om het herstel van de *Godsheerschappij*. Het gaat Hem toch niet alleen erom de mensen te bevrijden van een benauwend Godsbeeld, maar om mensen te roepen tot vrijwillige aanvaarding van de heerschappij van die God, die van ons vraagt een intense vervlochtenheid van Godsliefde en naastenliefde. Verstaan wij Jezus' boodschap en zaak als wij de zaak van Jezus niet zien en belijden als de zaak van de *herstelde Godsheerschappij* voor de mensen?

Ik noem nog een *derde* vraag: Jezus' leven en opstanding. Is het leven van Jezus werkelijk te vangen in categorieën als „revolutionair", „progressief", „prometheïsch"? Is dat leven niet van zodanige aard, dat het in het geheel niet valt binnen categorieën als conservatief of revolutionair of prometheïsch?

Zijn de verhalen over Jezus geen Paasverhalen voor Pasen? Is dit leven niet het leven van iemand die geheel aan Gods bedoelingen beantwoordde? Wordt in het verhaal van Jezus niet het verhaal van God voor de mensen en de mens voor God verteld en is het niet zo, dat dit verhaal en deze manier van zijn ons allen, conservatieven en revolutionairen, roept tot radicale omwending?

Kan men voorts Jezus interpreteren zonder de *opstanding* van Jezus?

Kan men op het spoor van het werkelijke geheim en de werkelijke zaak van Jezus komen zonder met de Paaservaring van de eerste discipelen te rekenen en zonder uit te gaan van de geloofsuitspraak, dat *God Jezus heeft opgewekt uit de doden?*

Deze en verwante vragen kunnen in de dialoog over Jezus met Marxisten niet gemist worden.

Nu *God* verdwijnt in deze extreemste vorm van secularisme die het communisme is, raakt Jezus „in". Nu God, de levende, misduid wordt als de God van de status quo, beroepen velen in het Marxisme zich op „Jezus zonder God".

Zo ontstaat een nieuw concurrentieschema, niet alleen tussen God en de mensen, maar ook tussen God en Jezus.

In de dialoog over Jezus zal het besef moeten worden gewekt, dat ook dit concurrentieschema tussen God en Jezus in het licht van de bijbelse boodschap onhoudbaar is. Daarom zullen christenen erop aan moeten dringen niet God en Jezus tegen elkaar uit te spelen, maar God, de levende in de echte Jezus te belijden en te volgen. Maar in die dialoog zullen ook kerkelijke christenen veel kunnen leren, omdat in de marxistische Jezus-interpretatie allerlei aspecten in Jezus' persoon en werk worden benadrukt, die de kerken soms niet zagen. Deze dialoog is allerminst zinloos. De vrucht ervan is, dat in christelijke kringen weer de vraag wordt gesteld: hebben wij in onze traditie Jezus verduisterd of vertolkt of deden wij beide en waarin moeten wij onszelf herzien?

En bij Marxisten in communistische en niet-communistische landen zijn er duizenden, die als Leszek Kolakowski en Garaudy bezig zijn met een herinterpretatie van de persoon en zaak van Jezus, waarin het raamwerk van het atheïsme verlaten wordt.

De wederzijdse interpellatie over Jezus moet doorgaan. Moge in het resultaat ervan iets doorklinken van het hogepriesterlijke gebed van Jezus: „Dit nu is het eeuwige leven, dat zij U kennen, de enige en waarachtige God en Jezus Christus, die Gij gezonden hebt" (Joh. 17 : 3).

LITERATUUR BIJ HOOFDSTUK 12

Karl Johann Kautsky, *Die materialistische Geschichtsauffassung* (2 delen), 1927.
Idem, *Der Ursprung des Christentums*, Stuttgart 1908.
H. Ridderbos, *De komst van Gods Koninkrijk*, Kampen 1950.
G. C. Berkouwer, *De persoon van Christus*, Kampen 1952.
Idem, *Het werk van Christus*, Kampen 1954.
Ernst Bloch, *Atheismus im Christentum*, Frankfort 1968.
J. Kanulsky, „On the trial of Jesus", in: *Encounter today*, 1969, no. 3, Issy-les Moulinaux.
P. Schoonenberg, *Hij is een God van mensen*, Den Bosch 1969.
P. Pakorny, *Der Kern der Bergpredigt*, Hamburg 1969.
V. Gardavsky, *Nog is God niet dood*, Baarn 1970.
H. W. Kuitert, „Was Jezus een revolutionair?", in: *Rondom het Woord*, 13, 1971.
E. Schillebeeckx, „De mens Jezus, concurrent van God?", in: A. Camps e.a., *Wie zeggen de mensen dat ik ben?*, Baarn 1975, pag. 51-65.
H. Berkhof, „Schoonenberg en Pannenberg: de tweesprong der huidige christologie", in: *Tijdschrift voor Theologie* XI, 1971/4.
L. Kolakowski, *Geist und Ungeist christlicher Traditionen*, Stuttgart 1971 (daarin speciaal: „Jesus Christus – Prophet und Reformator").
M. Machovec, *Jesus für Atheisten*, Stuttgart 1972.
G. H. Terschegget, *Het geheim van de mens*, Baarn 1972 (daarin in het bijzonder: „Jezus revolutionair").
Hans-Ruedi Weber, „Jesus Prince of peace or freedom fighter", in: *Study Encounter*, Vol. VIII, no. 4, 1972.
Jürgen Moltmann, *Der gekreuzigte Gott*, München 1972.
Roger Garaudy, *l'Alternative*, Parijs 1972.

H. Berkhof, *Geloofsleer*, Nijkerk 1973, pag. 281 vv.
Lucas Grollenberg, *Jezus, weg naar hoopvol samenleven*, Baarn 1974.
E. Schillebeeckx, *Jezus, het verhaal van een levende*, Bloemendaal 1975[3].
Iring Fetscher/Milan Machovec, *Marxisten over Jezus*, Baarn 1975.
Roger Garaudy, *Het hart op de tong*, Baarn 1976.
Hans-Ruedi Weber, *Kreuz*, Stuttgart 1976.

13. De ontweken problemen van zonde, schuld en dood en de zin van het mensenleven in het marxistisch Leninisme in confrontatie met de bijbelse boodschap van zonde en genade en verrijzenis en de zin van het mensenleven

De schraalheid van de marxistisch-leninistische visie op de mens en het menselijk leven laat de diepste problemen van het menselijk leven onbeantwoord. Die diepste vragen worden weggedrongen en buiten beschouwing gelaten, zodat in deze visie het menselijk leven ten diepste nauwelijks meer is dan een overgangsfase naar het niets. Het is daarom geen wonder, dat deze diepste, weggedrongen vragen toch telkens opkomen in gesprekken en in de literatuur.

Ik noem als illustratie van deze diepere vragen de vragen rondom het besef van persoonlijke en collectieve schuld, rondom de bedreigdheid door de dood en rondom de zin van het mensenleven. Deze drie kernvragen onder de levensvragen komen achtereenvolgens hier aan de orde.

Het verdringen van de problematiek van zonde en genade in het marxistisch Leninisme en de toch onontwijkbare vraag naar vergeving der zonden
In de economisch deterministische en dialectisch-materialistische visie op het leven wordt het persoonlijke besef van zonde en schuld en het diepe en ontembare verlangen naar vergeving weggedrongen.

Zoals wij in het hoofdstuk over ethiek en moraal zagen, wordt overtreding uitsluitend betrokken op het „collectivum". Zonde, overtreding en straf worden bezien als overtreding tegen het collectivum en straf wordt bezien als de taak van het collectivum om de overtreder weer in het gelid te brengen. Het ontstaan van overtredingen wordt altijd verklaard uit de sociaal-economische omstandigheden.

In deze visie op overtreding en straf ontbreekt de diepe bijbelse visie op zonde en overtreding en op genade en vernieuwing. In de bijbelse boodschap wordt de mens verantwoordelijk gesteld voor al zijn doen en laten door God. In de Bijbel klinkt de stem van God: „Adam, waar zijt gij?" (Genesis 3) en: „Kaïn, waar is uw broeder?" (Genesis 4). Zonde is in de Bijbel schending van de

159

relatie met God en met de mensen. Wat in woorden als zonde, schuldbelijdenis, verootmoediging, vergeving, vernieuwing, omwending wordt aangeduid behoort tot de kern van de bijbelse boodschap.

In de marxistisch-leninistische visie op het leven wordt deze persoonlijke en collectieve verantwoordelijkheid tegenover God van wie we zijn en voor wie wij behoren te zijn, „afgeschaft".

In de praktijk betekent dit daar waar dit stelsel bij de partijleden een slaafse en ongereflecteerde aanpassing aan het collectieve systeem overheerst, vlucht voor de individuele verantwoordelijkheid en voor de individuele vrijheid tot beslissen. Er ontstaat daardoor in communistische landen een soms heroïsch en meestal slaafs renegatendom, waarvan de meest boze vruchten zijn dienstklopperij en verklikkersmentaliteit. Maar in feite laat de persoonlijke en collectieve schuld tegenover God en de mensen zich nooit afschaffen. Wie de verslagen leest van „Conversations with Marxists" in het boek van Johannes Hamel: *A Christian in East Germany*, komt een ervaring tegen die *ieder* opdoet, die met aanhangers van „het systeem" heeft doorgepraat.

Er komen momenten, waarop in open, eerlijke vriendschap het masker afgeworpen wordt. Dan hebben we niet meer te doen met een „partijganger". Dan wordt het ideologische „uniform" afgelegd. Dan ineens komt een hulpeloos mens te voorschijn, die ook, net als ieder ander mens, worstelt met zijn zonden, die ook met de aanklachten van zijn geweten te doen heeft, die ook wordt verteerd door schuldbesef. Ook bij hen die in „het systeem" leven loopt de kilometerteller van persoonlijke schulden immers dagelijks op. Ook zij lijden onder het besef van egoïsme en goddeloosheid, van liefdeloosheid, hoogmoed, trots, ontrouw, machtsmisbruik en onder de herinnering aan bebloede handen.

In het „systeem" worden deze gevoelens verdrongen, worden deze gewetensangsten genegeerd. Maar ook in het contact met marxistische Leninisten en Maoisten zal ieder, die daarvan enige ervaring heeft, ontdekken dat ook bij hen net als bij andere mensen weggedrongen en genegeerd schuldbesef leidt tot neurosen, omdat de weggedrongen schuld gaat spoken in de kelders van het onderbewuste leven en te voorschijn komt in neurosen en andere stoornissen.

Charles West eindigt zijn indrukwekkende boek *Communism and the theologians* met de oproep tot *pastorale dienst* aan communisten. Hij heeft zelf die dienst vervuld in communistisch China, in Oost-Berlijn, in Praag, enz. Hij heeft recht van spreken. En hij heeft gelijk. In de dialoog met het marxistisch Leninisme en Maoisme mag de boodschap van zonde en genade niet ver-

160

waarloosd worden. Die boodschap is nodig zowel in persoonlijke contacten als in officiële dialogen, alsook in schriftelijke uiteenzettingen.

Bij het communiceren van die boodschap zullen christenen niet mogen vergeten aandacht te schenken aan de raad, die de vorige Aartsbisschop van Canterbury geeft in zijn fijne boekje: *The Christian priest today*. Hij constateert, dat er overal een toenemend besef van *collectieve* schuld tegenover God is. Zonde is niet alleen mijn zonde en de zonde van jou of hem of haar, maar wij hebben deel aan de collectieve schulden van de gemeenschappen, de blokken, de landen en volken waartoe wij behoren.

In het gesprek met marxistische Leninisten en Maoisten zal in ootmoed erkend moeten worden hoezeer wij deel hebben aan de schuld van de gemeenschappen waartoe wij behoren en hoezeer wij aan elkander schuldig zijn geworden in de relaties met God en elkander. Maar één ding staat vast: Het is onmenselijk om in de dialoog met marxistische Leninisten niet in te gaan op de diepste nood waarmee ook zij worstelen, namelijk de nood van weggedrongen schuld en het is onmenselijk om de boodschap van zonde en genade, van bekering en vernieuwing te verzwijgen.

Het wegdrukken en weer opkomen van de doodsproblematiek in het marxistisch Leninisme
Een van de vele onbeantwoorde vragen in de marxistisch-leninistische en maoistische levensvisie is het feit, dat aan alle kusten der wereld en ook daar waar dit systeem domineert het menselijk leven breekt op de golfbrekers van de dood en ervaren wordt, dat ons bestaan ligt onder de ban der vergankelijkheid.

J. Habermas schrijft daarover cynisch: „Ten aanzien van de individuele levensrisico's is natuurlijk niet eens een theorie denkbaar, die de facta van eenzaamheid en dood zou kunnen weginterpreteren. Met die facta moeten wij *principieel troosteloos* leven." [1]

Wie de ontwikkelingen volgt kan niet ontkomen aan de indruk dat met deze academische uitspraak het zoeken naar echte troost niet bezworen is.

Wij willen deze ontwikkelingen rondom de doodsproblematiek aan de hand van enkele illustraties volgen.

In de schriftelijke uitingen van Karl Marx zelf werd het raadsel van de dood in feite doodgezwegen en weggedrongen.

1 Zie zijn „Nachwort", in: *Legitimationsprobleme im Spätkapitalismus*, Frankfort 1973.

Zowel in zijn jeugdjaren als in zijn laatste uren greep hij terug op Epicurus, die de menselijke dood slechts zag als een biologisch-chemisch proces van ontbinding in de samenstellende chemische bestanddelen van ons somatische bestaan, een proces, dat voor „de stervende geen ongeluk is, maar slechts voor degene die blijft leven".

Aan het einde van het eerste deel van zijn boek over Marx schrijft Arend van Leeuwen: „Epicurus, de held van zijn jeugd vergezelde hem naar het graf, waar wij terugkeren tot de aarde, waarop wij zijn geboren" (pag. 216). Wel legt hij er de nadruk op, dat in de dood de individu in de historisch verder levende samenleving wordt geïntegreerd. De *soort* gaat verder en de strijd om een rechtvaardiger samenleving gaat ook voort.

Dat is gedurende vele jaren de houding tegenover het raadsel van de dood geweest, daar waar het Marxisme tot officieel aanvaarde levensbeschouwing werd.

Vooral de Engelse Marxist Haldane heeft deze visie op allerlei wijze gepropageerd. De individuele dood is de natuurlijkste zaak ter wereld. Onze somatisch-biologische dood is het definitieve einde van dat biologisch-economische exemplaar van onze soort dat mens heet. Maar de horizon rondom de graven wordt verlicht door het schijnsel van de worsteling om de realisering van de communistische utopie. Deze dialectisch-materialistische visie op de dood verschilt alleen van de mechanistisch-materialistische visie op de dood daarin, dat over de graven het schijnsel van de utopie valt.

Het behoeft niet te verbazen dat deze materialistische visie op de dood velen binnen de marxistisch-leninistische wereldbeschouwing onbevredigd heeft gelaten. Het moge waar zijn, dat ook binnen het christendom de oudtestamentische visie op de begrensdheid van onze aardse bestaanswijze veel sterker naar voren is gekomen dan vroeger, de diepere vraag naar de overwinning van de dood, naar verrijzenis, leven, eeuwig leven, die in het christendom nooit zweeg en waarop de Paasboodschap van het Nieuwe Testament antwoordt, komt ook in de nieuwere marxistische literatuur sterker dan ooit tevoorschijn en duldt geen uitstel.

Jean Paul Sartre vertelt in een van zijn publicaties van een Russische auteur, die heel vaak optreedt als de officiële spreekbuis van het Sovjet communisme. Deze auteur schreef: „Op de dag dat het communisme zal heersen op heel deze globe, zal de mens zich bewust worden van zijn *eigenlijke* tragedie, namelijk zijn vergankelijkheid." Dat is een merkwaardige uitspraak. Hier hebben wij te doen met een officiële advocaat van het leninistisch

Marxisme, die zegt dat deze ideologie de diepste en meest essentiële kwestie onbeantwoord laat. Jean Paul Sartre geeft daarop een wonderlijk en vreemd commentaar. Hij schrijft: „Het is nog niet de tijd om die ontdekking te doen. Geest, vrijheid en moraliteit komen *later*. Alle mensen moeten mensen worden door de verbetering van hun levensomstandigheden vóór een universele ethiek kan worden uitgewerkt."

De verklaring van deze Russische auteur en het commentaar van Sartre tonen aan hoe een utopische ideologie ertoe leiden kan om centrale vragen achterop te plaatsen. Visser 't Hooft schreef daarover recht in de roos: „Alsof de opstand der massa's alleen maar een strijd was om een groter aandeel in de materiële goederen en niet tevens een strijd om waarde, waardigheid, vrijheid, leven, eeuwig leven."

Johannes Hamel, J. Hromadka, J. Lochman, J. J. Buskes hebben in verhalen over hun ervaringen in persoonlijke conversaties er herhaaldelijk op gewezen, hoe in diepere, persoonlijke ontmoetingen de vraag: „wie licht de ban der vergankelijkheid, die op ons leven ligt op", telkens weer aan de orde komt en kwam. Maar in de laatste twintig jaar komt die vraag ook in de geschriften van Marxisten met grote kracht naar voren. Bij Garaudy, bij Kolakowski, bij Machovec, op zéér diepe wijze bij Gardavsky en vooral bij Ernst Bloch.

Omdat Bloch op dit thema het meest uitvoerig ingaat en er ook in zijn nieuwste geschriften telkens op *terugkomt*, kies ik de wijze waarop hij dit thema aan de orde stelt om de herleving van de doodsproblematiek te illustreren. In zijn *Das Prinzip Hoffnung* (Band 3, pag. 1378 vv.) beschrijft hij het leven der „rote Helden", die onder het Czarisme en tijdens Hitler en in vele andere situaties de dood tegemoet gingen. Deze rode helden, aldus Bloch, offerden zich zonder hoop op opstanding. „De Goede Vrijdag van de rode held wordt niet door een Paaszondag verlicht. De hemel waarnaar martelaren der christelijke kerken hun armen uitstrekten, is voor de rode materialist niet present en toch sterft hij als belijder en doet daarbij niet onder voor de martelaar van de oudchristelijke kerk of Johannes de Doper." Hij wijst de vulgair mechanistisch materialistische interpretatie van een dergelijke dood af. Maar hij troost zich met de verzekering, dat het *persoonlijk bewustzijn* van de rode held opgenomen is in het klasse-bewustzijn, het is a.h.w. opgegaan in de „communistische zaak" en daarom gevuld met humane inhoud. De „rood-atheïstische" doodsmoed is een teken van solidariteit en wordt zó „in dit heelal gekist en begraven".

163

Als wij deze woorden tot ons laten spreken dan zien wij met eerbied voor ons zovele „rode helden" die zich ingezet hebben tot in de dood voor de communistische zaak. In Rusland, in West-Europa, en Oost-Europa, in de Tweede Wereldoorlog, in Latijns Amerika, in Azië. Wij denken aan figuren als Rosa Luxemburg, Antonio Gramsci, aan Ernesto Che Guevara, aan Sneevliet voor het peloton in Amersfoort en aan de honderden communisten, die terechtgesteld werden in de strijd tegen Hitler en aan de duizenden die doodgemarteld werden en worden in Latijns Amerika.

Maar is het niet de roeping van christenen om in deze doods-problematiek het Evangelie te brengen van Hem die de opstanding en het leven is?

Het is alsof Ernst Bloch ons aan die roeping bewust herinneren wil in zijn allerlaatste publicaties. In *Experimentum Mundi*[2] gaat hij ernstiger dan ooit in op het raadsel van vergankelijkheid en verijdeling. Hij tast naar zekerheid en constateert dat op „deze moeilijke aarde aan het einde van het leven als enige *volledige zekerheid* de individuele dood staat" en dat boven deze individuele dood, die hij „de sterkste *tegen-utopie*" noemt, nog hangt de donkere wolkbank van de *kosmische* dood, „het grote *niets* door enthropie". Tegen die altijd dreigende vernietiging van de zin des levens is nog steeds „geen kruid gewassen". Op onze weg „valt slechts het licht van de hoop, nog geen enkele zekerheid".

In zijn boek *Naturrecht und menschliche Würde*[3] schrijft hij opnieuw over de dreiging van de dood en hij voegt daaraan toe, dat de *kerken* daarin een uitdaging tot getuigenis moeten horen om „de geslotenheid van onze cultuur te doorbreken". De „structurele transformatie van de samenleving" lost de doodsproblematiek niet op.

Lochman, Hamel, Ting, Hromadka en zovele anderen die in communistische landen leefden of nog leven, brengen vaak naar voren dat in hun contact met Marxisten, Leninisten en Maoisten de boodschap der opstanding niet minder belangrijk werd, maar dat de *Paasboodschap belangrijker werd dan ooit in hun pastorale praktijk en in hun theologische verantwoording.*

De verdrongen en niet te verdringen vraag naar de zin van het menselijke leven in het marxistisch Leninisme
Tot de verdrongen levensvragen in het marxistisch Leninisme

2 Pag. 237.
3 Pag. 311 vv.

behoren niet alleen die van zonde en genade en de vergankelijkheid, maar ook die diepste levensvraag, die op de bodem van alle
vragen ligt, namelijk die van de diepste *zin* van het menselijk
leven.

Het dialectisch materialisme onderscheidt zich van het vulgaire
mechanistische materialisme (bijvoorbeeld dat van Büchner en
Haeckel) doordat het het menselijk leven niet laat opgaan in zuur-
stof en stikstof en andere chemische stoffen, maar dat het worstelt
om verwerkelijking van het „humanum". Maar de verbindingslijn
tussen het mechanistische materialisme ligt toch daarin, dat de
vraag naar de *diepste* zin des levens *niet* op de agenda staat en
troosteloos onbeantwoord blijft. Ook de naar communistische
maatstaven best-denkbare samenleving is slechts een „stepping-
stone" op weg naar het niets, naar de kosmische dood.

Bloch spreekt wel van het „potentieel adelaarsachtige" van de
menselijke materie, van de „Grundimpetus" die in de mens geconcentreerd is, maar ook hij benadrukt, dat het experiment van
die menselijke adelaarsmaterie uitloopt op het niets. Vanuit het
principiële atheïsme van het marxistisch atheïsme is het ook niet
mogelijk bij het nadenken over de zin van het mensenleven verder
te komen dan die uitspraak.

In de bijbelse visie op het leven wordt de zin van het mensenleven gezocht in het liefhebben van God en de mensen als
antwoord op de liefde Gods, die onze bestemming waarborgt.

Vooral in het Johannes-evangelie staat deze boodschap over
de zin van het mensenleven centraal. Leven, echt menselijk leven,
dat is van hartslag tot hartslag staan in de relatie met God en
de mensen. Dat echte menselijke leven hebben wij aangetast door
ons egoïsme en door onze goddeloosheid. Maar Jezus zegt: „Ik
ben de opstanding en het leven." [4] En Hij wil ons deel geven
aan dat leven dat de naam van leven waard is en dat openbloeit
voor God en voor de naaste wanneer wij ons aan de boodschap
van het Rijk Gods gewonnen geven.

Hans Joachim Kraus heeft in zijn boek *Reich Gottes: Reich
der Freiheit* daarover deze treffende uitspraak gedaan: „De christelijke gemeente verwacht met de komst van de verhoogde Heer
de voleinding van het Rijk der Vrijheid en daarmee tevens de
crisis en de *opening van de zin van de gehele geschiedenis en
van alle menselijk leven.*" [5]

4 Joh. 11 : 25.
5 Pag. 416.

De verkondiging en vertolking van deze boodschap ook aan aanhangers van het marxistisch Leninisme hoort tot de fundamentele taken van de christelijke kerk. En evenzeer de taak om preventief te voorkomen, dat mensen de zin van het leven louter zien in verbetering der productie-verhoudingen, hoe noodzakelijk de strijd om sociale en economische vernieuwingen ook is.

In de Praagse lente ontstonden allerlei films waarin dit zoeken naar de diepere zin van het leven te voorschijn brak als een schreeuw. Gardavsky's boek is naar mijn besef de diepste vertolking van deze schreeuw om de diepste zin des levens. Temidden van arbeid en economie, van doodsdrift en doodsangst en levenslust wordt daar gezocht naar de bronnen van *echte liefde, eeuwige liefde*; naar dat leven dat de naam van leven waard is en dat de smarten van ons psychische en somatische leven smartloos omvat.

Het zou schandelijk zijn als temidden van dat zoeken de verkondiging ontbrak van en over Hem, die het recht had en heeft te zeggen: „Ik ben de opstanding en het leven."

Slotopmerkingen

In dit hoofdstuk hebben wij getracht om die diepe noden en vragen aan te wijzen, die in de marxistisch-leninistische ideologie en in het Maoisme weggedrongen worden. Bisschop Ting uit China heeft erop gewezen hoe dit wegdringen van de nood van zonde, dood en zinloosheid de werking heeft van drugs, van *opium*. De mensen worden verdoofd. De diepere mens wordt a.h.w. gehypnotiseerd. Maar ergens in de diepte kreunt het verlangen naar vergeving, naar overwinning van de dood, naar Goddelijke zingeving van het leven.

Velen zijn van mening, dat over het wegdringen van deze vragen niet gesproken mag worden in de dialoog. Soms wordt de vaak misbruikte en misduide zin van Bonhoeffer aangehaald dat wij God en het Evangelie niet gebruiken moeten om de gaten te vullen (God als „Lückenbüsser"). Mag God soms die gaten niet vullen, die in *deze* noden aan het licht treden, namelijk de nood van vergeving en overwinning van de dood en van zinloosheid? Wat mag Hij dan doen als Hij dat niet zou mogen doen?

Bonhoeffers eigen leven en sterven is een diep en onvergetelijk getuigenis van wat het Evangelie in deze drie diepste noden voor hem betekende en hij heeft dat Evangelie aan niemand die hij bereiken kon onthouden, ook niet aan communisten in de gevangenis waar hij zat en van dat Evangelie sprak hij tot aan de galg.

Nu wij veel meer kansen hebben dan hij zou het schandelijk zijn als wij het licht dat in het Evangelie over déze drie noden valt, niet op de kandelaar plaatsten.

LITERATUUR BIJ HOOFDSTUK 13

Charles West, *Communism and the theologians*, Londen 1958.

Johannes Hamel, *A Christian in East Germany*, Londen 1960 (daaruit: „Conversations with Marxists").

K. H. Ting, „Christian Theism", in: *Documents of the three-self movement*, New York 1963.

Charles West, *The power to be human*, Londen 1971.

J. Habermas, *Legitimationsprobleme im Spätkapitalismus* (mit Nachwort), Frankfort 1973.

Hans Joachim Kraus, *Reich Gottes: Reich der Freiheit*, Neukirchen 1975.

Ernst Bloch, *Das Prinzip Hoffnung; Experimentum mundi.*

José Miguez Bonino, *Christians and Marxists*, Londen 1976 (daarin: hfdst. IX, „Red Heroes and Christian Martyrs").

14. De leer betreffende de staat, de dictatuur van het proletariaat en de functie van de communistische partijen en de bijbelse visie op de macht

Om de tendenzen en de doelstellingen van het leninistisch Marxisme (en Maoisme) dieper te verstaan is het nodig om in te gaan op wat in deze ideologie geleerd wordt betreffende de staat, de dictatuur van het proletariaat en de functie van de communistische partij in de voorbereiding en handhaving daarvan.

Het zou onjuist zijn te beweren, dat deze leer in de communistische bewegingen star en éénvormig is. Er zijn allerlei varianten.

Het Leninisme is in dit aspect van de ideologie wel aan het Marxisme ontsprongen, maar Lenin heeft toch enkele diepgaande veranderingen in het Marxisme aangebracht in dit aspect. Stalin sprak in zijn boek *Lenin en het Leninisme* over accentverschuivingen en „van de uitwerking van de leer van Marx" op allerlei punten. Mao ontwikkelde in zijn theorieën over de macht inzichten, die op enkele punten afwijken van de klassieke marxistische leer. En in de communistische bewegingen in West-Europa worden, vooral in Italië en Frankrijk, gedachten ontwikkeld die hier en daar sterk afwijken van het klassieke patroon, in ieder geval terminologisch.

Wij zullen hier niet twisten over de vraag of deze veranderingen slechts accentverschuivingen zijn dan wel van principiële aard zijn. Van groter belang is het de aandacht te vestigen op de punten waar de verschillen liggen.

Marx en Lenin en Mao verkondigden alle drie de dictatuur van het proletariaat, maar terwijl Marx daarbij dacht aan het heersen van een proletarische *meerderheid* over de *minderheid* der bourgeoisie, dacht Lenin aan een *kleine* doelbewuste minderheid van een communistische partij, een minderheid van zeer bewuste leden die heersen zal over de meerderheid, met alle terreur daaraan verbonden.

Terwijl Marx en Engels meer de nadruk legden op de economische noodzaak die tot het proces der omwenteling moest leiden, legde Lenin grote nadruk op de wil van een kleine stoottroep, die als revolutionaire voorhoede de greep naar de macht moet doen en de sprong moet wagen van het agrarische feodalisme naar het industriële socialisme.

W. Banning noemde het Leninisme de *voluntaristische* ombuiging van het Marxisme in *Marx en verder*. K. J. Kraan sloot zich daarbij aan in *Een christelijke confrontatie met Marx, Lenin en Stalin*.

Bovendien moet nog de nadruk worden gelegd op dit verschil: Marx schonk weinig aandacht aan de boeren en pachters. Hij lette vooral op het industrie-proletariaat als basis. Lenin was van mening, dat in de Russische situatie de pachters gemaakt moesten worden van „reserve der bourgeoisie" tot reserve van de revolutionaire beweging. Mao Tse Tung heeft tegenover zijn tegenspeler Li Li-San in de beginperiode in de Chinese situatie altijd de nadruk gelegd op de kleine pachters en landarbeiders als basis voor zijn beweging. Hij vormde in de provincie Sjensi een boerenrepubliek met een boerenleger dat de proefpolder werd voor de latere machtsovername van de communistische partij in China. In zijn geschrift *Om de nieuwe democratie*, bepleitte hij tevens de aanvaarding van enkele (overigens ornamentele) partijen naast de C.P. voor diegenen die wel het programma, maar niet de ideologische uitgangspunten van het communisme aanvaardden.

Bij de weergave van de communistische leer over de staat, de dictatuur van het proletariaat en de functie van de partij hoop ik deze variaties met citaten te illustreren.

I. *De leer betreffende de staat*

Zowel bij Marx als bij Engels vindt men de gedachte dat de staat ontstaan is tegelijk met het ontstaan van de klassentegenstellingen. Engels heeft daaraan uitvoerige beschouwingen gewijd in zijn boek over de *Oorsprong van familie, privaatbezit en de staat*. De staat is volgens Marx en Engels altijd de *klassestaat*. De staat is het instrument van de heersende klasse om de onderworpen klassen in een staat van onderwerping te houden. Justitie is altijd klasse-justitie. Leger en politie zijn instrumenten van de macht van de ene klasse over de andere. In zijn bekende *Rede over de staat*, en in zijn boek *Staat en revolutie* heeft Lenin deze gedachten veel breder uitgewerkt. „De staat," zo zegt hij, „is een machine tot instandhouding van de heerschappij van de ene klasse over de andere." [1] In de kapitalistische maatschappij heerst de dictatuur van de bourgeoisie. Democratie in kapitalistische landen is volgens

---

1 *Staat und Revolution, im Anhang Rede Lenins „Ueber den Staat"*, 1919. Elementarbücher des Kommunismus, pag. 103.

Lenin slechts een middel van de bourgeoisie om zich te handhaven door een schijn van vrijheid te schenken. Tijdelijk moet het proletariaat de macht in de staat overnemen (daarover in het vervolg) en als deze macht van het proletariaat voorgoed onaantastbaar gevestigd is, „sterft de staat af".

Lenin schreef daarover het volgende: „In plaats van de regering over personen treedt dan het beheer over zaken en de leiding van het productieproces. De staat wordt niet afgeschaft, hij sterft af." (Engels in: *Herrn Eugen Dührings Umwalzung der Wissenschaft*).

Lenin betoogt, dat als de staatsmachine overgenomen is door de proletariërs, deze machine op den duur weggeworpen kan worden. „Als er geen uitbuiting meer is, geen fabriekseigenaars meer en geen grootgrondbezitters, dan zullen wij deze machine wegwerpen bij het oude ijzer. Dan zal er geen uitbuiting en geen staat meer zijn." Met deze woorden eindigt hij zijn boek over *Staat en revolutie*.

Samenvattend kan men dus zeggen, dat volgens het marxistisch Leninisme de staat *altijd* een instrument is ter handhaving van de macht van de ene klasse over de andere. Óf een instrument van de bourgeoisie óf een instrument van het proletariaat. In de huidige verhoudingen moet overal ter wereld de staat een machtsapparaat worden ter beschikking van het proletariaat. Als de wereldrevolutie eenmaal geslaagd is, is de staat bestemd om te verdwijnen. Hij sterft af. Het verschil tussen de *communisten en anarchisten* als Bakounin c.s. ligt hier, dat de anarchisten de staat reeds willen afschaffen vóórdat de wereldrevolutie geslaagd is, terwijl de communisten *eerst* de dictatuur van het proletariaat willen.

Over dit element in de leer heeft Karl Marx een verwoede strijd gevoerd met Bakounin, zoals wij zagen in de biografische schets. Bakounin was anarcho-syndicalist. Hij verwierp alle staatsgezag, ook het gezag van een eventuele communistische staat. Vooral onder de Spaanse communisten heeft hij veel invloed gehad. Dr. Arthur Lehning heeft in verband met de heruitgave van Bakounins geschriften die hij voorbereidt, erop gewezen hoe in West-Europa dit anarcho-syndicalisme opnieuw naar voren komt.

Marx, Engels, Lenin en Mao hebben zich altijd verzet tegen dit anarcho-syndicalisme. In feite is het duidelijk, dat in de landen, waar de communistische partij het machtsmonopolie heeft, de macht van de staat ongeëvenaard groot is; groter dan in welke andere staat ook, omdat de staatsmacht daar totalitair is. In al

170

die staten heerst staats-communisme. En binnen die staten wordt de dienst uitgemaakt door een nieuwe elite, de elite der politieke bureaucraten en der technocraten. Wij komen daarop terug in het volgende fragment. Hier merken wij slechts op, dat de leer van het afsterven van de staat geheel op non-actief gezet is.

Brezjnev duidt dat aan met de term: de *uitgestelde revolutie*. De macht, de aktieradius en de totalitaire invloed van de staat is nergens ter wereld zo groot als in de communistische staten.

II. *De dictatuur van het proletariaat*

Voordat de „heilstaat van de klassenloze maatschappij" kan worden betreden is ter voorbereiding volgens de leerstellingen van de communistische ideologen nodig een lange periode van „dictatuur van het proletariaat".

Deze idee vindt men reeds bij Marx en Engels. In 1871 na de commune in Parijs schreef Marx enthousiast aan Kugelmann dat de weg, die de commune wees de juiste was, al was de commune dan niet geslaagd. Men moest, aldus Marx, „de staatsmachine verbreken" en de macht van het „proletariaat" vestigen.

Op de 20e verjaardag van de commune, 18 maart 1891, stelde Engels de commune nog eens ten voorbeeld en schreef: „Mijne Heren, wilt gij weten hoe de dictatuur van het proletariaat er uit ziet? Kijk dan naar de Parijse commune. Dat was de dictatuur van het proletariaat." Als men die – zo voegde hij eraan toe – overal instelt, dan kan „de hele staatsrommel opgeruimd worden."

Men kan echter bij Marx en Engels ook heel andere uitspraken lezen. Zij zagen in de gewelddadige vestiging van de dictatuur van het proletariaat niet het enige middel tot verandering van staat en maatschappij. Op zulke uitspraken beriep zich het latere revisionistische socialisme van de Tweede Internationale. In toenemende mate hebben de mannen en vrouwen van de *Tweede Internationale* zich principieel en praktisch verzet tegen de aanvaarding van welke dictatuur ook en gepleit voor een democratische omvorming van de maatschappij.

De mannen van de *Derde Internationale*, Lenin en zijn opvolgers, hebben echter de dictatuur van het proletariaat voluit aanvaard en bevorderd.

Al gedurende het verblijf van Lenin in Zwitserland voor de oktober-revolutie in Rusland kon men de spanning tussen de Tweede en Derde Internationale aflezen uit de discussies tussen de leider van de Zwitserse sociaal-democratie, Leonard Ragaz en Lenin. Ragaz was van oordeel, dat Lenin een aanbidder van geweld was en waarschuwde hem en zijn beweging voor de onher-

171

roepelijke ontsporing van elke dictatuur, van links of van rechts. Zijn geschrift *Sozialismus und Gewalt* [2] is een neerslag van deze ontmoetingen en discussies.

Hij keerde zich fel tegen de geweldverheerlijking, tegen het „stimmungmässige Bolschewismus" en pleitte voor het gebruik van *menselijke* middelen. Hoewel in die tijd vele sociaal-democraten boos waren over deze waarschuwingen was het toch mede aan die waarschuwing te danken dat de Zwitserse sociaal-democratische partij evenals alle andere sociaal-democratische partijen weigerde met de Komintern samen te werken. [3]

Verwante reacties op de pleidooien voor een dictatuur vindt men in die jaren bij alle sociaal-democratische partijen.

Bij de mannen en vrouwen van de Derde Internationale komt de verheerlijking van geweld en van de dictatuur van het proletariaat met vliegende vaandels en slaande trom terug. Lenin schold in en buiten Rusland de mannen en vrouwen van de Tweede Internationale op ongehoorde wijze uit als „verraders". Hij schreef in *Het radicalisme, de kinderziekte van het communisme*: „De hoofdvraag van de revolutie is de vraag der *macht*, niet die van de klassenstrijd." „Men moet de dictatuur van het proletariaat vestigen door verstoring van de burgerlijke staatsmachine, het burgerlijke leger, het burgerlijke ambtenarenapparaat en de burgerlijke politie." „Men moet na de machtsovername de weerstand van de oude klassen breken, alle proletariërs verenigen, de revolutie bewapenen, het revolutieleger organiseren." „De dictatuur van het proletariaat is de onbarmhartigste oorlog van de nieuwe klasse tegen de machtiger vijand."

Stalin schreef over deze dingen nog veel vreselijker. In zijn boek *Lenin en het Leninisme* lezen wij de volgende definitie van de dictatuur: „De dictatuur van het proletariaat is de *door geen wet beperkte* en op geweld berustende heerschappij van het proletariaat over de bourgeoisie, die zich de sympathie en de ondersteuning van de werkende klassen eigen maakt."

Deze theorie is in Rusland in daden omgezet en ze zal in daden worden omgezet, overal waar het communisme de macht krijgt. En daar waar het die macht nog niet heeft, is het bezig met „doodgraversdiensten" te verrichten in de bestaande staten en maatschappijen. Het doel van het communisme moet overal volgens Lenin zijn: „gewelddadige vernietiging van de bestaande

2 Olten 1919.
3 Zie Walter Hollenweger, *Evangelisation, gestern und heute*, pag. 46 (een fragment over Ragaz).

staatsmachine en haar vervanging door een nieuwe staatsmachine." [4]

En Stalin schrijft in zijn boek over het Leninisme: „Ons doel is overal: doodgraversdiensten te verrichten aan het oude en opbouw van het nieuwe."

Mao Tse Tung heeft ook altijd de gewelddadige vestiging van de dictatuur verdedigd en verkondigd, dat die alleen tot stand komt „vanuit de loop van het geweer".

III. *De functie van de partij*

Welk apparaat moet de dictatuur van het proletariaat voorbereiden, vestigen en uitbouwen? Dat apparaat is de communistische partij.

Over de functie van de partij is onder de communistische ideologen veel gestreden. Trotzky bepleitte de „permanente revolutie" via communistische partijen in de gehele wereld en wilde de Russische C.P. niet maken tot instrument van de vestiging van het communisme in één staat, maar tot voorhoede in alle landen ter preparatie voor de wereldrevolutie.

Rosa Luxemburg, die veel meer in de lijn van Trotzky dacht, zette haar ideeën over de functie van een communistisch georiënteerde partij uiteen in *Was will der Spartakusbund* (1918/19).[5] Ze voelde niet als Lenin voor de vorming van een kleine groep, maar voor de vorming van de massa. „Zonder de wil van de massa geen recht op revolutie." Revolutie is voor haar niet de staatsgreep van een revolutionaire minderheid. Bij haar betekent revolutie een lange, taaie, ononderbroken klassenstrijd, waarin het proletariaat het vóór haar greep naar de macht noodzakelijke rijpingsproces doormaakt. Zij spreekt – met Trotzky – van „permanente revolutie". Permanente revolutie betekent echter bij haar toch niet afzien van geweld. Geweld is de ultima ratio van de klassenstrijd, een afzien van geweld zou de ineenstorting van de politieke strijd betekenen.

Lenin heeft de C.P. vooral gezien als kaderpartij, als *bewuste* stoottroep van het *onbewuste* proletariaat. Zij moet namens het onbewuste of halfbewuste proletariaat handelen. „De arbeiders verwachten geen compromissen. Zij streven naar keiharde vernietiging van de reactionaire krachten, dat betekent de revolutionair-democratische dictatuur van het proletariaat en van de

4 Lenin in *De proletarische revolutie en de renegaat Kautsky.*
5 „Was will der Spartakusbund". *Politische Schriften,* Bd. II, Frankfort 1968, o.a. pag. 168 vv.

pachters." De C.P. handelt volgens zijn visie pars pro toto.[6]

In dezelfde geest schreef de Hongaarse communistische ideoloog Georg Lukacs in *Spontaneität der Massen, Aktivität der Partei*.[7] Het behoort tot de twijfelachtige eer van Joseph Stalin, dat hij op dit punt de leer van Marx en Lenin weer „verder heeft uitgebouwd", zoals hij zelf zegt. Zijn ideeën daarover kan men vinden in zijn boek *Lenin en het Leninisme*. De communistische partij is de georganiseerde stoottroep van de arbeidersklasse. De groep van de bewusten. De voorhoede. Als men ieder maar lid laat worden, wordt een partij een „zwammerig, gedesorganiseerd geval, waarmee niets te beginnen valt."[8]

Als kleine georganiseerde troep betekent de communistische partij: schepping van macht, omzetting van ideeën in daden. De partij moet de zeggenschap hebben over alle organisaties van de arbeidende klasse. *Ze moet volledige heerschappij hebben over alles.*

Daarvoor zijn twee dingen nodig. *In de eerste plaats dat er in een staat, waarin de dictatuur van het proletariaat heerst, geen andere partij is.* Er mag maar één partij zijn. En in die landen, waarin nog vele partijen bestaan, moet het heimelijke doel zijn aan te sturen op de absolute macht van de ene, communistische partij. *Het tweede, wat daartoe nodig is, is dat binnen de partij ijzeren discipline heerst.* Er mag in de partij maar één wil zijn. Elke fractievorming moet tegengegaan worden. „Treedt fractievorming op, dan moet de fractie worden uitgeroeid." Dat is een uitspraak van Lenin in een resolutie over partijeenheid. En Stalin is vooral hierin de consequente leerling van Lenin geweest. Hij heeft met ijzeren vuist alle fractievorming neergeslagen en de partij telkens weer gezuiverd door liquidatie van die elementen, die zich aan de „ijzeren discipline" niet onderwierpen. Hoewel in de post-Stalin periode de afschuwelijke uitwassen van deze ijzeren discipline zijn aangepakt door Chroestjev en Brezjnev zijn toch nog tot op de huidige dag geen *zekeringen* aangebracht tegen het machtsmonopolie, dat in het Stalinisme zo ongetemperd woedde.

Aan het hoofd van de partij staat de leider van het Centrale Comité, die gekozen is door de gedeputeerden van de arbeiders-, boeren- en soldatenraden. De hoogste partij-instantie is in feite het polit-bureau van de partij. De leider is lid van het polit-

6 Zie Lenin, *Twee tactieken der sociale democratie in de democratische revolutie*, Bd. I, 1905, pag. 620.

7 In: *Schriften zur Ideologie und Politik*, Berlijn 1967.

8 Pag. 131.

bureau en secretaris-generaal der partij. De leiding van de partij beschikt over een geheime politie om na te gaan of er fracties gevormd worden en om weg te werken wat weggewerkt moet worden. In feite regeert in Rusland (en ook in China) een nieuwe élite, de élite der politieke bureaucraten en der technocraten.

Het probleem van de dissidenten is hoe dit veranderd kan worden. Ernest Mandel schreef dat dat alleen kan via een politieke revolutie, die de dictatuur van de bureaucratie uitschakelt en de economie laat beheren door de „geassocieerde producenten".[9]

Constandse is het daarmee eens en pleit voor het democratiseren van het staatssocialisme en de vergroting van de persoonlijke vrijheden.[10]

Ik denk, dat alle dissidente intellectuelen in Rusland, in Oost-Europa en op andere wijze ook in China het wel eens zijn met zo'n vrome wens. Maar drs. Marius Broekmeyer schrijft in datzelfde no. van *De Gids*, dat naar zijn overtuiging veel luider moet worden geprotesteerd. Men moet zich, zo betoogt hij, vooral als men links is, stellen achter de eisen tot het instellen van een rechtsstaat, achter de eis tot opheffing van de terreur. Daarom roepen inderdaad de dissidenten in Oost-Europa en in China.

Aan de wortel van deze leer van de staat, van de dictatuur van het proletariaat en de leer van de functie van de partij ligt een visie op de macht van de staat en de uitoefening van macht, die de uiterste consequentie is van het atheisme. Hier ontbreekt het besef, dat alle instellingen die macht uitoefenen verantwoording schuldig zijn aan God en aan de mensen. Hier matigt een revolutionaire avant-garde „zich almacht en alwetendheid" aan – de partij heeft altijd gelijk! Hier waagt die avant-garde het zich de onbeperkte souvereiniteit over leven en dood toe te eigenen.[11]

In de communistische visie heet het dat de partij vertegenwoordiger, voorloper, strijder is voor de armen en lijdenden. Maar – zo schrijft B. Wielenga in zijn boek over Lenin – „het probleem is dat de verhouding tussen beide groepen niet verzekerd is". „Te weinig hield men rekening met de mogelijkheid van de verzelfstandiging van de partij tegenover de massa's."

Wie ogen heeft om te zien, kan zien, hoe het feit, dat geen enkele zekering in de richting van de rechtsstaat in het commu-

9 In: *De Internationale,* febr. 1973.
10 In: *De Gids,* 4-5-'73, pag. 235 vv.
11 Vgl. de analyse van B. Wielenga, *a.w.,* pag. 464 vv.

nistisch systeem is en wordt ingebouwd, leiden *moest* en moet tot een systeem, waarin de *macht* van de partij tot doel in zichzelf wordt. Dat Lenin op dit punt geen blaam treft is m.i. onzin. Reeds in zijn tijd was deze vergoddelijking van de partij en deze arrogantie der macht met de handen te tasten.

Communistische partijen buiten de gebieden waar het communisme het machtsmonopolie heeft

Op drieërlei wijze poogt de Derde Internationale het politieke leven te beïnvloeden in die gebieden, waar het communisme nog niet het machtsmonopolie heeft; door „eenheidsbewegingen", door mantel-organisaties en door het stimuleren van communistische partijen.

Eenheidsbewegingen zijn organisaties, waarin onder communistische invloed verschillende groepen en partijen gaan samenwerken voor één doel, terwijl communistische elementen pogen de richting te bepalen. Personen uit andere niet-communistische groepen worden in zulke eenheidsbewegingen gespannen voor de wagen van de Derde Internationale.

Mantel-organisaties zijn politieke en maatschappelijke organisaties, die onder andere naam communistische doeleinden nastreven. Daarnaast treden de communistische partijen op.

Nu in de communistische wereldbeweging op allerlei wijze een polycentrisme optreedt (Moskou, Peking, Havana en nationaal-communistische bewegingen), trachten de meeste communistische partijen een eigen weg te banen. Het is opvallend, dat bijvoorbeeld de Italiaanse communistische leider Berlinguer en de Franse leider van de C.P., Marchais, de term dictatuur van het proletariaat hebben prijsgegeven (januari 1976) en verklaren de spelregels van de westerse parlementaire democratieën te willen en te zullen respecteren.

Dergelijke verklaringen zijn taktisch en strategisch en in de historische situatie van de Westeuropese communistische partijen verklaarbaar en ze zullen ook wel welgemeend zijn.

Er is echter niet de minste aanleiding om te denken, dat de doeleinden die nagestreefd worden andere zouden zijn dan die van het wereld-communisme. Tegen die achtergrond zijn ze ontstaan, in die bedding bewegen zij zich naar de toekomst.

In landen waar de communistische partij niet (of nog niet) het machtsmonopolie heeft, behoort het tot de taktiek van de communistische partij om aan *niet-communisten verkiesbare plaatsen aan te bieden bij de verkiezingen.* Het doel daarvan is een greep op de achterban van zulke personen te krijgen zonder dat dergelijke personen of groepen in de gelegenheid zullen worden gesteld de *richting* van het beleid te bepalen. Daarvan zijn vele voorbeelden te geven, o.a. in Azië, maar ook in Europa.

Veelzeggend is in dit verband de volgende instructie van de Italiaanse C.P. bij de laatstgehouden Italiaanse verkiezingen (1976).

„Wij moeten ons er altijd van bewust zijn, dat iemand die met ons sympathiseert in het algemeen meer waard is voor ons dan een dozijn militante communisten. Een professor aan een universiteit, die zonder lid van de C.P. te zijn de belangen van de Sovjet-Unie verdedigt, is meer waard dan honderd lieden met lidmaatschapskaarten van de partij. De ondergrondse aktiviteit, die geen weerstand wekt is effectiever dan een frontale aanval door officiële communisten. Breng een zo groot mogelijke massa in beweging met een zo klein mogelijk aantal kaders, zonder aan degenen die op die wijze in beweging gezet worden toe te staan de richting te bepalen."

In de dialoog met communisten zal de vraag naar de functie, de grenzen en de doeleinden van de overheidsmacht en van de partijen niet mogen ontbreken. Het heeft niet de minste zin om dit onderwerp te ontwijken.

Het probleem van de macht en de verzoeking tot het vestigen van machtsmonopolies moet aan de orde gesteld worden.

Terwille van de miljoenen die lijden onder de uitoefening van een totalitaristische dictatuur en terwille van hen die er misschien argeloos en onbewust door bedreigd worden.

Enkele overwegingen over de macht, het doel en de taak van de staat vanuit Gods beloften en eisen

In de hieraan voorafgaande pagina's heb ik getracht de leninistisch-marxistische leer over de *staat,* de *dictatuur van het proletariaat* en de *functie* van de *partij* weer te geven. Aan het einde heb ik er de nadruk op gelegd, hoe in de dialoog met deze ideologie de vraag naar de macht, het doel en de taak van de staat aan de orde moet komen. In aansluiting daaraan wil ik hier in enkele korte aantekeningen rekening en verantwoording afleggen van wat vanuit Gods beloften en eisen daarover in ieder geval gezegd behoort te worden in een dialoog.

Bij het bestuderen van wat de Bijbel zegt over dit thema is vooral de hymne in Psalm 72 van onvergankelijke betekenis. Daarmee bedoel ik niet, dat wat daar staat beslissend is voor de te kiezen staatsvorm, maar wat daar staat over de aanwending van de overheidsmacht is beslissend voor alle eeuwen.

„O God, verleen de Koning uw recht en uw gerechtigheid de

zoon des konings (vs. 1). Hij verschaffe recht aan de ellendigen des volks. Hij redde de armen, maar verbrijzele de verdrukker (vs. 4). Hij zal de arme redden, die om hulp roept, de ellendige en wie geen helper heeft. Van druk en geweld zal hij hun leven bevrijden. Hun bloed zal kostbaar zijn in zijn oog" (vs. 14).

Psalm 72 bevat een verborgen polemiek tegen de despotische opvattingen over de staatsmacht en het koningschap, zoals die in die eeuwen in het Midden-Oosten te vinden waren. De despoten en Farao's van Egypte, de tyrannen en despoten van Babel, Assyrië, Ninevé beseften niet, dat *macht* alleen dan een zedelijk karakter draagt wanneer macht gebruikt wordt om het *recht te verzekeren en om liefde te manifesteren.*

Nu wordt in Psalm 72 *gebeden* of God aan de koning inzicht wil geven in de strekking van macht en het gebruik van macht. Macht moet samengaan met rechtvaardigheid en liefde. Macht moet het onrecht aangrijpen, de boosheid weerstaan, moet een schild opheffen boven het hoofd van zwakken en onbeschermden.

Waaraan ontleent de dichter van deze psalm deze visie op het doel en de taak van de koning? Hij ontleent die visie aan de ontmoeting met Jahwe-Adonai, de God van Israël, die ook de God der gojim (volkeren) is.

In Jahwe-Adonai is een eeuwige eenheid van macht en recht en liefde. Jahwe is de almachtige. Maar de almacht van Jahwe is geen dommekracht en geen willekeur. Met Zijn macht beschermt Hij het recht en manifesteert Hij Zijn liefde en genade en barm-hartigheid. De overheden ontlenen, bewust of onbewust, hun macht aan Hem. Ze zijn of ze dat zich bewust zijn of niet aan Hem *verantwoording* schuldig, zoals Jezus ook aan de Romeinse Procurator onder de aandacht bracht (Joh. 19 : 11).

Welnu, Jahwe wil dat de overheid haar macht aanwendt in dienst der gerechtigheid en liefde. In Rom. 13 : 4 vinden wij principieel dezelfde visie op het doel en de taak van de overheid.

John Howard Yoder heeft in zijn boek *De politiek van het kruis* naar mijn mening terecht de opvatting bestreden, dat Paulus daar het gezag van de Romeinse overheid idealiseert. Hij wijst erop, dat de tendens van het fragment uit Rom. 13 veeleer is om de christenen te behoeden voor anarchisme. Maar toch laat zich niet ontkennen, dat Paulus wel in enkele lichtflitsen laat zien wat de *norm* is, waaraan de macht van overheden nolens volens gebonden is.

Hij zegt in vs. 4, dat de overheid „diakonos theou", Gods dienaar is en in vs. 6 omschrijft hij de taak van de overheid als die van de „liturg" (leitourgos), ambtsdrager. Paulus wist ook wel, dat de overheid in de praktijk van het leven in ernstige mate van dat doel en die taak afweek. Zijn Heer, Jezus Christus was door die overheid gekruisigd en die overheid had hem vaak gevangen gezet. Maar het gaat hem erom te laten zien wat de overheidstaak is en wat Gods bedoeling met het instrument van de overheid is. God wil, dat de overheid als dienaar (diakonos) en ambtsdrager (leitourgos) fungeert om het kwade te weerstaan en om het recht en de barmhartigheid te handhaven in de door Hem geschapen wereld.

Deze visie van Paulus heeft niets te doen met de bittere ervaringen, die hij en zijn Heer en de gemeenten in die tijd ervoeren, ze is ook niet beperkt tot de grenzen van het Imperium Romanum. Deze visie formuleert de zin, de betekenis van het overheidsgezag naar *Gods* bedoeling.

„In het ambt der overheid ligt het bewijs, dat God mede door haar dienst, zijn recht en zijn goedheid in de door Hem geschapen wereld handhaaft en gehandhaafd wil zien." [12]

Die visie vinden wij ook in 1 Tim. 2 : 2 en 3, Titus 3 : 1.

Het kan zijn, dat de overheid haar macht misbruikt. Het kan zelfs zijn, dat haar machtsaanwending een demonisch karakter gaat dragen, zoals dat in Openb. 13 getekend wordt: God houdt de overheden aan Zijn roeping en zending door alle eeuwen heen.

Er zijn dus drie constituerende elementen in de overheidstaak: *macht, recht* en *liefde*. Deze drie elementen zijn niet gelijk, maar ze zijn wel één.

In God zijn macht, liefde en recht één. Bij de overheden *behoren macht, liefde* en *recht één te zijn,* maar zijn er in feite altijd spanningen tussen macht, recht en liefde.

Macht

Een staat heeft macht nodig om werkelijk staat te zijn. Een staat zonder macht is geen staat, maar een droom, een idee, een debatingclub wellicht, een vrome of geweldloze wens, maar geen staat.

Een staat heeft een centrum van actie nodig, dat als machtscentrum door de onderdanen wordt gekend, erkend en ervaren.

Bakounin en de anarcho-syndicalisten zeiden dat een samenleving geen machtscentrum nodig heeft, maar volstaan kan met associaties van raden (van arbeiders, boeren enz.). Er is nog nooit een anarcho-syndicalistische samenleving geweest, die stand hield. Er is een coördinerende macht nodig.

12 H. N. Ridderbos, in: *Paulus,* pag. 359.

Karl Marx, Friedrich Engels en Lenin hebben betoogd, dat de mensheid *op den duur* leven kan zonder machtscentrum. Ze hebben, zoals wij zagen betoogd, dat er een tijd zal komen, waarop de staatsmacht weggeworpen kan worden als „oud ijzer".

Zowel de opvatting van de volgelingen van Bakounin als van Marx en Lenin berust op een vergissing. Een samenleving van zondige mensen heeft tot het einde der geschiedenis een staatsstruktuur nodig, die macht heeft.

Het is Gods bedoeling dat de staat macht heeft, bevoegdheid, „exousia" zou Paulus zeggen. De staat is geroepen om de haar geschonken macht te handhaven. Vaak wordt de zeggenschap van de overheid zwijgend erkend door de grote meerderheid der onderdanen. Dan kan de overheid haar macht handhaven zonder dwang. Maar er zijn ook situaties, waarin de macht dwang nodig heeft om zichzelf te handhaven tegen degenen, die de macht willen ontkennen of ondergraven.

Macht is echter niet hetzelfde als dwang. Dwang is alleen een middel tot handhaving van macht. Macht kan meestal zichzelf handhaven zonder dwang. Dwang is alleen doeltreffend en zinvol als dwang gebruikt wordt om het gezag te handhaven. Het is de roeping van de staat haar macht te handhaven. Een stabiele overheid, wier macht in alle delen van haar territorium erkend wordt en die haar macht duidelijk kan laten gelden tegenover hen die de macht ondergraven, is een zeer grote zegen voor een land. Het is echter nodig erop te wijzen, dat de macht van de overheid naar Gods eis moet aangewend worden in dienst van de beide *andere componenten* van de overheidstaak: *gerechtigheid* en *liefde*. Als de overheid de macht aanwendt om de macht zelf met verwaarlozing van gerechtigheid *voor allen* en liefde voor *allen,* dan wordt de macht van de overheid tot een grove provocatie, tot ruw geweld en dan ondergraaft de overheid zelf het gezag, dat ze in stand behoort te houden. Wanneer de staat haar macht gebruikt om de macht zelf zonder gerechtigheid en zonder liefde, dan ontaardt de aanwending van de staatsmacht in tyrannie en despotie.

Gerechtigheid

De macht van de staat dient om het *recht* te zoeken, te formuleren, te bewaren, te handhaven en te dienen.

God is rechtvaardig. De staat heeft de taak om op haar terrein en op haar wijze rechtvaardigheid te betrachten. Ze is geroepen om de rechten van de enkeling te respecteren en te waarborgen. Ze is geroepen om de rechten van groepen en gemeenschappen, vooral van minderheden te waarborgen. Ze is geroepen om in het bijzonder de *fundamentele* rechten te handhaven, zoals die o.a. in de „verklaring over de rechten van de mens" aan de orde worden gesteld. Het is treffend dat in de theologie van de laatste decennia *dit* aspect van de overheidstaak sterk naar voren komt.

Met een beroep op de gerechtigheid Gods formuleerde Karl Barth in *Christengemeinde und Bürgergemeinde* en in *Rechtfertigung und Recht* de roeping om in alle samenlevingen te worstelen om de *rechtsstaat,* waarin *recht voor allen* geldt.

Jürgen Moltmann heeft in een diepzinnig opstel de fundamentele mensenrechten geplaatst in het kader van zijn bevrijdingstheologie.[13] In deze theologie gaat het om de bevrijding van de mens, want ieder mens, van welke groep ook, is bestemd om beelddrager Gods te zijn.

„De theologie van de bevrijding is de theologie der toekomst, want het Rijk van de Zoon des Mensen is de menselijke toekomst van de mens."

In zijn uiteenzetting over de grondrechten gaat het om de strijd tegen de beestachtige trekken, die de aanwending van de overheidsmacht vaak heeft en om het ombuigen van de overheidsmacht in dienst van gerechtigheid en waarachtig menselijk leven.

In twee zeer recente publicaties van de Wereldraad van Kerken is dit ook in de visie op de overheidstaak het centrale thema: *To set at liberty the oppressed* (om de onderdrukten te bevrijden), zo luidt de eerste titel en de tweede: *To break the chains of oppression* (om de boeien der onderdrukten te verbreken).

Deze dienst der gerechtigheid voor allen, waartoe de overheid geroepen is, heeft velerlei *openbaringswijzen.* Deze gerechtigheid van de staat treedt op als *straffende gerechtigheid,* wanneer ze het onrecht, de misdaad, de rechtsverkrachting tegemoet treedt met onderzoek, aanklacht en veroordeling.

De gerechtigheid van de staat treedt op als *verdelende gerechtigheid* (iustitia distributiva), wanneer ze naar de mate van haar vermogen zorgt, dat elke burger en elke groep de gelegenheid ontvangt tot sociale, economische, culturele en religieuze ontplooiing.

Paul Tillich heeft in zijn diepzinnige boek *Love, power and justice* geschreven over een nog veel belangrijker derde vorm van gerechtigheid, die hij „creatieve gerechtigheid" noemt („creative

13 Zie *Wereld en Zending,* 3e jrg., 1974, pag. 24. Eveneens zijn *Das Experiment der Hoffnung,* pag. 164 vv., en *Kirche in der Kraft des Geistes,* pag. 204 vv.

justice"). Op staatkundig terrein verstond hij daaronder, dat de staat door haar macht in dienst van het recht te stellen de *voorwaarden schept voor de ontplooiing* van de gemeenschap, die onder *haar* gezag staat. Recht is namelijk dynamisch. Recht is creatief; waar recht woont, daar woont ook de vrede. Daar woont ook de liefde. Daar bloeit het leven op. Daar is vooruitgang te zien in de situatie en omstandigheden.

Liefde

De taak van de staat is niet alleen haar macht in dienst van het recht te stellen, maar eveneens om liefde te bewijzen, want God is rechtvaardig en liefdevol.

Er is geen tegenstelling tussen de liefde van God en de rechtvaardigheid van God. Recht en liefde zijn wezenlijk één in Hem.

De overheid heeft op haar terrein en op haar wijze de roeping haar macht aan te wenden in de dienst van recht en liefde.

Vaak wordt in allerlei beschouwingen over de staat liefde tegenover het recht geplaatst. Dan wordt gezegd (bijvoorbeeld door Emil Brunner in *Das Gebot und die Ordnungen)* dat de overheid slechts met gerechtigheid te maken heeft en niet met liefde. Dat is een onhoudbare redenering. Recht is niet mogelijk zonder liefde. Het positieve element in recht en rechtsuitoefening is liefde. Liefde wijst ook de overheden aan wat recht is.

In Psalm 72 wordt *gebeden* of God aan de overheid *liefde* wil geven voor de onderdanen van de staat. Liefde voor armen en zwakken, liefde voor verdrukten, gediscrimineerden, hulpelozen. Liefde voor nabijen en verren.

De verhouding tussen overheid en volk behoort een verhouding te zijn van betoning van liefde voor allen en van beantwoording van liefde.

De regering van een staat kan alleen regeren naar Gods wil als ze liefde en aandacht heeft voor elke maatschappelijke groepering, voor elke sector, voor elke streek. De liefde moet haar dringen verdrukten van druk te bevrijden en onbeschermden te beschermen, sociaal en economisch zwakken te sterken, achtergebleven gebieden te helpen, ver en geïsoleerd wonende groepen uit hun isolement te verlossen. Liefdevolle aandacht en zorgzaamheid zijn absoluut noodzakelijke eigenschappen voor een overheid.

De overheid behoort oren te hebben die duidelijk aanwijzen waar hulp nodig is, ze behoort een hart te hebben dat klopt voor elke groep, ze behoort een hand te hebben die zich uitstrekt tot ieder die deze hand nodig heeft.

Macht, gerechtigheid en liefde als toetssteen voor de overheid

Als het waar is, dat de taak van de overheid bestaat in de manifestatie van macht, recht en liefde, dan is daarmee tevens de *toetssteen* voor de overheden gegeven. Die overheid is goed, die op haar wijze de eenheid van macht, recht en liefde manifesteert.

Geen enkele overheid brengt de eenheid van macht, recht en liefde feilloos tot openbaring. Alle overheden zijn in de geschiedenis van deze zondige wereld slechts gebrekkige instrumenten. Elke overheid kent de spanning tussen macht, recht en liefde. Soms is er veel macht, maar weinig recht en weinig liefde. Soms is er wel veel verlangen om recht te doen en verlangen om recht te tonen, maar weinig of geen macht om het recht te laten gelden en de liefde te laten blijken.

Het is de roeping van elke overheid, van elk volk om eraan mee te werken, dat de overheid haar taak steeds meer vervult en meer aan haar doel beantwoordt. Dat heeft diepgaande consequenties voor de *staatsvorm.*

Welke staatsvorm is het meest geschikt om dit toetsingsproces te volvoeren en de vervulling van de overheidstaak zó te beïnvloeden en te corrigeren, dat ze meer handelt overeenkomstig haar roeping?

Elke oligarchie, heerschappij van een kleine kliek van links of rechts is ongeschikt tot die taak. Elke oligarchie stikt van eigenbelang.

Elke dictatuur, zowel de fascistische als de zgn. „dictatuur van het proletariaat" is een slecht instrument bij de vervulling van die taak.

Dictaturen van links en rechts lenen zich omdat er geen ingebouwde controle is meestal willig tot wreedheid en ongerechtigheid *krachtens de struktuur die de dictatuur heeft.*

De tragiek van de communistische staten is dat ze doordat geen zekeringen tegen machtsmisbruik zijn ingebouwd, de macht monopoliseren voor de eigen partij en daardoor onrecht doen aan miljoenen die niet tot de partij behoren.

De Poolse ideoloog Leszek Kolakowski, die als Marxist vele boeken over het Marxisme schreef, zegt m.i. geheel terecht: „Elke linkse beweging in een westelijk land zal zich in een verkeerde en misleidende positie bevinden zolang ze niet duidelijk begrijpt en openlijk durft uit te spreken, dat het Sovjet communisme een van de grootste centra van nationale en maatschappelijke onderdrukking is, die ooit ter wereld bestaan hebben." [14]

14 Geciteerd als motto van *De Gids,* 4-5-1973.

Hij ontkent in het geheel niet, dat het communisme ontsprong aan het verlangen op te komen voor de onderdrukten. Wie dat niet beseft en ziet, is blind. Maar hij onderstreept, dat het communisme doordat het de dictatuur aanvaardt, de corruptie en ontaarding van de macht in zijn systeem inbouwde.

Datzelfde geldt voor het systeem dat Mao Tse Tung opbouwde in China. Wie al zijn geschriften leest vanaf zijn eerste brochure over *De boerenbeweging in Hunan* tot zijn laatste uitspraken toe vindt overal de sporen van een hevig klasse-antagonisme en de *verheerlijking* van dictatuur.

In welke staatsvorm is de kans om de bovengenoemde toetsstenen te hanteren het grootst?

Ik noem nu enkele namen van christendenkers die zich daarover geuit hebben in de laatste dertig jaar: Karl Barth (in zijn bovengenoemde brochures), Reinhold Niebuhr (in zijn boek *De kinderen des lichts en de kinderen der duisternis,* een pleidooi voor democratie en een kritiek op haar traditionele verdediging) en M. M. Thomas in zijn *India's Quest for Democracy.* Het boeiende van die geschriften is, dat ze nuchter uitgaan van het feit, dat overheden „van nature" ook *niet* goed zijn en geneigd tot alle kwaad. Ze hebben daarom controle nodig. Elke overheid is geneigd tot tyrannie. En elk volk is geneigd tot *anarchie.*

Vanwege de neiging tot tyrannie der overheden is het nodig dat de overheidsorganen in hun werkzaamheid gecontroleerd worden door vertegenwoordigende lichamen van heel het volk. „Ongecontroleerde macht is onverdragelijk" (M. M. Thomas). Aan de andere zijde is het volk geneigd tot anarchie. Het volk heeft de neiging haar kritiek op de overheid te uiten met illegale middelen en anarchistische methoden. Daarom is het nodig, dat er vertegenwoordigende lichamen zijn, die het volk de gelegenheid geven kritiek op legale wijze te uiten en positieve invloed uit te oefenen op de gang van zaken in de staat en te participeren in het bestuur. Op deze wijze baant de parlementaire democratie een middenweg tussen despotie en anarchie.

Ieder die niet ziende blind is, kan constateren dat ook de democratie *kan* ontaarden. Ze kan verworden tot populisme, tot majoriteits-dictatuur, tot ochlocratie. Ze kan ook, zoals in vele landen het geval is, tot *ornament* of *façade* worden. Geen enkele staatsvorm geeft volstrekte garantie dat de macht niet misbruikt zal worden. Maar toch is de politieke, culturele, economische en sociaal-democratische staatsvorm het meest geschikt om de aanwending van de overheidsmacht in goede banen te leiden.

Opvoeding tot *democratie* is een van de taken, waarin de

christengemeenschappen naast de andere een belangrijke taak kunnen vervullen.

De grenzen van de overheidstaak

De overheid is niet God. Ze is niet almachtig en moet dat ook niet willen zijn. Ze is niet alwetend en moet dat ook niet willen zijn. De overheid heeft slechts een zeer beperkte macht.

God is een onuitputtelijke bron van liefde. De overheid is beperkt in haar liefdebetoon. De ogen van de overheid zien niet alles en kunnen niet alles zien. De hand van de overheid reikt niet ver. De overheden behoren zich bewust te zijn van hun grenzen en mogen niet als moderne Farao's en Nebukadnezars in de plaats van God treden, die over alles regeert. Wij noemen enkele van deze grenzen.

Ieder mens staat rechtstreeks onder God; uit Zijn genade ontvangt de mens het recht om te zijn, te leven, te handelen, te spreken.

De overheid heeft de taak het recht van de enkeling te respecteren. Ze heeft alleen de taak erop toe te zien, dat de enkeling het recht van anderen om er ook te zijn, om ook te handelen, om ook te spreken, niet aantast.

Het gezin staat rechtstreeks onder Gods heerschappij. De overheid heeft noch het recht, noch de taak om in het gezin in te grijpen. Ze mag dat alleen doen als een gezin ontwricht is en als in het gezin de rechtsverhoudingen aangetast worden.

De kerken en andere religieuze gemeenschappen staan rechtstreeks onder God. Ze zijn geen instrumenten van de staat. De overheid heeft alleen de taak om in verdelende gerechtigheid aan elke religieuze gemeenschap vrijheid te garanderen en in straffende gerechtigheid op te treden als de ene groep het recht van de andere groep vertrapt.

Onze bedoeling zal wel duidelijk zijn uit het bovenstaande.

In de communistische staatsleer wordt aan de staat totalitaire macht toegekend. Dat blijkt o.a. uit het *ontbreken* van een *onafhankelijke* rechterlijke macht, dat blijkt uit het bestaan van een *geheime* politie, dat blijkt uit de aantasting van het recht van de enkeling en van elke groep en elke gemeenschap. Vanuit Gods beloften en eisen moet het totalitaire karakter van een staat worden afgewezen. De overheid heeft *beperkt* gezag. Ze is slechts een dienaar. Geen God. Als de staat dat vergeet en totalitaire aanspraken laat gelden, leidt dat tot staatsvergoddelijking en tot collectivisering van het gehele leven. Daarom is aan christenen in de gehele wereld de taak opgedragen om elkander bij te staan in het vormen van rechtsstaten, die de beperktheid van hun gezag erkennen en zo tot een zegen zijn voor volken en samenlevingen.

LITERATUUR BIJ HOOFDSTUK 14

Karl Marx, *Frühschriften*, pag. 216-224.
Idem, *Bürgerkrieg in Frankreich*.
Idem en F. Engels, „Manifest der Kommunistischen Partei 1849" (*Frühschriften*).
Friedrich Engels, *Ursprung der Familie, des Privateigenthums und des States*.
Lukacs, *Spontaneität der Massenaktivität der Partei*, Berlijn 1967.
Lenin, „Zwei Taktiken der sozialen Demokratie", *Werke*, Bnd. I, 1905, p. 620.
Idem, *Staat und Revolution*.
Stalin, *Socialisme in één land*.
Idem, *Problemen van het Leninisme*.
Idem, *Lenin en het Leninisme*.
Mao Tse Tung, *On contradiction*.
„Party and Government: The organizational instruments of rule", in: *China readings* 3 (Pellican).
Publicatie van de C.P. van de D.D.R.: *Notwendigkeit des Kommunismus*, Berlijn 1971.
A. L. Constandse, „Keerzijde van de keerzijde", in: *De Gids* 4-5-1973.
S. Gerbrandy e.a., *Macht over macht*, Bilthoven 1975.
Reinhold Niebuhr, *De kinderen des lichts en de kinderen der duisternis* (een boek over parlementaire democratie), 1948.
Geweld en geweldloosheid. I.K.V. publicatie, 1974.
John Howard Yoder, *De politiek van het kruis*, Baarn z.j.
Paul Tillich, *Liefde, macht en recht*, Delft 1956.
W. Künneth, *Politik zwischen Dämon und Gott*, Berlijn 1954.
John Bennett, *Christianity and communism*, Londen 1949.

15. De toekomstverwachting (eschatologie) in het marxistisch Leninisme en de bijbelse toekomstverwachting

I. De marxistisch-leninistische toekomstverwachting

Het marxistisch Leninisme kent een heilsverwachting. Het schildert aan de horizon der geschiedenis de dageraad van een nieuwe dag. Binnen de grenzen van de aardse geschiedenis zal de heilstaat komen, de heilstaat van de klassenloze maatschappij. Het is zonder twijfel waar, dat Marx, Engels en hun volgelingen en Lenin telkens in hun geschriften gewaarschuwd hebben tegen wat zij noemden *„utopisme"* en *utopisch socialisme* (van Proudhon, Saint Simon, Louis Blanc en de „Blanquisten"). Bij Marx kan men herhaaldelijk lezen, dat de sociale revolutie een historisch proces zal zijn, dat in dialectische bewegingen tientallen jaren vereisen zal.

Wie in het Rijk der vrijheid wil belanden moet eerst door het „Inferno" heen, zegt hij met een verwijzing naar het drama van Dante in *Zur Kritik der politischen Oekonomie.* Lenin sprak cynisch over de mensen die meenden dat in de trein van de communistische wereldbeweging plotseling geroepen zou worden: „Uitstappen, kameraden, hier is de heilstaat!"

Vooral Stalin heeft met bijtend sarcasme kritiek uitgeoefend op die Marxisten die van mening zijn dat de dictatuur van het proletariaat spoedig kan worden opgeheven en hamerde erop, dat die dictatuur nog tientallen jaren nodig zou zijn. De huidige bewindvoerders van de communistische staten spreken zoals wij zagen over de „uitgestelde revolutie" en lijken allerminst van plan om de vervanging van de dictatuur van het proletariaat door een „definitieve heilstaat" voor te bereiden. Maar dit alles neemt niet weg, dat alle orthodoxe Marxisten en Leninisten een toekomstbeeld schilderen en spreken van de komende heilstaat van de klassenloze maatschappij, waarin geen uitbuiters en geen uitgebuitenen meer zijn, waarin geen sociale ziekten meer zullen voorkomen, waarin geen klassemoraal meer zal voorkomen met alle daarmee gepaard gaande huichelarij en waarin de economische ontwikkeling rechtvaardig zal zijn.

Karl Barth merkt in zijn analyse van het Marxisme op, dat deze

187

eschatologie het eigenlijke, drijvende motief was en is, dat Karl Marx c.s. aan hun volgelingen op de weg naar de toekomst hebben meegegeven.[1] Juist deze eschatologie maakt het marxistisch Leninisme tot een soort *politieke religie.*

Willem Banning heeft dat ook benadrukt in zijn boek *Het Communisme als politiek-sociale wereldreligie.*

Velen hebben met andere woorden daarop gewezen, o.a. de bekende econoom Keynes.

Vooral in Azië fungeert het Marxisme in maoistische gestalte weer volop als een politieke religie met een op de toekomst gerichte bevrijdingsleer, waarin de marxistische interpretatie van verleden, heden en toekomst een *mythisch* karakter heeft.

Ook Gollwitzer wijst daarop. Hij spreekt van een „diesseits-eschatologie", die niet zoals de bijbelse gefundeerd is in Gods handelen in de geschiedenis, maar een eschatologie, waarin alles gezet wordt op de kaart van het menselijke kunnen en kennen. Theodor Steinbückel noemt Marx' eschatologie dan ook een van haar religieuze inhoud ontledigde apocalyptiek.

Wij komen daarop terug, maar wij vragen nu eerst naar de inhoud van deze eind-verwachtingen.

1. *De concrete inhoud van deze toekomstverwachting*

Wat zal volgens het marxistisch Leninisme de *concrete* inhoud zijn van de heilstaat der toekomst?

Het is niet gemakkelijk om deze vraag te beantwoorden. Zowel Marx als Lenin legt meer de nadruk op wat er in de toekomst *niet* meer behoort te zijn dan op de *positieve* inhoud van hun toekomstverwachting. In het *Communistisch Manifest* wordt meer gesproken over de overgangsmaatregelen die aanbevolen worden gedurende de „dictatuur van het proletariaat" dan op wat verwacht wordt na die „overgangsperiode".

Toch heeft Marx zich zo nu en dan uitgesproken over de concrete inhoud van zijn toekomstverwachting. Ik vat nu deze uitspraken samen met verwijzing naar de bron.

a. Alle materiële behoeften van de mensheid zullen bevredigd worden doordat de springbronnen van de genootschappelijke arbeid in volle productie zullen vloeien.

b. Er zal geen officiële arbeidsverdeling meer zijn. Ieder individu zal universeel zijn en geschikt tot alle arbeid. Het zal bijvoorbeeld mogelijk zijn 's morgens te jagen, 's middags te vissen, 's avonds aan veeteelt te doen, enz.

1 *K.D.* III, 2, pag. 465.

c. Ieder zal beloond worden naar zijn bekwaamheden en volgens zijn behoeften.

d. In het economisch verkeer zullen afspraken de plaats innemen van verdragen en contracten.

e. De wereld zal één wereld zijn. Er zullen *geen staten meer zijn*. Politiek zal niet meer bedreven worden. Internationale economie zal de plaats innemen van internationale politiek.

f. In plaats van gezinsopvoeding zal maatschappelijke opvoeding treden.

g. Alle krachten van de natuur zullen door de mensheid worden beheerst.[2]

2. *Latere ontwikkelingen in de marxistische toekomstverwachting*

Er is in marxistische kringen ook later veel nagedacht over de toekomstverwachting. Ik selecteer enkele bijdragen die daarvoor m.i. het meest typerend zijn.

Karl Kautsky (1854-1938), één van de tegenstanders van het revisionistische socialisme van Bernstein c.s. en een vurig vertegenwoordiger van het orthodoxe Marxisme, hield zich in het toekomstbeeld meer dan Marx bezig met het *mens-type* dat hij in de toekomst verwachtte. Hij schreef daarover in zijn *Am Tage nach der Revolution*. Nu, in deze maatschappij, schreef Kautsky, is het wel duidelijk, dat mensen geen engelen zijn. Voor het slagen van de wereldrevolutie zijn ook, zo voegde hij eraan toe, eigenschappen nodig die bepaald niet engelachtig zijn. Om de wereldrevolutie te kunnen doorzetten behoeft de „huidige proletariër" niet veel te veranderen. Maar we mogen verwachten, zo beloofde hij, dat de *nieuwe maatschappij nieuwe mensen* zal voortbrengen.

„Een 'Uebermensch' zal ontstaan, niet een Uebermensch à la Nietzsche, groot tussen de kleinen, sterk tussen de zwakken, gelukkig tussen de ongelukkigen. Maar een 'Uebermensch', groot tussen de groten, gelukkig tussen de gelukkigen, sterk tussen de sterken, een mens blij, vatbaar voor schoonheid en genot."

August Bebel (1840-1913), die met Wilhelm Liebknecht in 1869 in Duitsland de arbeiderspartij stichtte, orthodox Marxist, schreef over de toekomstverwachting: „Haat en nijd zullen verdwijnen. Misdaden zullen niet meer gepleegd worden. Duizend schone talenten zullen tot ontwikkeling komen. De natuurlijke dood, het uitsterven van de levenskrachten zal meer regel worden en de overtuiging, dat de hemel hier beneden is en gestorven zijn heet

2 Zie „Die Deutsche Ideologie", in: *Frühschriften*, pag. 361 vv., en *Kritik des Gothaer Programms* (1875), ed. Fetscher Bd. III, 179/180.

ten einde zijn zal ieder ertoe aansporen natuurlijk te leven." Ook hij legde de nadruk op het verdwijnen van de staat. Het leven in de toekomst zal zich voltrekken in kleine tuinsteden.

Eigenlijk werd Bebel diep beïnvloed door het utopische socialisme. Hij schreef ook in verband daarmee een boek over de utopische socialist Fourier. Aan het einde van zijn leven heeft hij in een aangrijpende belijdenis erkend, dat de ontkenning van de levende God zijn toekomstverwachting tot een ongegronde verwachting maakte en dat hij als hij het leven nog eens over mocht doen, bij de vorming van de arbeiders zou willen nagaan wat het geloof in *God* voor de toekomstverwachting betekent. In zijn contacten met Friedrich von Bodelschwing (Berlijn) en met Leonard Ragaz (Zwitserland) had hij daarvan iets verstaan.

De Marxist Greulich schreef in 1872 dat velen in het Marxisme een messiaans toekomstbeeld zoeken. Hij vervolgt dan: „Hoe absurd het ook klinkt, het is toch waar, uitgaande van de nuchterste waarneming der feiten komen wij tot de zekerheid dat het woord van de apocalyps eens waar zal zijn: 'Ik zal alle tranen van uw ogen afwissen'."

In zulke uitdrukkingen komt duidelijk aan het licht, hoe in de mantel van het wetenschappelijke socialisme een politieke mythe te voorschijn treedt en hoe in die politieke mythe een pseudo-messiaans heimwee verborgen is. Dit heimwee daagt degenen die in de Messias Jezus geloven uit om te zeggen wat het geloof in *Zijn* toekomst betekent voor het leven hier en nu en in de voortgang van de aardse geschiedenis.

Een diep aangrijpend voorbeeld van de vertolking van de neo-marxistische toekomstverwachting vormen de geschriften van *Ernst Bloch.* Zoals wij bij de mens-beschouwing in het bijzonder wezen op zijn nieuwste boek *Experimentum Mundi,* zo moeten wij hier verwijzen naar zijn andere boeken *Das Prinzip Hoffnung* (uitgegeven in drie delen, o.a. in West-Duitsland in 1959). Bij Bloch is veel meer dan bij Marx en de andere Marxisten en bij Lenin het besef levendig van de *weerstanden* tegen de verwerkelijking van de heilstaat in ons leven en samenleven. Hij maakt ook veel meer ernst met de bedreiging van ons leven door de dood, die door hem niet geromantiseerd wordt en zelfs met de kosmische dood, die geheel het leven op onze planeet onder schaduwen plaatst. Centraal staat bij Bloch niet een statisch toekomstbeeld, maar een *proces* van aaneengeschakelde *concrete utopieën* vanuit wisselende situaties. De mensheid wordt zich in haar dagdromen bewust van haar ellende. In „*dagdromen*" openbaart zich de ontevredenheid met de situatie en zij zetten de

190

utopieën in beweging. Daarbij verbindt zich het uiteindelijke doel (het Rijk) met concrete sociale, economische en politieke doelen.

Er is een proces op gang naar het laatste, het „Rijk", waarin de tranen zullen weggewist worden. De religieuze woorden van gisteren stempelen het utopische bewustzijn van morgen.

Het gaat om „een nieuwe hemel en een nieuwe aarde". De weg erheen vraagt oprechte gang, klaar bewustzijn, heldere strategieën.

Bloch speurt in de geschiedenis naar mensen en groepen, ook in de Joodse en christelijke geschiedenis, die op deze weg gingen en die in hun tijd concrete utopieën formuleerden. Hij vindt zulke stromingen bijvoorbeeld bij de Montanisten, bij Joachim di Fiore, bij Thomas Münzer en andere stromingen, die als ketters werden veroordeeld. En hij vindt de secularisering daarvan in wat hij noemt een „esoterisch Marxisme", de „warmte-stroom van het oorspronkelijke Marxisme", die verloren raakte in het staatscommunisme van Rusland en Oost-Europa, maar die weer voortgezet moet worden in nieuwe gestalten van het Marxisme.

Bij de voortzetting van deze warmtestroom op weg naar de toekomst zullen de „aporien", de verlegenheden van mensen en samenlevingen telkens weer blijken en is het de *vraag* of de mens in staat is zichzelf te transcenderen in een „absolute toekomst".

Daarom zijn de sleutelwoorden bij Bloch woorden als hoop, mogelijkheid, experiment, *voorlopige* concrete utopie.

Het typerende van deze toekomstverwachting is het inzicht in de beperktheden van de menselijke geschiedenis, maar tevens hoe hier alle *kaarten* toch gezet blijven op wat mensen en samenlevingen vermogen als zij vechten tegen de duistere anti-utopie en voor concrete utopieën. „De mensen en de wereld dragen genoeg goede toekomst *in zich,* geen plan is goed zonder het fundamentele geloof daarin." [3]

Juist *deze* vertolking van de marxistische toekomstverwachting roept om een antwoord vanuit het christelijk geloof.

Jürgen Moltmann, Karl Rahner e.a. hebben zich ingespannen om dat antwoord te geven. Ik geloof, dat het goed is bij de voorbereiding tot de dialoog met het Marxisme aan hun antwoorden en die van andere christenen aandacht te schenken vanuit de bijbelse toekomstverwachting.

II. *Leven uit de bijbelse toekomstverwachting midden in de voortgang der geschiedenis*

Wij hebben getracht de toekomstverwachtingen te beschrijven, zoals die in het marxistisch Leninisme worden beschreven en wij

3 *A.w.,* Band I, pag. 519.

hebben gezien, hoe in deze toekomstverwachtingen alles gezet wordt op de kaart van het menselijk handelen. Het is niet te ontkennen, dat deze toekomstverwachting in vele opzichten een reaktie is op een prediking, waarin over God werd gesproken zonder Zijn Rijk en waarin over de Messias Jezus werd gesproken zonder Zijn toekomst. Wie over God spreekt zonder Zijn Rijk moet zich niet verbazen, dat als reactie gezocht wordt naar het Rijk zonder God. Wie over de Messias Jezus spreekt zonder Zijn toekomst moet zich niet verbazen dat dan een pseudo-Messianisme ontstaat, dat een toekomst zoekt zonder de Messias. De christenheid zal zich met schaamte daarvan bewust moeten worden. Maar deze schaamte mag niet verleiden om te zwijgen over de bijbelse toekomstverwachting en de consequenties daarvan in de voortgang der geschiedenis.

Het oer-diepe verschil tussen de marxistisch-leninistische en de bijbelse toekomstverwachting is dat in de eerstgenoemde toekomstverwachting alles gezet wordt op *de kaart van het menselijke kennen en kunnen* en dat in de bijbelse toekomstverwachting alles gezet wordt op *de kaart van Gods beloften, die in Jezus Christus ja en amen zijn.*

In het pseudo-messiaanse toekomstbeeld van het marxistisch Leninisme is het de mens zelf die binnen de grenzen der geschiedenis de heilstaat meent te kunnen verwerkelijken en die vergeet, dat geen mens bereid en in staat is in eigen kracht de heerschappij van „zonde, machten, demonen en dood" teniet te doen.

In deze toekomstverwachting wordt in laatste instantie alles van de mens verwacht en wel van de mens, zoals hij van nature is, een egoïst en een goddeloze. Daarom hangt deze toekomstverwachting in de lucht. Het is een bouwen van luchtkastelen, het blazen van zeepbellen, een vorm van Messianisme die telkens weer omslaat in cynisme. In de bijbelse toekomstverwachting wordt in laatste instantie alles verwacht van de levende God, die de hemel en de aarde geschapen heeft, die in Jezus Christus de fundamenten voor een nieuwe hemel en aarde heeft gelegd en die als Heilige Geest de herschepping voortzet totdat de belofte vervuld wordt: „Hij zal alle tranen van hun ogen afwissen en de dood zal niet meer zijn, noch rouw, noch geklaag, noch moeite zal er meer zijn, want de eerste dingen zijn voorbijgegaan. Zie, Ik maak alle dingen nieuw" (Openb. 21).

Zonder deze scheppende en herscheppende God is alle toekomstverwachting een vorm van illusionisme en van zelfoverschatting. *God* is het, die de dingen die niet zijn roept alsof ze

192

waren. Hij doet dat in de schepping. Hij doet dat in de her-schepping.

1. *Het leven, de dood en de opstanding van Jezus als basis voor de toekomstverwachting*

De verwachting van een nieuwe hemel en een nieuwe aarde hangt niet in de lucht. Ze is niet een vorm van illusionisme of van het blazen van zeepbellen. Ze is gegrond in de gestalte, in het werk en de persoon van Jezus Christus. De *toekomst* zal de *extrapolatie* zijn van wat in Jezus Christus onder ons, midden in de geschiedenis begon. In Hem is het eschaton present gesteld onder ons.

De christelijke toekomstverwachting is *gegronde* verwachting in Hem en door Hem. Wij realiseren ons dat veel te weinig. De werkelijkheid van het leven en het sterven en de opstanding van Jezus is dat het negatieve, het frustrerende, de stagnatie, de euvels en de weerstanden tegen de verwerkelijking van *Gods* heilstaat niet ontkend of gecamoufleerd worden, maar dat in Zijn leven, dood en opstanding al dit negatieve wordt aangegrepen en dat de basis gelegd wordt voor de „vernieuwing van alle dingen".

De evangeliën zijn naar het treffende woord van Eduard Thurneysen vol „Paasverhalen vóór Pasen".

Zonden worden vergeven, demonen worden uitgeworpen, zieken worden genezen, doden worden opgewekt, verwaarloosden worden in het licht gesteld, gediscrimineerden komen tot hun recht, het volk, dat in duisternis leefde, ziet een groot licht en aan de armen wordt groot nieuws gebracht (vgl. Mattheüs 11 : 2-6).

Jürgen Moltmann schrijft in zijn opstel over Bloch op basis daarvan: „Christelijke hoop is daarin adequate hoop en ver-wachting, dat ze de overmacht van het gericht over al het zijnde en zijn mogelijkheden kent en nochtans hoop is. Ze kan als *gekruisigde* hoop *opstandings-hoop* zijn."

Nergens in de Bijbel wordt gezegd, dat deze basis reeds het hele huis is, dat dit begin reeds het einde is. Nergens wordt de illusie gewekt, dat God nu reeds „alles en in allen" is. Maar dat is de innerlijke zekerheid, dat de gehele Bijbel doortrekt, dat wat in het leven, de dood en de opstanding van Jezus begonnen is, *voleindigd* zal worden.

Er komt een nieuwe hemel en een nieuwe aarde op *basis* van wat in Jezus begon. Dat wat daar en daar in de geschiedenis begon, wordt geëxtrapoleerd in een totaal nieuwe orde van zaken (vgl. Openb. 7 : 10).

Het is de Heilige Geest, de Geest van de Vader en de Zoon, die daarvoor borg staat. De Heer is voortgaand bezig door die Geest. In de Heilige Geest werkt Christus *Prolongatus.* Zonder het geloof in de voortgezette werkzaamheid van de Heilige Geest is alle toekomstverwachting zinloos.

Het is niet te loochenen, dat dit geloof in de persoon en het werk van Jezus en aan de voortgezette arbeid van de Heilige Geest vaak *misbruikt* is en geleid heeft tot vormen van escapisme, vlucht uit onze *verantwoordelijkheid* voor het historisch gebeuren. Niet te ontkennen valt, dat dit geloof vaak misvormd is tot een drug, tot een soort opium om te ontkomen aan de sociale, politieke, economische verantwoordelijkheid.

2. *De betrokkenheid van het geloof in de bijbelse toekomst-boodschap bij de geschiedenis in een open proces*

Een van de grote fouten van het historisch christendom is, dat veel te weinig aandacht is geschonken aan de relatie tussen de geschiedenis van Gods heilshandelen en de geschiedenis van ons mensen. Wij leven en mogen leven uit de verwachting van een nieuwe hemel en een nieuwe aarde, maar wij worden ge-roepen om in het geloof de stippellijnen te trekken die wijzen in de richting van die werkelijkheid.

„De christelijke theologie (en men zou ook kunnen zeggen: de christelijke gemeenschappen) – zegt Arend van Leeuwen in de slotzinnen van zijn twee-delig werk – is erfelijk belast met de verleiding om van het voorbijgaan van de eerste aarde te ont-vluchten naar de eerste hemel." „Het is ons geboden en beloofd, dat wij op weg gaan naar een nieuwe hemel en aarde. Als de theologie zelf geen deel heeft aan het voorbijgaan van de vóór-geschiedenis, zal ze het spoor bijster zijn naar de nieuwe hemel en de nieuwe aarde, waarvan de geboorteweeën *geschiedenis* heten." Het gaat om het sterven en opgroeien van het tarwegraan in *deze* aarde; het gaat om het leven in de diaspora midden in de geschiedenis, het gaat om de „investatie van de Heilige Geest in de open geschiedenis" terwille van het naderende Rijk (Moltmann). Zonder het geloof in de Heilige Geest, die het werk van Jezus voortzet en voleindigt, is alle eschatologie, alle diepe toekomst-verwachting ijdel. Maar de Heilige Geest legt hier reeds de ver-binding tussen het komende Rijk en de menselijke geschiedenis. De Heilige Geest is de God, door wiens kracht de mensheid aan de geschiedenis van het komende Rijk mag participeren. De Heilige Geest begeleidt ons op de weg. Hij bepaalt de richting waarin wij ons bewegen midden in de contemporaine geschiedenis.

194

Zowel in de theologie als in de praxis wordt veel meer dan in de voorbije eeuwen de nadruk gelegd op de betrokkenheid van het geloof in de scheppende en herscheppende God en Vader van Jezus Christus bij de geschiedenis als een open proces. De scheiding tussen een religieuze en profane sfeer als in het Rooms-Katholicisme der Middeleeuwen, tussen „de twee rijken" (als in het oude Lutheranisme) wordt hoe langer hoe meer weerstaan. Zelfs de scheiding tussen de „laatste" en de „vóórlaatste dingen", die Bonhoeffer maakte, wordt niet gemakkelijk meer overgenomen. Het *dualisme* dat het handelen van christenen in de geschiedenis zo lang remde of scheef trok, wordt – terecht – hoe langer hoe meer afgewezen. De wereld wordt gezien „in statu promessionis" – staande onder Gods beloften – en daarom in een proces van verandering. Wij mogen midden in de geschiedenis voortgaan onder de ster der beloften en daarom op alle gebieden voorwaarts gaan, het verleden achter ons laten, opbreken naar nieuwe horizonnen, in het geloof dat onze arbeid niet vergeefs is en zal zijn door de Heer en de Heilige Geest.

Wie de bijeenkomsten van de Wereldraad van Kerken volgt van Uppsala (1970), Bangkok (1972), Nairobi (1975), merkt, dat de geloofsgemeenschap van christenen zich bewust is, dat het christelijk geloof in de voortgang der geschiedenis zijn sociaal-historische implicaties moet verantwoorden. Overal, zowel binnen de Wereldraad van Kerken als in de Rooms-Katholieke kerk wordt ingezien, dat het christelijk geloof een onlosmakelijke relatie heeft met het worstelen om de toekomst van de wereld.

Het centrale thema in de huidige theologie en de oecumenische praxis is de betrekking tussen het eschaton als daad Gods en het eschatologisch georiënteerde menselijke handelen uit het geloof.

Karl Rahner heeft op dit punt de dialoog met het Marxisme ingezet in zijn opstel over „Christendom als religie van de absolute toekomst," in het boek *Christendom en Marxisme* [4], dat het verslag bevat van de dialogen die in Salzburg in 1965 plaatsvonden onder auspiciën van het „Paulus-Genootschap". Het christendom – aldus Rahner – stelt de vraag aan elk mens of hij zichzelf wil zien *binnen* de absolute toekomst (in bijbelse termen: de Toekomst, die op ons toe komt in Jezus Christus), óf als Schepper van absolute toekomst. Voor dat dilemma staan wij inderdaad. De opmars van het leninistisch Marxisme moet de christengemeenschappen vervullen van de drang om temidden van alle vragen en problemen en uitdagingen van onze tijd de verbindings-

4   Utrecht 1966.

lijnen te leggen met hun toekomstverwachting.

En tevens worden wij geroepen in de dialoog met het Marxisme de vraag aan de orde te stellen of zij werkelijk menen een nieuwe wereld te kunnen creëren zonder de levende God.

In de marxistische toekomstverwachting werkt een gistend element uit het christendom door. Die toekomstverwachting is niet alleen vervalsing of roof. Maar er is iets in dat door kerken en theologieën te veel *verwaarloosd* is in theorie en praxis. De confrontatie tussen deze tweeërlei toekomstverwachting geschiedt niet als iets nieuws, maar wij worden geconfronteerd met elementen uit de eigen christelijke traditie en geschiedenis. In de dialoog met Marxisten moet de christelijke eschatologie de innerlijke tegenstrijdigheden van de marxistische eschatologie onthullen en daarin de beloften Gods *werkzaam* maken binnen de horizon van de aardse geschiedenis in de richting van het komende Rijk Gods.

LITERATUUR BIJ HOOFDSTUK 15

Karl Marx, *Zur Kritik der politischen Oekonomie*.

Karl Kautsky, *Am Tage nach der Revolution*.

A. van Leeuwen, *Kritiek van hemel en aarde*, deel II, pag. 300 vv.

Karl Barth (over de marxistische eschatologie), *Kirchliche Dogmatik* III, 2, pag. 465.

W. Banning, *Het Communisme als politiek-sociale wereldreligie*.

Eduard Thurneysen, „Christus und Seine Zukunft", in: *Zwischen der Zeiten*, jrg. 1931, pag. 187-211.

Ludwig Rütti, *Zur Theologie der Mission*, München 1972 (o.a. over „utopie en eschatologie").

J. Verkuyl en H. G. Schulte Nordholt, *Verantwoorde revolutie*, Kampen 1970 (daarin o.a. een analyse van 2 Petr. 3 : 13 over „wachten en haasten").

Walther Bienert, *Der überholte Marx* (vooral pag. 300 vv.).

José Miguez Bonino, *Christians and Marxists*, Londen 1974 (speciaal „Red Heroes and Christian Martyrs").

Ernst Bloch, *Das Prinzip Hoffnung* (passim).

Idem, *Experimentum Mundi*.

Karl Rahner, „Christendom als religie van de absolute toekomst", in: *Christendom en Marxisme*, Utrecht 1966.

Leonard Ragaz, *Von Christus zu Marx – von Marx zu Christus*, Hamburg 1972.

Jürgen Moltmann, *Theologie der Hoffnung*, München 1965.

16. De uitdaging van de marxistisch-leninistische ideologie en praxis roept om antwoord

Kunnen christenen en Marxisten volstaan met „wederzijdse eerlijke biecht"?

Wij hebben in de voorafgaande uiteenzettingen getracht om „het erfgoed aan doctrines", de kern, de „catechismus" van het marxistisch Leninisme weer te geven, te analyseren en daarover kritische aantekeningen te maken vanuit het Evangelie. Nu zou eigenlijk tevens een overzicht moeten volgen over de *praxis*, waartoe de concretisering van deze ideologie heeft geleid en tevens de vraag aan de orde moeten komen in hoeverre die praxis overeenstemt met de diepste intenties van de ontwerpers van deze ideologie. Over deze vraag is in de communistische wereld een zeer heftige discussie gaande, zoals ieder kan waarnemen.

Evenzeer zou het nuttig zijn om de geschiedenis van het christendom te toetsen aan Gods beloften en eisen. Dat zou in vele opzichten een beschamende analyse zijn, waarin je als christen vaak de neiging zult hebben om je hoofd in schaamte in je handen te verbergen. Toch komt het mij voor, dat dit een niet zinvolle bezigheid is.

In zijn verrassende opstel over de dialoog tussen christenen en Marxisten noemt Markus Barth deze methode in de dialogen die van de „eerlijke biecht". Er is aan weerskanten na Stalin, na Hongarije, na Praag, na Vietnam, na Watergate, na de Zwarte September in Chili eindeloos veel te biechten. Markus Barth ontraadt echter deze eerlijke biecht. Hij schrijft: „Noch Marxisten noch christenen zouden zich er illusies over mogen maken, dat een schuldbelijdenis de meest-geraffineerde methode van zelfrechtvaardiging kan zijn, *als aan weerskanten alles bij het oude blijft.*"

Apostelen en profeten, Johannes de Doper en Jezus laten er geen misverstand over bestaan, dat niet de schuldbelijdenissen op zichzelf belangrijk zijn (want die kunnen als een primitief reinigingsritueel worden gehanteerd), maar dat de *vruchten der bekering* van betekenis zijn.

„Slechts wanneer gedachten, houding en daden van christenen en Marxisten zich zo *radicaal veranderen*, dat de *werken* van de nieuwe mens die van de oude vervangen, worden de bewijzen van boetvaardigheid geleverd." [1]

Het enige antwoord op de uitdagingen van het wereldcommunisme dat zinvol is, is het zoeken naar *"overvloediger gerechtigheid"*, zoals het in de Bergrede gezegd wordt.

Het gaat om overvloediger gerechtigheid

Wij willen nu eerst naar wat de Bergrede zegt, luisteren:

"Want Ik zeg u: Indien uw gerechtigheid niet overvloedig is, *meer* dan die van Schriftgeleerden en Farizeeërs, zult gij het Koninkrijk der hemelen voorzeker niet binnen kunnen gaan" (Mattheüs 5 : 20).

Dit is een woord van Jezus uit de Bergrede, die de kern bevat van de "didache", het onderwijs van Jezus. De onderstelling van de Bergrede is de prediking: "Bekeert u, want het Koninkrijk der hemelen is nabijgekomen" (Mattheüs 3 : 1).

In de Zaligsprekingen wordt ons a.h.w. onder het klokgelui van een allesomvattende bevrijding gezegd, wat het betekent dat God ons zo nabij gekomen is en zijn Godsheerschappij herstellen gaat om ons te bevrijden.

Het betekent, dat zondaren vergeving ontvangen, dat hongerenden naar gerechtigheid verzadigd worden van geschonken gerechtigheid, het betekent, dat eenzamen gemeenschap ontvangen, het betekent, dat God ons aanneemt om kinderen van het Koninkrijk te worden.

Maar diezelfde Bergrede, die vol is van de boodschap van mateloze genade en vergeving, is tevens vol van de eis tot levensvernieuwing, omwending, bekering. Nu, nu God in de Messias Jezus vlak bij ons gekomen is met zijn bevrijdende genade en geschonken gerechtigheid, nu moet alles *anders* worden, nu moet ook het leven en handelen van de kinderen van het Rijk *anders* worden.

Daarom komt in de Bergrede de *grondwet* van het Messiaanse Rijk Gods met volle kracht naar voren als Jezus zegt, dat Hij niet gekomen is om de Wet en de profeten te ontbinden, maar om die te vervullen (Mattheüs 5 : 17). En dan volgt het aangrijpende woord dat hierboven afgedrukt staat.

Het gaat er, zo wordt ons hier gezegd op een toon van volstrekt gezag, niet om dat het *handelen* er nu *minder* toe doet, omdat wij van genade leven mogen. Het gaat er niet om, dat "onze

1 Zie Markus Barth, "Marxisten und Christen in Gespräch" (*Ev. Th.* (28) 1968).

gerechtigheid", het menselijk handelen nu *schraler, armetieriger, minder* mag worden. Maar onze gerechtigheid moet juist *omdat* wij leven mogen van genade en geschonken gerechtigheid *„overvloediger"* worden. De Bergrede draagt in zich een bovenaardse troost, zo radicaal als geen oor tevoren heeft gehoord, maar tevens zulke schokkende radicale eisen als tevoren nog nooit vernomen waren.

Dat is ook de reden, dat de Bergrede genoemd is „de meestgevoelige plek in het lichaam der christenheid". „Als ik − zo schreef iemand − in het boek van Mattheüs de Bergrede lees, dan wordt het stil tussen het zevende en achtste hoofdstuk, een stilte, die het 'zalig, zalig' van het begin dezer rede als wonderlijk klokgelui verweg bewaart." [2]

Het is geen wonder, dat de schare versteld stond over deze leer en zich begon af te vragen „wat moeten wij doen?" (vgl. Mattheüs 7 : 28).

Wat wordt ons gezegd in het sleutelwoord van de Bergrede? De gerechtigheid van de volgelingen van Messias Jezus moet die van de schriftgeleerden overtreffen. In de traditionele tradities en systemen waarin de discipelen leefden werd het goddelijk gebod ingedamd, getemd, opgevangen in regels, pasklaar gemaakt. Maar dat soort traditionele „gerechtigheid" is Jezus te benepen, te schraal. Het moet veel overvloediger (20).

Dit woord van Jezus heeft dus een dubbele frontstelling. Het keert zich enerzijds tegen hen, die anti-nomistisch alle geboden verwerpen en het keert zich anderzijds tegen hen, die de geboden persen in traditionele schema's.

Als wij leven van genade en geschonken gerechtigheid, betekent dat, dat het in ons leven en samenleven gaat om een menselijke houding, om menselijke gedragingen, om menselijk handelen dat overeenstemt met de constitutie van het Koninkrijk Gods. De hoorders van de Bergrede worden niet opgeroepen tot applaus of bewondering, maar tot *horen* en *doen*, zoals de gelijkenis van het huis op de rotsbodem en op de zandgrond aan het eind ondubbelzinnig te kennen geeft (Mattheüs 7 : 24-27).

In de Bergrede worden wij opgeroepen om op weg te gaan naar het Messiaanse Rijk om onderweg te leven van Gods mateloze genade en om op die weg mee te werken aan een overvloediger, betere gerechtigheid, die *wijst* in de richting van het Messiaanse Rijk.[3]

2 *Eltheto,* 86e jrg. 1931/32, pag. 138.
3 Zie over deze tekst: Georg Stricker, *Der Weg der Gerechtigkeit;*

Binnen het verband van dit boek wil ik dit woord uit de Bergrede in dit slothoofdstuk als uitgangspunt nemen.

Een van de kenmerken van de marxistisch-leninistische leer is, dat de samenhang van *theorie* en *praxis* intens wordt benadrukt en dat die samenhang in telkens nieuwe situaties wordt toegepast.

Deze leer en deze praxis vormen voor het christendom een uitdaging. Men kan, zoals wij in de vorige hoofdstukken zagen meestal drieërlei houding van christenen waarnemen ten opzichte van het marxistisch Leninisme: de totale blinde afwijzing, of een eclectische, selectieve houding, waarin men uit deze ideologie enkele elementen absorbeert, of een totale identificatie met deze ideologie.

Ik geloof, dat het veel zinvoller is om deze ideologie en praxis te zien als een *uitdaging* over de hele linie. Een *uitdaging tot meerdere, overvloediger gerechtigheid*.

Het is niet moeilijk om in de ideologie en praxis van de marxistisch-leninistische ideologie talloze elementen van dwang, onrecht, leugen op te sommen.

Het is ook niet moeilijk om over de geschiedenis van het christendom een lang, eindeloos requisitoir op te stellen over situaties waarin het Evangelie werd misbruikt, verloochend en verraden. Maar als wij de verhouding tussen christendom en het marxistisch Leninisme zien als een wederzijdse uitdaging, dan moeten wij letten op die aspecten van deze ideologie en deze praxis waarin de worsteling om recht en tegen onrecht gestalte krijgt.

Als wij op die uitdaging ingaan, klinkt het woord van Jezus: „Tenzij uw gerechtigheid overvloediger is . . ."

Het geheim van Gods beloften en eisen, zoals die in heel de Bijbel tot ons komen en in geconcentreerde vorm in de Bergrede wordt toegepast, is de diepe eenheid tussen godsdienst en sociaal-ethisch en politiek handelen.

Aan het begin staat: „Ik ben de Here Uw God", *onmiddellijk gevolgd* door het: „gij zult" en „gij zult niet", zoals in de Decaloog (Exodus 20) en zoals in de Bergrede de Zaligsprekingen en de eisen van Jezus onmiddellijk op elkaar volgen. Die eenheid is zó intens, dat de ontzagwekkende heerlijkheid van de nabijheid van het Messiaanse Rijk direkt verbonden is met de oproep tot betere gerechtigheid.

Walter Grundmann, *Das Evangelium nach Mattheus*; Reinhart Hummel, *Die Auseinandersetzung zwischen Kirche und Judentum im Mattheus Evangelium*.

De opmars van de communistische wereldbeweging daagt christenen in en buiten communistische landen uit tot betere, overvloediger gerechtigheid.

De roeping van het messiaanse volk van God in alle landen tot het beoefenen van overvloediger gerechtigheid
Een van de meest verheugende verschijnselen na de Tweede Wereldoorlog is, dat voor het eerst na eeuwen de gemeenschap tussen de kerken uit alle zes continenten gestalte krijgt. In de Wereldraad van Kerken en in de ontwikkelingen in de Rooms-Katholieke kerk na het Tweede Vaticanum.
Er is nog geen enkele reden om deze ontwikkelingen te idealiseren en te romantiseren. Ze staan nog slechts zeer aan het begin en de weerstanden zijn legio, maar het begin is er. En binnen die ontwikkelingen is het meest verheugende, dat temidden van alle maatschappelijke en politieke systemen de christenen aangemoedigd worden om te zoeken naar *overvloediger gerechtigheid.*
De Wereldraad van Kerken werd officieel opgericht op de eerste vergadering in Amsterdam (1948). Op diezelfde vergadering werden zowel de ongerechtigheden in het marxistisch Leninisme opgesomd als die van het liberalistisch kapitalisme en werden de christelijke gemeenschappen in alle zes continenten opgeroepen om midden in de verschillende maatschappelijke systemen tegen de weerstanden in te worstelen om de realisering van „overvloediger gerechtigheid".
Om de herinnering op te frissen laten wij hier die uitspraken die nooit zijn teruggenomen volgen, omdat ze voor het thema van dit boek nog altijd grote actualiteit hebben.

Conflicten tussen het christendom en het marxistisch Leninisme:
1. De communistische belofte van wat neerkomt op een volledige verlossing van de mens in de geschiedenis.
2. Het geloof dat een bepaalde klasse op grond van haar rol als draagster van een nieuwe orde vrij is van de zonden en dubbelzinnigheden, waarvan christenen geloven, dat ze aan alle menselijk bestaan eigen zijn.
3. De materialistische en deterministische leringen, of hoe men dat ook mag noemen, die onverenigbaar zijn met christelijk geloof in de mens, als een wezen, dat naar Gods beeld gemaakt is en aan Hem verantwoording schuldig is.
4. De methoden van de communisten tegenover hun tegenstanders, in de eisen, die de partij stelt aan de leden door van hen onvoorwaardelijke loyaliteit te vragen en de politiek van het

communistische dictatorschap op ieder terrein van het leven.

Tussen het christendom en het liberalistisch kapitalisme ziet het rapport de volgende conflictpunten:

1. Het liberalistisch kapitalisme heeft de neiging om datgene wat de primaire taak van iedere economie behoort te zijn – het voorzien in de menselijke behoeften – ondergeschikt te maken aan de economische instellingen.

2. Het heeft de neiging ernstige ongelijkheden te doen ontstaan.

3. Het heeft een praktische vorm van materialisme bij de westerse volken in het leven geroepen in weerwil van hun christelijke achtergrond, want het heeft de grootste nadruk gelegd op succes in het verdienen van geld.

4. Het heeft de volkeren van kapitalistische landen onderworpen aan een soort lot, dat de vorm heeft aangenomen van een sociale ramp als massa-werkeloosheid.

Bij deze algemene uitspraken is de Wereldraad niet blijven staan. Op het terrein van de bezinning is later ontwikkeld de gedachte van een *verantwoordelijke maatschappij*, die als bijtend zout functioneerde, zowel in communistische landen als in liberaal-kapitalistische.

In die conceptie wordt er immers de nadruk op gelegd, dat de toetsstenen voor een *verantwoordelijke maatschappij* liggen in de vraag of de verantwoordelijkheid van mensen en samenlevingen aan God, die de God van gerechtigheid en barmhartigheid is, ruimte krijgt, of de *verantwoordelijkheid voor de zwaksten* tot uitdrukking komt en of er ruimte is voor de creativiteit van de enkeling.

Op de wereldconferentie voor „Kerk en Samenleving" werd meer dan ooit tevoren het zoeken naar betere gerechtigheid uitgewerkt en aangemoedigd.

De algemene vergadering van Uppsala 1968 zette de conclusies om in programma's. Het is niet mijn bedoeling om daarop hier verder in te gaan, omdat daarover reeds veel informatieve literatuur in onze taal is verschenen. Ik wil nu slechts wijzen op de huidige stand van zaken bij de bezinning op dit zoeken naar overvloediger gerechtigheid.

De analyse van het kapitalistische stelsel en het totalitaristisch communisme graaft nu veel dieper dan in 1948, toen de koude oorlog volop woedde en de ontmoeting tussen Foster Dulles en Hromadka meer een exceptie dan een normaal verschijnsel was.

Verder valt het op, dat de *brandpunten* waar de strijd om overvloediger gerechtigheid in de huidige wereld erg nodig is, menigvuldiger zijn geworden en niet beperkt worden tot de focus van 1948.

Ik noem nu enkele van die brandpunten op, zoals die o.a. in de laatste algemene vergadering in Nairobi naar voren kwamen. (Zie het officiële rapport *Breaking barriers*, Nairobi 1975, Londen/ Grand Rapids 1976.)

De relatie tussen rijken en armen als brandpunt
1. In de relatie tussen rijke en arme landen wordt nu benadrukt, dat christenen worden geroepen te strijden tegen de uitsluiting of marginalisering van welke groep ook en tegen de tendenzen tot totalitarisme voor, tijdens en na revolutionaire processen.
2. Hoe zij ook de situaties analyseren en duiden, in ieder geval zijn christenen geroepen om mee te werken aan de over- brugging van de kloof tussen rijken en armen binnen de ver- schillende landen en in de relatie tussen rijke en arme landen in wereld-verband.
3. Christenen behoren die concepties van liefdadigheid in de hulpverlening en in de handelspatronen te verwerpen die de onrechtvaardige strukturen continueren. Zij worden geroepen om te streven naar gerechtigheid in die relaties.

Een belangrijke bijdrage aan de strijd om recht in die relatie moet komen van de volkeren van de derde wereld. In de worste- ling om een nieuwe sociaal-economische wereldorde moeten die landen van de „derde wereld" die streven naar recht voor *allen* zeggenschap ontvangen.

De strijd om raciaal recht als brandpunt
Wij weten allen hoe in de laatste jaren de strijd om recht voor alle raciale groepen en tegen elke vorm van raciale discrimi- natie naar voren is gekomen en o.a. gestalte kreeg in het „Programma tot bestrijding van het racisme". Het gaat erom, dat deze strijd om overvloediger gerechtigheid ook gestalte krijgt binnen de verschillende staten en in wereldverband.

Een officier van justitie in New York, William Springfellow, heeft in een aangrijpend boek, waarvan de titel in vertaling luidt: *Een ethiek voor christenen en andere vreemdelingen in een vreemd land*, getoond wat dit brandpunt in *zijn* land betekent in verband met de negers, voor de Puerto-Ricanen, voor de Chicano's. Het is nodig, dat wij allen in deze geest in nationaal en in internationaal verband bezig raken met de strijd om betere gerechtigheid in de verhouding tussen ethnische groepen.

De strijd om recht tussen de machtigen en de machtelozen

Meer dan tevoren wordt nu aandacht geschonken aan de strijd om recht die nodig is tussen de machtigen en de machtelozen.

In totalitaire samenlevingen van fascistische en communistische aard zijn zeer grote groepen van de deelname aan de macht uitgesloten door de nieuwe elite, die het machtsmonopolie uitoefent.

Maar ook in onze samenlevingen zijn velen machteloos, ongeorganiseerd, stemmeloos.

David Sheppard, een bisschop uit Londen, heeft in zijn boek over westerse steden [4] er op gewezen, dat het meest schrijnende probleem in de westerse steden niet meer *zozeer de armoede is als wel de machteloosheid* van bepaalde groepen, die tussen de wielen raken en verwaarloosd worden.

Christenen worden geroepen recht te doen aan de machtelozen. Zij zullen zich moeten inzetten voor de meest uitgestrekte participatie van mensen aan de machtsuitoefening en aan de organisatie van controle op die uitoefening van macht. Dat geldt voor christenen in fascistische en communistische samenlevingen, dat geldt ook voor christenen in westerse samenlevingen en heeft te maken met bijvoorbeeld de strijd om medezeggenschap in de bedrijven en vooral met het opkomen voor verwaarloosde groepen in het welzijnswerk, enz.

De technologische ontwikkeling als brandpunt

Een van de meest noodzakelijke vormen van bezinning is die op de technologische ontwikkelingen. De Wereldraad van Kerken is niet de enige instantie die alert is geworden op dit brandpunt, maar ze geeft wel duidelijk assistentie bij de bezinning. Ze vraagt een kritische bezinning op de theorieën der „vooruitgang" en „der groei" zonder te vervallen in de romantische mythe van de strijd tegen technologie überhaupt. Ze dringt aan op het zoeken naar nieuwe vormen van technologie, die werkelijk de menselijke ontwikkeling dienen, zonder de massieve en vaak zeer gevaarlijke ecologische en sociale consequenties, die in de zgn. ontwikkelde landen worden ervaren.

De strijd om milieu-bescherming als brandpunt

Op de Assemblee van de Wereldraad van Kerken in Nairobi was een van de meest indrukwekkende redevoeringen die van de Australische bioloog Birch. Op niet mis te verstane wijze kwam

4 *Built as a city,* Londen 1974.

in zijn rede de sombere litanie des doods naar voren van de bedreigingen van wereld en samenleving door de bevolkings- explosie, voedselschaarste, grondstoffenuitputting, milieu-verslech- tering en oorlog. Birch liet op indrukwekkende wijze zien, dat er geen *recht* in de wereld is als degenen die macht hebben over de grondstoffen niet leren deze grondstoffen te gebruiken ten nutte van allen en als aan de roekeloze uitbuiting van het milieu niet een halt wordt toegeroepen. Als bioloog deed hij een dringend beroep op de kerken om overal de aandacht te vragen voor dit brandpunt.

De strijd tegen militarisme als brandpunt

In andere publicaties heb ik over dit brandpunt vaak geschreven. Ik zal dat niet herhalen hier. Ik wil slechts zeggen dat het mij verheugt dat er nu een programma van de Wereldraad zal worden opgezet om zich te bezinnen op de vraag wat gedaan kan worden tegen de bewapeningswaanzin, die zowel in communistische als in niet-communistische landen te constateren valt.

Ik heb slechts enkele brandpunten weergegeven waar *nu* in nationaal verband en in internationaal verband de strijd om betere gerechtigheid het meest nodig is. Ik ben van mening, dat de kerk van Jezus Christus geroepen is om binnen alle samenlevingen tot deze strijd aan te manen, aan te moedigen en zelf een voor- beeld te geven naar de mate van haar vermogen. In zijn boeiende nieuwste boek over de kerk geeft Jürgen Moltmann [5] een ontwerp voor een *messiaanse ecclesiologie, die gericht is op het Rijk Gods.* Hij vraagt zich terecht af of de empirische kerken werkelijk iets van dat beeld van de kerk vertonen. Maar tevens wijst hij er op dat temidden van alle misère van het empirische kerkelijke leven er toch ook in de gemeenschap der kerken tekenen zijn van zulke op het komende Rijk gerichte gemeenschappen.

Leven en handelen in de richting van het gekomen en komende Rijk Gods doet mij vaak denken aan het handelen van trekvogels in de herfst. Samen worden ze getrokken naar het zoele Zuiden; samen gaan ze op weg, samen overwinnen ze de weerstanden. Samen maken ze het V-teken in de lucht, samen komen ze thuis. Zo worden christenen als ze werkelijk die naam waard zijn getrokken door de werkelijkheid van het gekomen en komende Koninkrijk. Zij oriënteren zich op dat Rijk. Zij horen de roep van de Heer van de Bergrede: Zoek eerst de Godsheerschappij en

5 *Kirche in der Kraft des Geistes,* München 1975.

de gerechtigheid daarvan op alle gebied van het menselijk leven en samenleven. Christenen worden geroepen om in oecumenische gemeenschap samen op weg te gaan. De weerstanden onderweg zijn groot. De weg naar het Rijk is een weg van lijden en van strijden, maar de taak om samen het Victory-teken te schrijven in de geschiedenis is hun opgelegd.

Het kan zijn, dat zij het spoor bijster raken. Het kan zijn dat zij zich onderweg aan de weerstanden prijsgeven en te gronde gaan. Maar als zij zich werkelijk laten trekken en oriënteren op het Rijk Gods, dan zal hun tocht niet vergeefs zijn dwars door de geschiedenis heen. Dan komen zij thuis.

Ik kan mij voorstellen, dat sommige lezers zullen zeggen dat de strijd om een betere gerechtigheid op de bovengenoemde brandpunten toch vooral de taak van regeringen en politieke partijen is. Dat is waar. Maar ik raak er in toenemende mate van overtuigd, dat voor het effectueren van de strijd om betere en overvloediger gerechtigheid niet alleen een oecumenisch ethos nodig is, maar ook oecumenische oriëntatie en oecumenisch richtingsgevoel. Christenen zouden moeten trachten om binnen de verschillende politieke partijen de essentiële gegevens van die oecumenische consensus om te helpen zetten in voorlopige programma's en strategieën. De volle manifestatie van het Messiaanse Rijk kan niemand organiseren. Ze komt van die God die zich in Jezus Christus openbaart en die Zijn Toekomst op Zijn tijd zal realiseren.

Zijn Rijk is niet een utopie, maar een gekomen en komende werkelijkheid, waarin vrijheid, gerechtigheid en liefde alle verhoudingen doordringen en bepalen. Maar de verwachting van dat gekomen en komende Rijk behoort wel christenen te bemoedigen en stelt wel christenen in staat om ook op het gebied van het sociale, economische en politieke leven deel te nemen aan de beweging naar dat Rijk. Vanuit de verwachting van dat Rijk zullen christenen zich nooit totaal kunnen identificeren met enige ideologie. Het komende Rijk Gods eist echter wel van de christelijke gemeenschappen een goed-geïnformeerde, realistische beoordeling van de wisselende brandpunten voor de strijd om recht midden in de geschiedenis en het roept ons op tot een houding en tot handelen, waarin Christus en zijn toekomst in acties en strategieën en voorlopige programma's werkzaam worden. Het is meer dan tijd, dat in de plaats van de avantgardistische ethiek van enkelingen christelijke gemeenschappen als geheel gaan functioneren als voorhoede temidden van de sociale, economische en politieke processen in de wereld. Ze hebben daarvoor geen behoefte aan een soort „oecumenische proto-ideologie". Ze hebben wel behoefte aan terugkeer naar Gods radicale Evangelie en Zijn radicale beloften in iedere situatie.

Ik ben dit slothoofdstuk begonnen met een citaat uit de Bergrede, dat wel eens genoemd is het sleutelwoord van de Bergrede. Jezus zegt ons daarin, dat wij niet kunnen volstaan met negatieve reacties en negatieve antwoorden op bestaande tradities en systemen. Hij roept ons daarin op onder toezegging van Zijn mateloze genade om te antwoorden door het doen van betere, overvloediger gerechtigheid. Als wij ons voor dit woord buigen, dan hebben wij allen, communisten en christenen, van rechts en links en het midden bekering nodig.

Dan hebben wij aan weerszijden de taak bezig te zijn met de „balk in eigen oog" in zelfkritiek en zelfreflectie en elkander te helpen balk en splinter uit onze ogen te verwijderen. Dan zullen wij tevens ontdekken, dat Jezus Christus gestorven is voor ons allen, voor mensen uit communistische landen, voor mensen uit democratisch-socialistische landen en voor mensen uit kapitalistische landen.

Hij is voor ons allen gestorven en opgestaan uit de doden, opdat wij Hem volgen uit al die landen en systemen op weg naar het Rijk van gerechtigheid en liefde en vrijheid.

LITERATUUR BIJ HOOFDSTUK 16

Eduard Thurneysen, „Christus und Seine Zukunft", in: *Zwischen den Zeiten*, jrg. 9, 1931, pag. 187-211.
David Sheppard, *Built as a city*, hfdst. 6: „Power and Powerlessness", Londen 1974.
Markus Barth, „Marxisten und Christen in Gespräch", in: *Ev. Theol.* 28, 1968, pag. 83-107.
Wolfhart Pannenberg, *Theologie und Reich Gottes*, Gütersloh 1971.
B. Goudzwaard, *Economie en vooruitgangsidee*, Haarlem 1972.
A. Th. van Leeuwen, *Pecunia non olet*, Nijmegen 1973.
Jiri Kosta, „Früchte des Frühlings", in: *Evangelische Kommentare*, aug. 1973.
André Dumas, in: *Study Encounter*, Vol. X, no. 2, 1974.
H. M. de Lange, *Werkelijkheid en hoop. Nieuwe dimensies van een verantwoordelijke wereldmaatschappij*, Baarn 1974.
Faith and ideologies. An ecumenical discussion. Study Encounter, Vol. XI, no. 4, 1975.
Hans Joachim Kraus, *Reich Gottes: Reich der Freiheit*, Neukirchen 1975.

Jürgen Moltmann, *Kirche in der Kraft des Geistes*, München 1975.

W. J. Hollenweger, „Der Heilige Geist in der Industrie", in: *Glaube, Geist und Geister,* Frankfort 1975, pag. 98 vv.

José Miguez Bonino, *Christians and Marxists*, Londen 1976.

De nieuwe internationale economische orde. Publicatie van de Nationale Advies Raad voor ontwikkelingssamenwerking, Den Haag 1976.

From Uppsala to Nairobi, Londen 1975.

The Ecumenical Review, jan. 1976.

H. A. M. Fiolet e.a., *Dat was Nairobi*, Den Haag 1976.

K. Runia, *Nairobi in perspectief*, 1976.

Ecumenical Review.

Wereld en Zending, april 1976.

William Springfellow, *An ethic for Christians and other aliens in a strange land*, Texas[2].

Artikelen in: *Wending*, juli/aug. 1972, aug. 1975, april 1976, okt. 1975.

J. Lanser, *Mondige mensen.*

H. J. van Zuthem, *Ondernemingsraden. Toekomst of verleden tijd.*

D. Sölle, „Christentum und Marxismus", in: *Das Recht ein Anderer zu werden.*

B. de Gaay Fortman en G. Thomas, *De winst van een democratische economie*, Utrecht 1976.